KB043407

비폭력 시민운동은 왜 성공을 거두나?

이 책의 시각은 미국 정부의 입장과 아무 상관이 없다.

비폭력 시민운동은 왜 성공을 거두나?

에리카 체노웨스·마리아 J. 스티븐 지음

강미경 옮김

두레

우리 가족에게
—E. C.

부모님과 오빠에게
—M. J. S.

감사하는 말

조사 작업을 할 때부터 이 책을 쓰기까지 내게 영감과 도움을 주며 한결같이 지원해준 그 모든 사람을 다시 불러 모으기는 불가능하다. 하지만 이 자리를 빌려 몇몇에게 감사 인사를 전하고 싶다. 그리고 여기서 언급되지 않은 분들에게도 더불어 감사의 뜻을 전한다.

먼저 피터 애커먼, 잭 듀발, 하디 메리먼, 앨시어 미들턴-데츠너, 마시에즈 바르코브스키, 다린 케임브리지, 바네사 오르티스는 국제비폭력갈등센터International Center on Nonviolent Conflict: ICNC에서 나와 함께 일하는 동료들로 첫 출발부터 이번 프로젝트를 믿고 지원해주었다. 이들이 소개해준 덕분에 이 주제와 마리아를 만날 수 있었으며, 이번 연구를 가능하게 해준 재정 후원에도 깊이 감사드린다. 아울러 연구에 대해 귀중한 논평을 해준 스티븐 준스, 더그 본드, 신시아 보아즈, 커트 쇼크에게도 감사의 인사를 전한다.

하버드 행정대학원 벨퍼센터에서 2년을 지내며 만난 다음의 학자들은 이 프로젝트가 날개를 달 수 있게 도와주었다. 아이번 아레권–토프트, 보아즈 아칠리, 에머 벨처, 닉 비지오라스, 톰 빌레펠트, 조너선 카벌리, 포티니 크리스티아, 데이비드 커닝햄, 캐슬린 커닝햄, 에릭 달, 알렉산더 다운스, 에홋 아이란, 에밀리 그레블, 켈리 그린힐, 마이크 호로비츠, 매튜 코허, 새러 크렙스, 매튜 크로닉, 애드리어 로렌스, 제이슨 리올, 스티브 밀러, 아사프 모가담, 조너선 몬튼, 해리스 밀로나스, 웬디 페어먼, 필 포터, 스콧 라드니츠, 엘리자베스 손더스, 존 슈슬러, 태미 스미스, 모니카 토프트, 스티븐 월트. 이들은 번득이는 지성으로 나를 늘 놀라게 하면서 겸허함을 배우게 한다.

매튜 퍼먼은 2009년 7월 방학 기간에 나흘이나 시간을 내서 미국 대륙을 횡단해 데이터 구조에서부터 연립방정식에 이르기까지 난해하기 이를 데 없는 문제들을 풀 수 있도록 도와주었다. 앞으로 나도 그의 사심 없는 태도와 너른 마음을 조금이라도 흉내 낼 수 있기를 바랄 뿐이다.

콜로라도 대학교 동료들에게도 많은 빚을 졌다. 콜린 듀크, 스티브 챈, 데이비드 르블랑, 제니퍼 피츠제럴드는 뛰어난 멘토들이다. 특히 수전 클라크에게 감사 인사를 전한다. 운이 좋아 수전과 알고 지내는 사람이라면 누구나 젊은 학자들에게 하나라도 더 알려주려는 그녀의 헌신적 자세와 직업적으로는 우리를 옹호하면서 지적으로는 우리를 시험하는 열정에 익숙하다. 콜로라도 대학교의 급우들 또한 더없이 소중한 나의 동료들이라는 점을 이번 기회에 톡톡히 보여주었다. 제시카 티츠, 오리온 루이스, 마이클 터치틴, 헬가 스베리스도티르, 마릴린 애버릴은 내가 지적으로 성숙하는 데 아주 큰 도움을 주었다. 앞으로도 계속 함께 일할 수 있기를 바란다. 마거릿 칸스, 데이비드 에이헌, 자로 빌로케로코비츠, 제럴드 컨스, 마크 엔살라코를 비롯해 데이턴 대학교에 있을 때 기꺼이 나의 멘토가 돼준 분들에게도 감사의 뜻을 전하고 싶다.

버클리 캘리포니아 대학교 국제학연구소는 2007년부터 2009년까지 집을 떠나 있던 내게 학자의 집이 돼주었다. 특히 프로젝트의 다양한 단계에서 유용한 피드백을 제공해준 네드 워커, 레진 스텍터, 브렌트 더빈에게 많은 빚을 졌다.

웨슬리언 대학교 동료들에게도 감사 인사를 전한다. 돈 문은 시종일관 이 프로젝트의 열렬한 옹호자였으며, 질 모라브스키가 이끄는 웨슬리언 대학교 휴매너티 센터 동료들은 유용한 피드백과 원고를 마무리하는 데 필요한 시간을 내주었다. 우정과 지원을 아끼지 않은 행정학과 동료들, 그중에서도 원고가 나올 때마다 진지한 평을 해준 메리 앨리스 해더드, 피터 러틀랜드, 마이크 넬슨, 에리카 파울러, 더그 포일에게 특히 고마움을 전하고 싶다. 이 밖에 몇몇 대단한 학생들, 그중에서도 특히 자료 수집을 도와준 제레미 버코위츠와 원고 교정을 도와준 니컬러스 쿼에게도 많은 빚을 졌다. 아메리칸 대학교의 엘리자베스 웰스 또한 자료 수집 초기 단계에서 많은 도움을 주었다.

국제연구학회, 미국정치학회, 세계국제학위원회에서 주최하는 회의뿐만 아니라 조지타운, 러트거스, 예일, 하버드, 웨슬리언, 데이턴 대학교, 미국평화연구소, 킹스칼리지 등에서 주최하는 세미나에 패널로 참석한 분들에게서도 이루 말할 수 없이 유용한 피드백을 얻었다.

　컬럼비아 대학교 출판부의 앤 루턴과 그의 조수 앨리슨 알렉사니언은 원고를 준비하는 내내 우리에게 아주 큰 도움이 돼주었다. 발 빠른 대처와 믿음직한 지도편달은 물론 뛰어난 논평으로 원고의 질을 높여준 두 사람에게 이 자리를 빌려 심심한 사의를 전한다. 아울러 부족한 원고를 꼼꼼하게 교열해준 마이크 애시비에게도 감사 인사를 전한다.

　우리 가족의 넓은 마음은 이 모든 걸 가능하게 해준 열쇠다. 체노웨스 집안 사람들과 에이벌 집안 사람들은 이 세상에 태어나 직업이라는 걸 갖고 일하는 내내 내게 영감을 주고 지원과 격려를 아끼지 않았다. 특히 부모님(리처드와 매리앤)은 나의 가장 열렬한 지지자로 원고를 읽고 평까지 해주신다. 여동생 앤드리아와 그 약혼자 필은 아주 훌륭한 친구이자 마음이 잘 통하는 대화 상대다. 그간의 격려와 응원에 이 자리를 빌려 고마움을 전한다. 오빠 크리스토퍼와 올케언니 미란다에게도 고마움을 전한다. 작년에 오빠 부부는 태어난 지 몇 달밖에 되지 않은 집안 유일의 조카 윌리엄과 함께 우리 모두를 축복해주었는데, 윌리엄을 보면서 불필요한 폭력 갈등을 종식하는 일에 더욱 열심히 앞장서야겠다는 생각이 들었다. 이 프로젝트의 다양한 단계를 무사히 통과할 수 있도록 곁에서 묵묵히 도와준 타일러, 엘리자베스, 스테파니, 애덤, 캐시, 린다, 매티 진, 워렌 등 페티 집안 사람들에게도 감사 인사를 전한다. 캐스, 앤지, 조이애너, 멜로디, 캐시, 조지, 토미, 스콧, 레이첼, 빅, 마크, 나디아, 겔롱 타시에게도 평생 다 못 갚을 빚을 졌다. 그리고 마지막으로 앨리슨. 서로의 삶을 함께 나누며 매일 누리는 기쁨은 이번 일뿐만 아니라 다른 일을 할 때도 나를 지치지 않게 해주는 활력소가 돼주고 있다. 그녀의 지혜, 인내심, 친절, 유머, 모험을 향한 끊임없는 열정에 고마움을 전한다.

캘리포니아 오클랜드에서

에리카 체노웨스

회귀분석이 취미인 가정 폭력 전문가와 민중의 힘을 다루는 책을 쓰리라고는 상상도 하지 못했다! 하지만 4년 전 여름 콜로라도 대학에서 우연히 만난 뒤로 에리카와 나는 이 책을 내려면 각자의 전문지식을 하나로 합쳐야 한다는 점을 깨달았다. 그리고 그것은 굉장한 공동 작업이었다. 우선 리처드 슐츠, 에일린 배빗, 허스트 핸넘을 비롯해 나의 첫 시도가 시민 저항 연구가 될 수 있도록 응원해준 플레처 스쿨의 멘토들에게 제일 먼저 감사 인사를 전하고 싶다. 하버드 벨퍼 과학 국제문제 연구소의 슐츠 교수와 스티브 밀러는 갖가지 무기가 등장하는 민중 항쟁이 국제 안보에 미치는 영향의 중대성을 미리 인식하고 내게 이 방면의 연구를 해보라고 적극 권유했다.

전략적 비폭력 행동의 세계적 권위자로 꼽히는 피터 애커먼 박사는 나의 논문 지도교수이자 멘토 겸 친구가 돼주었다. 피터는 40년 전 우리 모두가 큰 빚을 지고 있는 비폭력 행동 분야의 개척자 진 샤프와 박사 학위 논문을 쓸 때 이미, 가히 놀랍지만 과소 평가받는 비폭력 민중 항쟁의 실적에 결국 학계도 주목하게 될 것으로 예상했다. 국제비폭력갈등센터 설립자 겸 회장으로서 피터는 파트너 잭 듀발과 함께 비폭력 항쟁의 실태에 대한 지식과 노하우의 세계적 확산을 주도해왔다. ICNC에 재직하는 동안 전 세계의 놀랍고도 용감한 비폭력 활동가들과 교류할 기회가 있었다. 비폭력적인 방법으로 싸워 이기겠다는 그들의 결단과 용기, 의지는 언제나 내게 깊은 영감을 주는 원천이다.

힘든 일을 척척 해내며 응원과 우정까지 베풀어준 데 대해 하디 메리먼과 샤즈카 베이얼리, 바네사 오리츠, 베럴 로델, 앨시어 미들턴-데츠너, 니콜라 배러크, 마세즈 바르트코브스키, 제이크 피츠패트릭, 다린 케임브리지, 수라비 반다리, 디나 페이트리어카, 시엘 라구멘, 크리스틴 코프코를 비롯해 ICNC와 록포트 캐피털의 믿을 수 없을 만큼 헌신적인 사람들과 더불어 피터와 잭에게 고마움을 전한다. 특히 하디 메리먼은 편집의 귀재다. 스티븐 준스, 커트 쇼크, 존 굴드, 메리 엘리자베스 킹, 래래 다이아몬드, 더그 맥애덤, 레스 커츠, 신디 보아즈, 재닛 체리, 하워드 배럴, 로디 브렛, 케빈 클레먼츠, 배리 갠, 스콧 오브라이언, 리 스미디, 빅토리아 틴-버 후이, 브라이언 마틴, 센틸 램, 에이프릴 카터, 하워드 클라크를 비롯해 ICNC의 다양한 연구진은 에리카와 나에게 초고 상태의 이 책에 대해 훌륭한 조언과 그때그때 사려 깊은 피드백을 제시해주었다. 국제비폭력Nonviolence International의 무바라크 아와드와 마이클 비어도 작업 기간 내내 물심양면으로 지

비폭력 시민운동은 왜 성공을 거두나?

원해줬다. 앞서 언급한 학자들은 학제간 연구를 통해 시민 저항 연구와 실천에 큰 도움을 줬다. 오트포르Otpor를 결성하고 2000년 세르비아 인구를 동원해 '발칸의 도살자'를 비폭력적으로 축출하는 데 기여한 세르비아의 젊은 지도자들과 알고 지낸 시간은 ICNC에서 가장 즐겁고 유쾌한 순간의 하나로 기억될 것이다. 여기서 그치지 않고 스르자 포포비치, 이반 마로비치, 솔로보 지노비치, 안드레이 밀로예비치는 베오그라드에 전 세계 비폭력 활동가들을 교육하는 NGO 비폭력활동및전략센터Center for Applied Nonviolent Action and Strategies를 설립하기도 했다. 이 기구가 앞으로도 전 세계 비폭력 운동의 베테랑들을 길러내고 새로운 세대의 시민운동 지도자들에게 관련 기술과 희망을 전달하기를 바란다.

내게 늘 고마운 멘토가 돼주는 마크 파머 대사는 미국 국무부의 다른 입장을 보여주면서 미국 정부 내의 비폭력-변화를 추구하는 관리들과 친분을 쌓게 해주었다. 현재 마크는 민주주의위원회Council for a Community of Democracies와의 공동 작업을 통해 온갖 역경과 싸워가며 기본 인권과 자유 수호에 앞장서는 사람들과의 세계적 연대를 제도화하는 일에 발 벗고 나서고 있다. 마크를 존경해 마지않으며 나도 그를 본받고 싶다.

카불 주재 미국 대사관의 정치-군사 동료들, 특히 시민 동원의 이점에 관한 나의 장황한 설명에 열심히 귀 기울여주었을 뿐만 아니라 아프간 시민 사회와 연계해 아프가니스탄의 시민 저항을 널리 알리려는 나의 노력을 응원해준 민-군 계획 및 평가 팀의 필 코스넷, 조앤 와그너, 멜라니 앤더턴, 젠 먼로, 에밀리 렘크, 태미 러틀지에게도 감사 인사를 전하고 싶다. 아프간 국민이 이끄는 시민운동이 전쟁으로 갈가리 찢긴 이 사회를 변혁해 평화로운 미래를 앞당길 수 있기를 기원한다.

마지막으로 이 책을 쓰는 내내 한결같은 사랑과 격려로 내가 균형 감각(과 유머)을 잃지 않고 끝까지 버틸 수 있게 곁에서 지켜봐준 나의 부모님 메리앤과 필, 그리고 남동생 피터에게 고마움을 전하고 싶다. 이보다 더 힘이 되고 배려심 깊은 가족은 아마 찾기 힘들지 않을까 싶다. 아울러 여전히 내 '기도의 용사'를 자처하는 버몬트의 친구들에게도 고맙다는 말을 전한다. 굳이 이름을 밝히지 않아도 그들은 내가 누구를 가리키는지 잘 알 것이다.

아프가니스탄 카불에서
마리아 J. 스티븐

비폭력 시민운동은 왜 성공을 거두나?

차례

3부 시민 저항운동의 의미

1부

시민 저항운동이 효과가 있는 이유

1장

비폭력 저항운동의 성공

"비폭력은 효과가 오래갈 뿐만 아니라 훌륭하기도 하다."

— 맬컴 X

1975년 11월, 인도네시아 대통령 수하르토는 한 달 전 동티모르의 독립을 선언한 좌파 민족주의 단체인 동티모르 독립혁명전선Revolutionary Front for an Independent East Timor: Fretilin을 그 지역을 위협하는 공산주의 세력으로 규정하며 동티모르에 대한 전면 침공을 지시했다. 이 단체의 무장 세력인 동티모르 민족해방군Forcas Armadas de Libertacao Nacional de Timor-Leste: Falintil은 전부터 있어온 게릴라전의 형태로 인도네시아 점령군에 맞섰다. 동티모르 민족해방군은 포르투갈 군대가 두고 간 무기로 동티모르의 산간 밀림 지역에서 무장 투쟁을 벌였다. 초반에는 저항운동이 몇 차례 성공을 거두기도 했지만 1980년까지 계속된 인도네시아의 인정사정없는 내란 진압 작전은 동티모르 인구의 약 1/3과 함께 무장 투쟁 세력이 대량 섬멸당하는 사태를 가져왔다.

　그러나 약 20년 뒤 비폭력 저항운동이 인도네시아 군대를 동티모르에서 몰아내고 부속 지역의 독립을 쟁취했다. 이런 독립의 성취 뒤엔 비밀전선Clandestine Front의 중요한 역할이 있었다. 원래 비밀전선은 무장 투쟁을 지원하는 조직망network 역할을 할 예정이었지만, 마침내 역할을 바꿔 독립에 찬성하는 비폭력 저항운동을 뒤에서 지탱해주는 추진력으로 탈바꿈했다. 동티모르 청년운동에서 발전한 비밀전선은 동티모르와 인도네시아 국내뿐만 아니라 전 세계에서 다양한 비폭력 운동을 계획하고 실행하는 활동가들의 대규모 네트워크를 만들어냈다. 탈중심의decentralized 여러 곳에 분산돼 있는 조직이었다. 이 네트워크의 활동에는 외교관과 고위 관리들의 방문에 맞춘 항의 집회, 외국 대사관 안에서의 연좌농성, 티모르인의 비폭력 활동을 강화하는 국제적 연대 노력 등이 포함되었다.

　인도네시아 정부는 국내의 폭력적, 비폭력적 도전에 대처하는 기준을 각각 만들어놓고 이 운동을 억눌렀다. 그러나 이러한 억압은 오히려 역효과를 가져왔다. 1991년 11월에 딜리Dili에서 인도네시아 군대의 손에 동티모르의 비폭력 시위자 200여 명이 사망하자 독립운동은 중대한 전환점을 맞았다. 한 영국 카메라 기자가 필름에 담은 이 대학살은 곧이어 전 세계에 방송되어 세계인의 분노를 샀고, 이를 계기로 동티모르인들은 그때까지의 전략을 다시금 생각하기 시작했다. 비폭력 저항운동에 집중하며 인도네시아에 맞는 저항방식으로 옮겨간다는 것이 새로운 전략의 핵심이었다.

　수하르토는 1998년 경제 위기와 대중 봉기 이후 권좌에서 쫓겨났다. 인도네시아의 새 지도자 B. J. 하비비Habibie는 안정과 국제 신용도 회복을 위한 일련의 정치·경제 개혁안을 재빨리 밀어붙였다. 그런 가운데 동티모르 문제가 인도네시아 재정을 고갈시킬 뿐만 아니라 외교 문제로까지 비화하자 이 사태를 해결하라는 국제적 압력이 하비비를 엄청나게 압박했다. 1999년 총선 기간에 동티모르 유권자의 80% 가까이가 독립을 선택했다. 총선이 끝나자 인도네시아를 등에 업은 민병대가 초토화 작전에 나서 대량 파괴를 자행하고 주민들을 퇴거시키는 사태를 일으켰다. 그러자 2000년 9월 14일 유엔 안전보장이사회는 오스트레일리아가 이끄는 동티모르 주둔 국제군 창설을 만장일치로 찬성했다.

유엔 동티모르 과도행정부의 감독 아래 2년의 과도기를 보낸 뒤 동티모르는 2002년 5월 세계에서 가장 나이 어린 신생 독립국이 되었다. 소수의 팔린틸Falintil(동티모르 민족해방군) 게릴라는 (군사적 목표를 고수하며) 끝까지 무기를 놓지 않았지만 인도네시아의 수중에서 그 지역을 해방한 것은 폭력적인 저항이 아니었다. 이와 관련해 비밀전선의 한 조직원은 다음과 같이 설명했다. "동티모르 민족해방군은 저항의 중요한 상징이었고 산악 지대에서의 그들의 존재는 사기 진작에 큰 도움이 됐습니다. 하지만 승리를 달성케 해준 것은 결국 비폭력 투쟁이었습니다. 전체 인구가, 심지어는 인도네시아인들까지 독립을 위해 싸워주었으며, 이것이 결정적인 역할을 했습니다."

1970년대 후반 필리핀에서도 이와 비슷한 사태가 벌어졌다. 처음엔 몇몇 혁명 게릴라 단체들이 꾸준히 세를 얻기 시작했다. 필리핀공산당Communist Party of the Philippines과 신인민군New People's Army: NPA은 마르크스―레닌―마오주의 이데올로기를 신봉하며 권력을 잡기 위해 무력 투쟁을 추구했다. 국가가 지원하는 군대의 공격에 맞서 신인민군은 게릴라 저항을 전국으로 분산시켰다. 이에 필리핀 정부는 구체적인 내란 진압 작전에 들어갔고, 신인민군은 끝내 권력을 잡지 못했다.

그러나 1980년대 초로 접어들어 야당 세력은 새로운 전략을 추구하기 시작했다. 1985년 개혁 야당은 통일민족민주기구United Nationalist Democratic Organization: UNIDO의 깃발 아래 대통령 후보 코리 아키노와 손을 잡았다. 선거를 앞두고 아키노는 폭력 사용은 용인하지 않겠다는 점을 분명히 밝히며 비폭력 원칙을 추구했다. 교회 지도자들도 여기에 찬성했다. 그런 가운데 '자유선거를 위한 전국시민운동National Citizens' Movement for Free Elections'이 선거를 감시할 자원봉사자 50만 명을 교육했다.

선거 감시인들이 마르코스 정권의 패배를 주장했음에도 불구하고 마르코스가 1986년 선거의 승리자로 자처하고 나서자 코리 아키노는 필리핀 국민 2백만 명이 참가한 집회를 이끌며 자기 자신과 '인민'이 승리자임을 선포했다. 마르코스의 취임식 다음 날 필리핀 국민들은 총파업을 벌이는 한편 국영 방송과 국영 은행 및 부정부패 사업체에 대한 불매운동 등의 비폭력 운동에 참여했다.

군대 내의 한 반대 분파가 이 문제에 관한 한 자신들은 마르코스에 반대하는 야당 편이라고 밝히면서 2월 25일 아키노를 수반으로 하는 또 다른 정부의 수립에 가담했다. 수녀와 사제를 포함한 비무장 필리핀 시민들이 반란군이 피신한 막사를 에워싸고 이들 군인과 마르코스에게 여전히 충성을 바치는 군인들 사이에 완충지대를 만들어냈다.

로널드 레이건 미국행정부는 마르코스에게 질릴 대로 질려 결국 야당을 지지한다는 성명을 발표했다. 그날 저녁 미군 헬리콥터가 마르코스와 그 가족을 하와이로 이송했고, 그들은 그곳에서 망명 생활을 시작했다. 필리핀 국민들은 민주주의로 이행하기까지 비록 힘든 과도기를 거쳤으나 비폭력 운동 덕분에 마르코스의 독재 정부를 성공적으로 축출할 수 있었다.

불과 몇 년 전만 해도 폭력적 국가 전복 기도가 실패했던 곳에서 '피플 파워People Power' 운동이 성공을 거둔 것이다.

수수께끼

앞의 내용은 구체적으로, 그리고 일반적으로 경험했던 수수께끼를 해명해준다. 구체적으로 우리는 동티모르에서 벌어졌던 폭력적 및 비폭력적 독립운동과 필리핀의 체제 변혁운동처럼 비폭력 저항운동이 성공을 거둔 나라에서 폭력적 저항운동이 왜 실패했는지 그 이유를 알고 싶어 한다. 나아가 (예를 들어 1950년대 남아프리카공화국에서 반아파르트헤이트 활동가들이 벌인 저항운동의 경우처럼) 어느 한 시기에 몇몇 국가에서 실패한 비폭력 저항운동이 몇십 년 뒤에는 왜 성공을 거두었는지(1990년대 초반의 반아파르트헤이트 운동) 그 이유에 대해서도 알고 싶어 한다.

이 두 가지 구체적인 질문은 이 책에서 주로 다루는 좀 더 포괄적인 연구 주제의 기초를 이루기도 한다. 우리는 서로 관련된 두 가지 현상, 즉 폭력적 저항운동에 비해 비폭력 저항이 종종 성공을 거두는 이유와, 비폭력 저항운동이 성공 또는 실패하는 조건(환경)에 대해서도 살펴보고자 한다.

서로 다른 투쟁 방법을 사용하는 전통적인, 그리고 비전통적인 전쟁의 전략을 둘러싼 논쟁이 최근 들어 안보를 연구하는 학자들 사이에서 인기를 얻고 있다(에이브럼스, 2006; 아레권-토프트, 2005; 바이먼과 왁스먼, 1999, 2000; 다시티-깁슨, 데이비스, 래드클리프, 1997; 드러리, 1998; 호로위츠와 라이터, 2001; 리올과 윌슨, 2009; 메롬, 2003; 페이프, 1996, 1997, 2005; 스토커, 2007). 그런데 이들이 내놓은 평가 속에는 정치 투쟁을 가장 강력하고 효과적으로 수행하려면 위협이나 폭력을 사용하는 것이 불가피하다는 전제가 적지 않게 내포되어 있다. 예를 들어 정치학자들 사이에서는 반체제 운동이 정치적 목표를 달성하기 위해서는 폭력이 비폭력 전략보다 효과적이기 때문에 테러리즘과 폭력적인 내란을 선택한다는 견해(에이브럼스, 2006, 77; 페이프, 2005)를 펴기도 한다. 폭력은 종종 절망적인 환경에서 마지막으로 기대는 수단 또는 필요악으로 보기도 한다. 그런가 하면 대체할 수 있는 권력의 또 다른 형태는 아예 무시한 채 군사력의 효과에만 초점을 맞추는 학자들(브룩스, 2003; 브룩스와 스탠리, 2007; 데시, 2008; 존슨과 티어니, 2006)도 있다.

이러한 여러 견해에도 불구하고 최근 들어 시민들은 조직화된 불매운동, 파업, 항의, 비협조 운동 같은 비폭력 저항 방법을 사용해 정치적 양보를 끌어내고 견고한 권력을 위협하는 데 속속 성공을 거두고 있다. 몇몇 예를 들면 세르비아(2000), 마다가스카르(2002), 조지아(2003), 우크라이나(2004~05)에서는 시민들이 정권에 대해 지속적이면서도 체계적인 비폭력적 제재sanctions를 가해 독재 권력을 몰아냈다. 레바논

(2005)에서는 외국의 점령을 종식시켰으며, 네팔에서는 군주로부터 중요한 헌법상의 양보를 얻어냈다(2006). 튀니지와 이집트에서의 비폭력적 대중 봉기는 2012년 첫 두 달 만에 몇십 년 된 정권을 권좌에서 몰아냈다. 이 책의 편집이 끝나가고 있는 지금 인민의 권력이 중동에 변화의 바람을 몰고 올 가능성이 여전히 높아지고 있다.

우리가 구축한 '폭력·비폭력 운동과 그 결과Nonviolent and Violent Campaigns and Outcomes: NAVCO'라는 데이터 세트에서 우리는 1900년과 2006년 사이의 폭력 및 비폭력 저항운동 323건을 분석해 연구했다. 그 가운데 1900년 이후 갈수록 높은 발생 빈도를 보이며 주목을 끌어온 비폭력 운동이 100건이 넘는다. 비폭력 운동은 발생 빈도뿐만 아니라 성공률도 증가해왔다. 이를 폭력적 내란과 비교하면 어떻게 될까? 폭력적 내란과 비폭력적 운동 모두 성공률이 증가했을 거라고 생각하는 사람이 있을지도 모르겠다. 하지만 우리의 데이터에서는 그 반대다. 폭력적 내란은 끈질기게 생명을 이어왔지만 성공 확률은 감소해왔다는 것이다.

가장 눈길을 끄는 점은 1900년에서 2006년 사이에 비폭력 저항운동이 전면적 또는 부분적으로 성공을 거둔 예들이 그 반대 경우(폭력적 운동)의 거의 두 배였다는 사실이다. 3장에서 살펴보겠지만 비폭력적 저항운동이 성공 가능성에 미치는 효과는 투쟁의 대상이 되는 체제('regime'이라는 말은 '정치체제'라는 뜻과 함께 '정권'이란 뜻도 갖고 있어 두 가지 의미로 사용된다. 이 책에서는 근본적인 정치체제나 헌정질서를 바꾼다는 뜻으로 쓰였을 때는 '체제'로, 같은 정치체제 아래에서의 단순한 정권교체의 뜻으로 쓰였을 때는 '정권'이라는 말로 옮겼다―옮긴이)의 형태, 억압, 체제의 역량 같은 혼합된 요소들

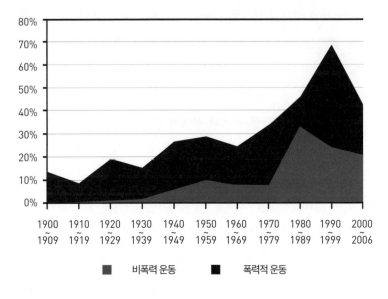

〈그림 1-1〉 빈도수로 살펴본 비폭력 및 폭력적 운동의 종료 연도

〈그림 1-2〉 비폭력 운동의 숫자와 성공 비율, 1940~2006

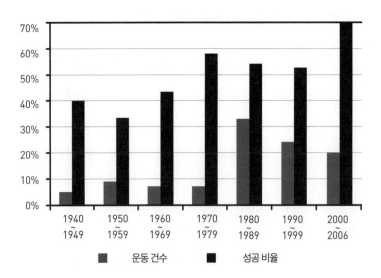

1부 시민 저항운동이 효과가 있는 이유

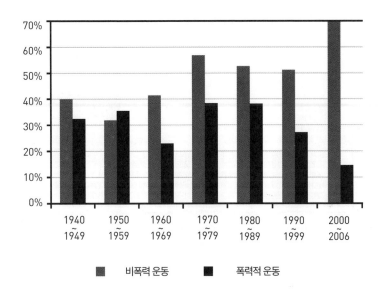

〈그림 1-3〉 시기별(10년 단위) 성공 비율, 1940~2006

비폭력 운동　　　폭력적 운동

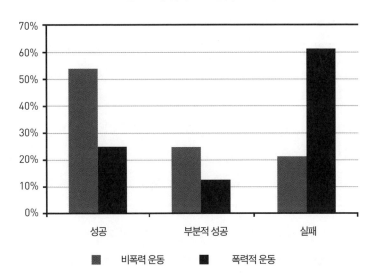

〈그림 1-4〉 성공, 부분적 성공, 실패 비율

비폭력 운동　　　폭력적 운동

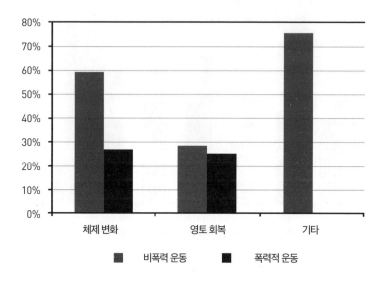

〈그림 1-5〉 운동 목표별 성공 비율

체제 변화　　　　　　영토 회복　　　　　　기타

■ 비폭력 운동　　　■ 폭력적 운동

을 모두 고려하더라도 상당히 높다는 것을 알 수 있다.

　　체제 교체를 목표로 한 반체제 저항운동의 경우 323건의 사례 가운데 비폭력 전략을 사용한 경우는 성공 가능성을 엄청나게 끌어올렸다. 점령 반대나 자결 등을 목표로 한 영토권운동에서도 비폭력 운동이 좀 더 유리했다. 이 중 어느 범주에도 들어가지 않는 극소수의 대규모 저항운동(예를 들면, 반아파르트헤이트 운동) 사례에서는 오직 비폭력 저항운동만이 성공을 거두었다.

　　유일한 예외는 분리독립운동의 경우다. 즉 분리독립운동의 경우엔 비폭력 저항운동이 폭력적 내란에 비해 성공하는 경우가 드물다는 점이다. 그러나 비폭력 분리독립운동이 성공을 거두지 못한 곳에서 폭력을 사용해 이 운동을 성공시킨 것도 41건 가운데 겨우 4건에 불과했다. 비율로 따지면 전체의 10%도 채 안 되는 보잘것없는 수준이다. 이는 비폭력 전술을 사용하든 폭력 전술을 사용하든 상관없이 분리독립을 추구하는 운동은 성공할 확률이 매우 낮다는 것을 의미한다. 3장에서 우리는 이러한 결과들에 영향을 미칠 수 있는 다양한 변수들에 대해 자세히 살펴볼 예정이다. 그러나 특히 체제 변화나 외국의 점령으로부터 해방을 모색하는 운동일수록 비폭력 저항운동을 벌이는 것이 전략적으로 유리하다는 것은 명백하다. 특히 폭동이 계속 이어진 나라들인데도 불구하고 이곳에서 비폭력 저항운동이 성공을 거두고 있는 데 대해서는 체계적인 연구가 필요하다. 이 책은 시민들의 비폭력 저항운동이 폭력적 저항운동에 비해 왜 그토록 효율적인가—전통적인 지혜는 그 반대라고 말하고 있지만—하는 이유를 자세히 파헤쳐보려고 한다. 그러면서도 아울러 몇몇 비폭력 운동이 목표 달성에 실패하는 이유와 (폭동과 같은) 폭력적 운동이 때로 성공을 거두는 이유에 대해서도 살펴보고자 한다.

쟁점

우리의 주된 주장은 비폭력 운동은 폭력적 운동에 비해 시민들의 참여를 끌어내는 데 유리하며, 이는 운동의 성패를 좌우하는 중요한 요인이라는 것이다. 시민들의 참여와 헌신을 가로막는 도덕적, 신체적 장벽(폭력 투쟁에 참여하려면 때로 생명을 걸어야 하고 부상의 위험도 각오해야 하기 때문에 시민들에겐 넘어야 할 장벽으로 작용한다—옮긴이)과 정보에서의 장벽은 폭력적 운동에 비해 비폭력 저항운동이 훨씬 낮다. 많은 시민들이 참여할수록 운동의 회복력은 높아진다. 비폭력 운동은 또한 전술을 새롭게 바꿀 수 있는 가능성을 높여주며, 시민사회의 분열을 확대시키고, 그로 인한 체제의 현상 유지비용을 증가시킨다. 그리고 (체제를 지켜주는) 안보군security forces을 비롯한 체제 지지자들의 충성도에 변화를 가져오는 등 성공에 필요한 수많은 메커니즘에 기여한다. 비폭력 시민운동이 동원할 수 있는 지역의 지지자들은 외부 동맹 세력의 지원보다 더 믿을 수 있는 힘의 원천이라 할 수 있다. 많은 폭력 운동이 시민들의 참여부족을 해결하기 위해 외부 동맹 세력의 지원을 필요로 하는 것과 비교된다.

비폭력 저항운동의 성공 후엔 과도기가 뒤따르는데, 이 과도기는 폭력적 운동 뒤에 오는 과도기에 비해 훨씬 더 탄탄하고 평화롭게 민주주의로 이행된다. 일반적으로 비폭력 저항운동은 소기의 성과를 거두는 데 좀 더 효과적이며, 성공을 거두고 나서도 민주주의 체제가 수립될 가능성이 높아지고, 내전으로 후퇴할 가능성은 낮아진다.

비폭력 운동은 폭력적 운동에 비해 훨씬 더 많은 사람들의 적극적 참여를 이끌어내며, 그 결과 저항의 기반을 확대시키고 체제 세력의 현상 유지비를 증가시켜준다. 비폭력 운동에 대규모 시민이 참여하면 이를 억압할수록 역효과를 낳게 될 가능성이 높아지며, 이는 체제 지지자들 사이에서 충성도에 변화를 일으키고, 저항운동 지도자들에게 다양한 형태의 전술과 전략을 선택할 기회를 더 많이 가져다준다. 체제 엘리트들의 눈에 시민 저항운동에 참여하는 사람들은 폭력적 내란행위에 참여하는 사람들에 비해 더 믿을 만한 협상 파트너로 보일 가능성이 높으며, 그 결과 체제 엘리트들로부터 양보를 끌어낼 기회가 많아진다.

그러나 단지 비폭력적이라는 이유로 저항운동이 반드시 성공한다고 보장할 수는 없다. 1900년 이후 비폭력 운동 네 건 중 한 건은 완전히 실패했다. 간단히 말해 비폭력 운동이라 할지라도 시민들의 많은 참여를 이끌어내지 못할 때, 즉 체제 세력의 권력 기반을 무너뜨릴 수 있을 만큼 다양하고 광범위한 계층의 시민들을 활발하게 모집하지 못할 때, 저항운동은 실패한다. 그리고 억압을 당했을 때 이에 다시 맞설 수 있는 회복력을 갖지 못해도 목표 달성에 실패한다.

한편 폭력적 운동 네 건 중 한 건은 성공한 것으로 나타났는데, 이와 관련해 폭력적 운동이 때로 성공하는 이유를 간단히 살펴볼 예정이다. 비폭력 운동의 성공이 지역적 요인에 더 많이 의존하는 경향이 있는 반면, 폭력적 내란은 외부의 지원을 획득하거나 대중이 지지하는 성공적인 비폭력 운동의 특징을 띨 때 성공하는 경향이 있다. 이것은 대중의 지지를 뜻하기 때문이다. 외부의 지원을 받아 신뢰를 얻으면 잠재적 참여자들을 더 많이 끌어들여 체제에 반대하는 내란 지지 세력을 더 많이 흡수할 수도 있다. 하지만 국제적 지원은 양날의 칼이다. 외국 후원자들은 변덕스럽고 신뢰할 수 없는 동맹일 가능성이 높다. 그리고 외부 국가의 후원은 내란 세력 내에서 규율 부족을 초래해 무임승차 문제를 악화시킬 수도 있다.

증거

우리는 이 연구의 객관적 진실을 뒷받침하기 하기 위해 NAVCO(폭력·비폭력 운동과 그 결과) 데이터 세트의 통계 증거를 여기에 제시할 것이다. 또한 이란, 팔레스타인 지역, 버마, 필리핀 네 곳의 사례 연구에서 나온 신뢰할 만한 질적 증거도 제시할 예정이다.

이와 관련해 우리는 이 책에서 일관되게 다루게 될 용어를 간단하게 정의하고자 한다. 첫째, 폭력과 비폭력 전술은 구분되어야 한다. 앞에서도 지적했듯이 어떤 운동을 폭력 또는 비폭력으로 분류하는 데에는 몇 가지 어려움이 따른다. 많은 경우 서로 맞서는 집단들 사이에서는 폭력적이면서 비폭력적인 운동이 동시에 존재하기 때문이다. 대중운동에서 폭력을 사용하는 사람들은 독립적으로 행동하거나 중앙의 지도력을 무시하는 비주류 회원들, 또는 비무장 저항운동을 나쁘게 자극해 폭력을 채택하도록 획책하는 적의 앞잡이일 가능성이 높다. 그런가 하면 몇몇 집단은 폭력적 저항 방법과 비폭력적 저항 방법을 모두 사용하기도 한다. 남아프리카공화국의 아프리카 민족회의ANC가 그런 경우다. 특정 운동을 폭력적 또는 비폭력으로 단정할 경우에는 저항운동의 복잡한 역학관계를 지나치게 단순화하는 오류를 낳을 수도 있다.

그럼에도 불구하고 비폭력적 저항 방법과 참여를 최우선에 두는 운동을 원칙적으로 비폭력 운동이라고 특징지을 수 있다. 엄격하게 정의하면 비폭력 저항운동은 '권력을 획득하기 위한 투쟁에서 폭력을 사용하지 않는 사회−정치적 행동 기술'이다. '저항resistance'이라는 용어는 해당 운동이 본질상 비제도적noninstitutional이며 대체로 대결

confrontational 양상을 띤다는 것을 의미한다. 다시 말해 이런 집단들은 (투표나 이익집단의 로비 활동 같은) 제도권 정치 과정의 밖에 있는 전술을 사용한다. 제도권 안에서의 정치 행동도 종종 비폭력 투쟁을 수반하긴 하지만 사회학자 커트 쇼크는 비폭력 행동은 제도권 정치 통로channels 의 밖에서 일어난다고 쓰고 있다.

우리는 이 연구에서 정상적인 정치 통로를 의도적으로 벗어나, 또는 이를 우회하여 비제도적인 (그리고 때때로 불법적인) 행동 방식을 적에게 사용하는 정치행위를 주로 다루고 있다. 비폭력 시민 저항운동은 체제에 반대하고 다른 정책을 지지하며, 체제의 권위를 실추시키고 그 권력의 출처(기반)를 제거하거나 제한하기 위해 싸운다. 이를 위해 대중을 동원하며 사회적, 심리적, 경제적, 정치적 방법을 사용한다. 또한 (사회적, 심리적, 정치적인) 거부운동, 파업, 항의, 연좌농성, 비협조와 같은 여러 불복종, 비협조 운동 방법들을 사용한다. 비폭력 저항운동은 부작위적不作爲的, omission인 행위와 작위적인commission 행위로 이루어지며, 이 두 가지가 결합되기도 한다.

우리는 폭력적 저항을 정치 투쟁의 한 형태이자 권력을 행사하는 방법의 하나로 정의하는데, 비폭력 저항과 마찬가지로 이 또한 정상적 정치 통로 밖에서 작동한다. 폭력 전술엔 폭격, 총격, 납치, 사회 기반 시설의 파괴 같은 물리적 폭력 행위를 비롯해 기타 형태의 인명 및 재산상의 파괴 행위가 포함된다. 그러나 우리가 다루는 사례에는 군사 쿠데타는 포함되지 않는다. 우리는 주로 국가의 일부가 아닌 준국가 행위자들substate actors에게 관심이 있기 때문이다. 폭력적 저항과 비폭력 저항 모두 힘으로 권력을 차지하려 한다는 공통점을 지니지만 힘을 적용하는 방법은 저항운동의 형태에 따라 천차만별이다.

비폭력 운동 목록은 우선 비폭력 투쟁과 사회운동을 다룬 방대한 규모의 논문들을 검토하며 취합했다. 그런 다음 그러한 조사 결과는 백과사전, 사례 연구, 에이프릴 카터, 하워드 클라크, 마이클 랜들의 비폭력 시민저항에 관한 포괄적 참고문헌(2006) 등의 다양한 자료에 의해 확인되었다.

폭력적 운동 자료는 주로 크리스티안 글레디시의 최신 자료(2004)와 국가 간 전쟁에 관한 COW^{Correlates of War} 데이터베이스, 제이슨 리올과 아이제이어 윌슨의 내란 관련 데이터베이스(2009), 칼리브 스텝의 주요 내란 진압 작전 목록(2005)에서 뽑았다.

성공과 실패는 복잡한 결과이기도 하며, 이에 대해서는 그동안 많이들 다뤘다. 우리의 논문에서 '성공한' 운동은 다음 두 가지 조건을 충족해야 한다. 즉 (체제 변화나 점령 반대 또는 분리독립 등) 대내외에 천명한 목표가 충분하게 성취되어야 한다. 그 활동이 절정에 이른 후 1년 안에 목표를 달성해 해당 운동의 결과에 뚜렷한 영향을 미쳐야 한다. 여기서 두 번째 자격이 중요하다. 즉 운동의 결실이 직접적인 투쟁의 결과여야 한다는 것이다. 몇몇 경우 바람직한 결과가 주로 다른 조건 때문에 일어났기 때문이다. 예를 들어 나치 점령에 맞섰던 그리스의 저항은 나치가 결국 그리스에서 철수했음에도 완전한 성공으로 인식되지 않는다. 많은 점에서 효율적이긴 했지만 나치의 철수는 그리스만의 단독 저항이 아니라 연합군의 승리가 가져온 결과였다는 점에서 그리스의 저항만으로 나치의 그리스에 대한 영향력 종식이라는 궁극적인 결과를 이끌어냈다고 볼 수 없다.

'운동campaign'이라는 용어 또한 분석 단위로서 논란의 여지가 많다. 애커먼과 크루글러를 따라 우리는 운동을 정치적 목표를 추구하는, 지속적으로 관찰 가능한 일련의 전술로 정의한다. 경우에 따라 운동은 며칠에서 몇 년까지 갈 수 있다.

비폭력 저항운동과 폭력적인 저항운동을 비교하는 이유

일반적으로 학자들은 폭력적 운동과 비폭력 운동의 결과를 조목조목 비교하길 꺼린다. 짐작할지 모르겠지만 사회과학자들이 비폭력 운동과 폭력적 운동의 역학과 결과, 나아가 그 둘의 상대적 효용을 비교하길 꺼리는 데에는 그럴 만한 이유가 몇 가지 있다. 첫째, 분석적 목적을 위해 운동을 폭력과 비폭력으로 양분하는 것은 문제가 많다는 것이다. 역사적으로 볼 때 순전히 폭력적이나 순전히 비폭력적인 운동은 거의 없었으며, 특히 장기화될수록 폭력적 시기와 비폭력적 시기를 동시에 경험하는 저항운동이 많았다. 동일한 투쟁에서도 무장 투쟁 요소와 비무장 요소가 동시에 작용할 때가 많다는 것이다. 그러나 경우에 따라선 운동에 연루된 행위자(시민이나 무장한 집단)와 거기에 사용된 방법(비폭력 또는 폭력)을 기준으로 저항 형태를 구분하기도 한다. 그동안 학자들은 각기 다른 형태의 투쟁이 갖는 저마다의 고유한 특징을 파악하는 데 주력해왔으며, 따라서 이를 바탕으로 우리는 폭력적 저항운동과 비폭력적 저항운동을 편안한 마음으로 구분할 생각이다.

이 책에서도 제기하는 몇 가지 흥미로운 질문, 즉 비폭력적 저항 방법이 폭력적 저항 방법보다 과연 더 효과적인지, 더 나아가 시민운동의 성패를 좌우하는 요인은 무엇인지에 대한 질문은 성격상 연구하기가 무척 어렵다. 나름대로 노력했음에도 불구하고 이 주제에 대한 대집단 데이터 세트를 구축한 학자가 거의 없다는 사실은 결코 우연이 아니다.

이러한 주제가 제기하는 연구의 어려움에도 불구하고 우리는 해당 연구 주제가 이론과 정책에 미치는 영향은 간과하기엔 너무도 중요하다고 생각한다. 이와 관련해 시드니 태로Sidney Tarrow는 운동이 성공하고 실패하는 이유를 밝히는 것이야말로 논란 많은 정치 연구 프로그램의 주요 초점 중의 하나라고 주장해왔다.

이 책에서 우리는 비폭력 및 폭력적 저항에 대한 평가가 아직 완벽하지는 못하지만, 학자들이 마음만 먹는다면 그 둘의 상대적 효과를 얼마든지 정연한 시선으로 바라볼 수 있다는 점을 입증해 보이고자 한다. 이를 위해 우리는 체제 변화나 외국 점령군의 추방 또는 분리독립을 추구하는 비폭력적 및 폭력적 저항 가운데 1900년부터 2006년까지의 눈에 띄는 사례 323건을 조사했다. 이 시기의 무장 및 비무장 내란 가운데 알려진 사례는 빠짐없이 목록화해 비교하고 분석하기는 본 연구가 처음이다.

이러한 데이터를 통해 우리는 비폭력 저항은 20세기뿐만 아니라 21세기에도 폭력적 저항보다 전략적으로 우위에 있다는 견해에 힘을 실어주고자 한다. 다뤄야 할 데이터가 워낙 많은 관계로 이와 관련한 학계 동향은 처음에 단 한 차례만 살펴볼 예정이다.

2장

비폭력 저항운동과 참여

반역자란? 아니라고 말하는 사람이다.

— 알베르 카뮈

폭력적 운동과 비교해 비폭력 저항운동의 성공을 어떻게 설명해야 할까? 우리는 비폭력 저항운동의 성공 비결은 대중의 참여라고 주장한다. 참여하는 사람들이 사회의 다양한 부문을 대표할 때 대중의 참여는 체제의 주된 권력 출처를 약화시키거나 제거할 수 있다. 폭력적이든 비폭력적이든 모든 저항운동은 운동의 인적人的 기반을 확보하려고 한다. 여기서 인적 기반이란 체제나 정권과 맞서 싸우며 저항운동을 지지하려는 의지가 있는 사람들, 그리고 저항운동에 필요한 특별한 기술과 지식과 물적 자원을 가진 사람들을 말한다. 운동에 참여하는 사람들의 양과 질은 저항운동의 결과를 결정하는 주된 요인이다.

　　이 장은 두 가지 목표를 지닌다. 첫째, 우리는 참여를 가로막는 장벽이 낮다는 점에서 비폭력 운동은 폭력적 운동에 비해 더 많은 사람들의 참여를 끌어낼 확률이 높다는 점을 입증하고자 한다. 둘째, 우리는 저항운동에서 더 많은 사람들의 참여는 성공 확률을 높이는 수많은 메커니즘을 활성화해준다고 주장한다. 그러한 동원은 대중집회와 가두시위처럼 늘 분명한 형태로 나타나기보다는 체제에 대한 다양한 형태의 사회적, 정치적, 경제적 비협조로 나타날 수 있다. 다양한 형태를 띠는 많은 사람들의 참여는 전술적, 전략적 이점을 갖고 있으며, 이는 많은 경우 비폭력 운동의 역사적 성공을 설명해준다.

참여의 정의

우리는 사람들의 저항운동 '참여'를 집단행동을 위해 개인이 보이는 적극적이고 관찰 가능한 헌신으로 정의한다. 따라서 운동의 참여도를 평가할 때 우리는 우선 집계된 참여 인원수를 중시한다. 누적 인원수 산출은 사실상 불가능하기 때문에 우리는 운동이 절정에 이르렀을 때 운동에 참여하는 인원의 최대 집계치를 기준으로 삼고자 한다. 예컨대 저항운동이 대중시위를 동반했을 경우, 9월에 12,000명, 11월에 24,000명, 12월에 20,000명을 기록했다면 우리는 11월 수치를 집계 기준으로 사용한다. 다시 말해 참여 인원수를 24,000명으로 집계한다는 뜻이다. 폭력적 내란의 참여 수준을 평가할 때는 무장한 참여 인원을 집계하여 그 수치를 사용한다. 이 책에서 다루는 323건의 저항운동 중 우리는 각 운동에 참여한 최대 인원수를 집계한 다양한 자료를 바탕으로 259건(비폭력 운동 80건, 폭력적 운동 179건)의 믿을 만한 참여 인원수 자료를 만들 수 있었다.

이는 참여를 다소 엄격하게 해석한 것이다. 게릴라에게 은신처, 음식, 기타 보급품을 제공하거나, 기금을 모으거나, 메시지를 주고받거나, 정보원으로 활동하거나, 반군을 체포하려는 정부의 시도에 협조하길 거부하는 행동 같은 것도 참여에 속한다. 하지만 이런 다양한 형태의 참여는 관찰이 불가능하다. 예를 들어 마을에 있는 게릴라의 존재를 국가 경찰에 보고하길 거부하는 사람들이 있을 수 있다. 이런 사람들도 저항운동에 참여한 것이라 볼 수 있지만 이를 수량화하기는 아주 어렵다.

참여자에 대한 우리의 정의가 관찰되지 않은 많은 참여자들을 놓칠 수도 있다는 점을 부인할 생각은 없다. 하지만 우리는 시민 저항운동은 늘 가두 대중시위의 형태를 띤다는 오해를 막고 싶다. 비폭력 저항운동엔 연좌농성, 점거, 방관, 경제적 불매운동 등이 포함될 가능성이 높기 때문에 참여 인원수를 집계하기가 매우 어렵다. 그런 사건을 기록하는 믿을 만한 수단이 있어 인원수 집계가 가능할 경우 우리는 그 결과를 우리의 수치에 포함시켰다.

어떻게 동원할까?

대중 동원은 갖가지 이유 때문에 일어난다. 지금까지 수많은 학자들이 그 이유를 매우 심도 깊게 분석해왔다. 이 장에서 우리는 사람들이 동원되는 이유를 설명할 생각은 없다. 그보다 우리는 일단 동원이 시작되면 비폭력 저항운동이 폭력적 저항운동보다 더 큰 매력을 발휘하며, 그 결과 운동의 인적 기반을 넓혀 적을 상대하는 싸움에 더 많은 자산과 자원을 배치할 수 있게 해준다고 본다.

회의론자들은 이런 주장에 반대할지도 모른다. 예를 들어 폭력적 내란이 비폭력 저항보다 사람을 흡인하는 힘이 강하다는 주장을 종종 편다. 폭력적 운동이 약탈, 보복, 영토 확보, 위신 등에서 즉각적인 결과를 가져오기 때문에 새 참여자들을 끌어들이는 흡인력이 크다는 것이다.

무장 투쟁에 참여하는 사회, 심리적 효과 또한 큰 주목을 받아왔다. 널리 알려진 대로 프란츠 파농은 무장 투쟁을 옹호했다. 자아보다 훨씬 더 큰 대의를 위해 죽음도 불사하고 불의에 맞서 싸우는 투쟁이 사람들에게 (정의를 위한) 공동의 사회적 연대감을 조성해주기 때문이라고 했다. 폭력은 그 자체로 매력을 지닐 수 있다. 특히 젊은이들에게 그 매력은 순교가 지니는 매력과 비슷하다. 순교의 매력은 그 문화적, 종교적 의미를 통해 영구화되기도 한다.

하지만 이런 매력은 추측 속의 매력일 뿐 개인 차원에서든 집단 차원에서든 실제로 이런 이유로 폭력에 가담하는 경우는 드물다. 따라서 폭력은 몇몇 이론가들이 주장하는 것 같은 매력을 발휘하지 못할 수도 있다. 참여자 동원이라는 측면에서 볼 때는 신체적인 면에서도 (폭력적인 운동에 참여할 경우에는 생명을 잃거나 몸을 다칠 위험이 비폭력 운동에서보다 크다—옮긴이), 정보 면에서도, 헌신의 정도뿐만 아니라 도덕성 문제에서도 비폭력 운동이 유리하다.

〈표 2-1〉최대 규모의 저항운동 25건, 1900~2006

절정기의 참여자 수	연도	장소	목표	형태	결과
4,500,000	1937~45	중국	일본의 점령	폭력적	실패
2,000,000	1978~79	이란	팔라비 체제	비폭력	성공
2,000,000	1983~76	필리핀	마르코스 체제	비폭력	성공
1,000,000	1988	버마	군사 정권	비폭력	실패
1,000,000	2006	멕시코	칼데론 체제	비폭력	실패
1,000,000	2005	레바논	시리아의 간섭	비폭력	성공
1,000,000	1993~99	나이지리아	군부 체제	비폭력	성공
1,000,000	1989	중국	공산주의 체제	비폭력	실패
1,000,000	1984~85	브라질	군부 지배	비폭력	성공
1,000,000	1967~68	중국	반마오이스트	비폭력	성공
1,000,000	1922~49	중국	민족주의 체제	폭력적	성공
700,000	1990~91	러시아	반공산주의	비폭력	성공
700,000	1983~89	칠레	피노체트 체제	비폭력	성공
550,000	1956~57	중국	공산주의 체제	비폭력	실패
500,000	2002~03	마다가스카르	라치라카 체제	비폭력	성공
500,000	1989	우크라이나	쿠치마 체제	비폭력	성공
500,000	2001	필리핀	에스트라다 체제	비폭력	성공
500,000	1989	체코슬로바키아	공산주의 체제	비폭력	성공
500,000	1963	그리스	카라만리스 체제	비폭력	성공
400,000	1991~93	마다가스카르	라치라카 체제	비폭력	성공
400,000	1953	동독	공산주의 체제	비폭력	실패
400,000	1941~45	소련	나치의 점령	폭력적	실패
340,000	1958~75	베트남	미국의 점령	폭력적	성공
300,000	1990~95	나이지리아	나이지리아 체제	비폭력	실패
300,000	1944	폴란드	나치의 점령	폭력적	실패

실제로 비폭력 운동이 폭력적 운동에 비해 평균적으로 더 많은 참여자를 동원한다는 주장을 강하게 뒷받침하는 증거들이 있다. 여러 자료들을 종합 분석해본 결과 비폭력 운동은 평균 2만 명이 넘는 참여자를 동원했는데, 이는 폭력적 운동의 평균과 비교해 1만 5천 명이 더 많은 수치다. 가장 규모가 큰 운동 25건을 살펴보면 그 차이를 금세 알 수 있다. 먼저, 가장 규모가 큰 운동 가운데 20건이 비폭력 성격을 띠었는 데 비해 폭력적 형태는 단 5건에 불과했다. 둘째, 비폭력 운동 가운데 14건(70%)이 명백한 성공을 거둔 데 비해 폭력적 운동의 경우에는 겨우 5건 중 2건(40%)만 성공했다. 다시 말해 대규모 운동의 경우 비폭력 운동이 폭력적 운동보다 성공할 가능성이 훨씬 높다는 뜻이다.

1977~79년의 이란 혁명이 그 대표적 사례다. 페다인과 무자헤딘 같은 무장 반군은 1960년대 이후 샤Shah(이란의 국왕)에 저항했지만 겨우 몇천 명의 추종자만 끌어들일 수 있었다. 이란 왕 팔라비 체제는 이들 집단을 분쇄해버리고 그 뒤 체제 내에 의미 있는 변화를 꾀했다. 그러나 1977년과 1978년 사이에 등장한 이란의 비폭력 혁명은 수백만 명에 이르는 참여자를 끌어들여 사회 전 분야에서 전국적 시위와 불매운동을 촉발시킴으로써 경제를 마비시키고 샤의 가장 중요한 지지 기반을 무너뜨렸다.

데이터 세트에서는 이러한 추세가 더욱 두드러지게 나타난다. 비폭력 운동은 한 나라 전체의 인구 크기와 대조할 때에도 한결같이 많은 참여자들을 동원하고 있음을 보여준다. 비폭력 저항운동이 인구 크기에 비해 참여자의 숫자에 어떤 영향을 미치는지가 〈표 2-2〉에 나타나 있다. 이처럼 비폭력 저항운동은 높은 수준의 시민 참여를 기록해

<표 2-2> 비폭력 운동이 참여자의 숫자에 미치는 영향

	(로그화한) 참여자 수
주로 비폭력적 저항	2.26***(0.29)
(로그화한) 인구	0.23*(0.13)
항수	6.70***(1.17)
부정정수(N)	163
PROB>F	0.0000
결정계수(R²)	0.3543

유의 수준: ***P<0.01; **P<0.05; *P<0.1 / 보통 최소 자승 회귀와 해당 국가 주변에 몰려 있는 강한 표준오차.

왔다. 이런 점에서 비폭력 운동이 폭력적 운동에 비해 참여를 가로막는 신체적인 장벽뿐만 아니라, 정보 면에서의, 그리고 도덕적인 장벽이 더 낮다는 것은 분명하다.

신체적 장벽

저항운동에 활발하게 참여하려면 다양한 신체적 능력이 필요하다. 폭력적 저항운동에 참여하는 데 따르는 위험과 비용은 (여기에 참여할 가능성이 있는) 많은 잠재적 회원들에게 엄두도 못 낼 만큼 높게 비칠 수도 있다. 폭력적 운동에 활발하게 참여하려면 민첩성과 끈기가 있어야 하고, 훈련을 견디려는 의지, 무기를 다루고 사용하는 능력은 물론 많은 경우 사회로부터의 고립을 견디는 능력까지 필요할지도 모른다. 이 가운데 끈기와 훈련 의지, 희생할 각오 같은 몇몇 능력은 비폭력 저항운동에 참여하는 사람들에게도 적용될 수 있다. 하지만 전형적인 게릴라조직에 참여하는 것은 그 신체적 장벽 때문에 인구의 극히 일부에만 어필하는 경향이 있다.

그러나 비폭력 저항운동의 경우엔 활동가들이 채택할 수 있는 전술과 활동의 종류가 다양하다. 고도로 위험한 대치 전술에서부터 위험도가 낮은 신중한 전술에 이르기까지 그 폭이 넓고 다양하기 때문에 참여를 가로막는 신체적 장벽이 낮을 수 있다. 일반적으로 노조 파업, 소비자 불매운동, 방해, 연좌농성에 참여하는 데에는 힘이나 민첩성, 젊음이 굳이 필요하지 않다. 비폭력 운동엔 여성과 노인 인구도 얼마든지 참여할 수 있는 데 비해, 폭력적 저항운동은 늘 그렇지는 않다 하더라도 많은 경우 신체적으로 엄두를 내기 어렵다. 스리랑카, 이라크, 파키스탄, 팔레스타인, 엘살바도르, 동티모르에서는 여성 자살 폭탄 테러범과 게릴라 같은 여성 요원들도 때로 폭력적 운동에 활발하게 참여해왔지만 그럼에도 대부분의 경우 이들은 예외적인 것에 속했다.

정보 제공의 어려움

사람들은 참가자 수가 많을 것으로 기대될 때 시위 활동에 적극 관여하는 경향이 높다는 점에 학자들은 주목해왔다. 운동이 참가자들을 성공적으로 모집하려면 활동을 널리 알려 잠재적 신입 참여자들에게 운동의 목표와 능력, 현재의 참여자 숫자를 입증해 보여야 한다. 하지만 폭력적 운동의 경우엔 활동과 연관된 고도의 위험성 때문에 운동 활동가들은 제한된 범위 내에서만 정보를 제공할 수밖에 없다. 그들은 지하에 머물러 있어야 할 수도 있으며, 그런 이유로 외부에 정보를 제공하는 데 더 어려움을 겪게 된다. 암살, 매복, 폭탄 공격, 납치 같은 폭력적 행동은 대중뿐만 아니라 많은 경우 중요한 매체의 관심을 끌어 운동의 능력을 널리 알리는 효과를 가져다주기도 하지만, 적극적으로 활동하는 회원 수에 관한 정보를 비롯해 운동의 실체 대부분은 여전히 눈에 보이지도 않고 알려지지도 않은 상태로 남아 있는 경우가 많다. 이들 세력의 실체를 눈으로 확인할 수 없다는 점은 신규 회원을 모집하는 측면에서 볼 때 많은 문제를 일으킨다. 따라서 폭력적 저항운동은 활동가의 실제 숫자를 확실하게 보여줄 수 없다는 점에서 불리한 입장에 놓일 수 있다. 물론 여기에 반론을 제기하는 사람들은 폭력이라는 극적인 행동 자체가 본전을 뽑고도 남을 만한 선전효과를 올린다고 주장하기도 한다. 비폭력 조직운동은 많은 수의 사람들이 관여하는 의사소통과 협조를 필요로 하는 데 비해 단독 자살 폭탄 공격과 같은 행동은 비교적 적은 비용으로 엄청난 피해를 입히면서 주요 언론의 관심은 끌 수 있다는 것이다. 폭력적 운동은 신규 회원을 모집하기 위해 자신들의 크기와 힘을 부풀리는 선전물에 의존하는 경향이 높다. 선전활동에서 폭력적 운동은 비폭력 운동에 비해 전술상의 이점을 더 많이 가질 수도 있다.

반면 비폭력 운동은 공공연한 대중전술을 사용함으로써 자신들의 활동을 알리는 데서 중요한 전시 효과를 나타내며, 그 결과 자신들의 활동정보를 알리는 데 큰 도움을 얻는다. 물론 비폭력 운동도 때로 은밀한 활동(지하 활동. 예를 들어 폴란드 연대노조 투쟁 당시의 지하 출판물 활동이나 비폭력 운동을 실질적으로 지도하는 지도자의 활동)을 하기도 한다. 저항운동이 체제의 억압과 폭거에 가장 취약한 초기 단계에서는 특히 더 그렇다. 그러나 일반적으로 비폭력 운동은 무장 투쟁에 비해 지하 활동에 덜 의존한다. 저항운동에 대한 대중의 지지와 집단행동을 자유롭게 보고 관찰할 수 있을 경우에는 위험에 대한 두려움이 줄어들면서 참여를 가로막는 제약이 감소할 수도 있다. 특히 시위 활동에 참여한 사람들이 보통사람들일 경우, 즉 전형적인 환경 아래서 법을 준수하는 순응형 시민들일 경우 용기는 용기를 불러일으킨다. 언론 보도는 이러한 저항운동의 전시 효과를 더욱 증폭시켜준다.

비폭력 저항운동의 참여도를 높여주는 또 다른 요인은 종종 비폭력 집회와 시위에 동반되는 축제 같은 분위기다. 세르비아, 우크라이나, 레바논, 이집트 등지에서 일어난 최근의 비폭력 운동은 그 대표적인 사례다. 이 경우 콘서트와 함께 노래하기, 거리 공연 등이 함께 펼쳐졌는데, 이런 축제나 놀이의 분위기가 정치적 대의를 위해 싸우면서도 재미있게 노는 데 관심이 많은 사람들(특히 젊은이들)을 대거 끌어들였다. (무장 운동보다) 비폭력 운동에서 주로 나타나는 유머와 풍자는 두려움의 장벽을 무너뜨리고 압제에 맞서 싸우는 사람들 사이의 연대의식을 고취하는 데 도움이 된다.

도덕적 장벽

도덕적 장벽은 잠재적 신규 참여자를 저항운동으로 끌어들이는 데 걸림돌이 될 수도 있는데, 참여를 가로막는 그런 제약은 폭력적 활동보다 비폭력 저항이 훨씬 덜하다. 개인이 현재의 상태에 저항하기로 결정하기까지는 상당한 시간의 도덕적 성찰과 결단이 따르는데, 무기를 들고 사람을 죽이는 것은 도덕적으로 문제를 일으킨다. 저항운동에 참여하고 싶어 하면서도 폭력 행위에 거부감을 갖거나 지지하지 않는 사람들은 폭력적인 운동에 참여할 수 없다. 따라서 폭력적 저항운동의 경우 지도자는 이들을 제외한 나머지 주민의 동조와 수동적 지원에 만

족할 수밖에 없다. 즉 적과 그 지지 세력에 맞서 기꺼이 폭력을 사용하려는 일부의 사람들에게 의존해야 하는 상황에 놓일 수도 있다.

하지만 비폭력 저항운동은 도덕적 장벽과 마주치지 않고도 분노를 품은 많은 사람들을 동원할 수 있다. 폭력적이든 비폭력이든 모든 저항운동은 개인의 자유, 가족의 안녕, 생활과 생계 등의 문제에 위험을 가져다주기 때문에 자신을 돌아보는 자기성찰의 시간을 갖게 하는데, 비폭력 저항운동에 참여했을 경우에는 폭력적 운동에 비해 자기성찰을 덜 요구한다. 폭력적 운동방식은 목적이 수단을 정당화할 수 있느냐는 도덕적으로 감당하기 어려운 문제를 제기하며, 보통 이 투쟁 방법을 사용하는 사람들은 이 문제에서 상당한 도덕적 위험을 감수할 수밖에 없다.

헌신의 문제

신체적으로, 정보informational 면에서, 그리고 도덕적으로 부딪치는 장벽의 문제를 떠나서도 비폭력 저항운동은 운동에 대한 헌신성의 수준이나 위험을 감수하는 수준이 제각기 다른 다양한 사람들에게 참여 기회를 줄 수 있다. 하지만 주로 폭력적 저항에 의존하는 운동은 다음의 네 가지 이유 때문에 헌신성과 위험을 견뎌내는 수준이 둘 다 높은 참여자에게만 의지해야 한다.

첫째, 폭력적 운동에 첫발을 내딛는 신규 참여자는 비폭력 운동에 참여하는 신규 회원보다 더 많은 훈련을 받아야 할 필요가 있다. 이는 참여하고 싶어 하는 마음과 실제의 참여 사이에 거리(간격)를 만든다. 이러한 거리와 까다로운 참여 자격은 즉석에서 폭력적 운동에 참여하는 사람들의 수를 줄일 수 있다.

둘째, 폭력적 운동은 대개 처음부터 수준 높은 헌신을 강요한다. 잠재적 참여자(참여하려는 사람)에 대한 자격심사는 폭력적 운동이 비폭력 운동에 비해 훨씬 더 엄격하다. 많은 경우 폭력적 운동에 참여하는 신규 회원은 자신의 헌신성을 입증하기 위해 실제로 폭력 행위에 가담해야 하며, 이는 무장 투쟁 참여를 가로막는 큰 요인으로 작용한다. 잠재적 신규 회원은 과격한 선발 과정을 피하고 싶어 할지 모르며, 그럴수록 운동 지도자는 신규 회원을 신뢰하기가 점점 어려워질 수 있다.

셋째, 투쟁이 진행되는 동안에도 비폭력 운동 참여자는 폭력적 운동 참여자에 비해 그렇게 많은 위험을 무릅쓰지 않고도 일터와 일상생활, 가족에게 돌아갈 수 있다. 그리고 무장 투쟁 참여자와 비교해 시민 저항운동 참여자들은 좀 더 쉽게 익명성을 유지할 수 있다. 다시 말해 이런 운동에 참여하는 사람들은 삶을 크게 희생하지 않고도 저항운동에 참여할 수 있다. 이는 비폭력 운동이 재택파업이나 소비자 불매운동 같은 '분산투쟁'(이 개념에 대해서는 뒤에서 좀 더 자세히 다룬다) 방법을 쓸 때 특히 더 유용하다. 이런 방법은 국가 기관에 탄압대상이 분명히 드러나는 것을 막아주며, (불가피한 경우) 참여자는 운동에 협조하는 것을 철회하면 그만이다. 이에 비해 폭력적 운동은 참여자에게 더 적극적인 헌신을 요구하며, 이는 투쟁 중에도, 투쟁이 끝난 후에도 자신의 삶을 다시 재개할 수 없도록 방해할 때가 많다. 그 결과 참여자들은 국가의 안보망을 피해 지하로 들어갈 가능성이 높다.

넷째, 비폭력 저항운동은 위험도가 낮은 여러 가지 행동 기회를 아주 많이 제공한다. 최근 들어 이집트의 비폭력 투쟁이 입증해 보였

1부 시민 저항운동이 효과가 있는 이유

듯이 비폭력 투쟁에선 여간해 사상자가 나오지 않지만 무장 투쟁에 참
여했다가 잡히면 그 대가는 종종 죽음이다. 훈련을 받다가 다치거나
죽을 수 있다. 또는 아군의 포격으로 인한 사고사 가능성도 도처에 도
사리고 있다. 따라서 무장 투쟁의 경우엔 임무를 수행하다 사망할 가
능성이 높다. 하지만 비폭력 저항운동에 참여하는 사람들은 위험도가
낮은 전술을 주로 사용하기 때문에 그럴 가능성이 아주 낮다. 반대 의
사를 나타내는 배지 착용, 솥과 냄비 두드리기, 경적 울리기, 지하 학
교 설립, 철야 촛불 집회candlelight vigils 참석, 체제 질서에 대한 복종 거
부 등 전 세계의 운동 단체들이 사용해온 저위험 비폭력 전술은 아주
많다.

이란 혁명운동이 보여주는 대중 동원이 그 대표적인 사례다. 이
란 국민들 사이에서 샤의 인기가 매우 낮았는데도 불구하고 이란 시민
대다수는 시위 활동에 참여하길 꺼렸다. 그러다 비폭력 대중투쟁이 게
릴라 폭력투쟁을 밀어내고 저항의 주된 형태로 자리 잡고 나서야 혁명
운동은 비로소 대중의 지지를 얻을 수 있었다. 1988년에 칠레 대통령
아우구스토 피노체트 장군이 퇴진한 사례와 1986년에 페르디난드 마
르코스 대통령에 맞서 일어난 필리핀의 피플 파워 혁명에서도 동일한
역학을 목격할 수 있다. 당시 독재 정권을 향한 무장 도전은 대중의 지
지를 끌어내지도, 체제의 권력 기반을 흔들지도 못한 채 체제의 가혹
한 보복만 불러왔던 반면 비폭력 운동은 광범위하고 다양한 부문의 참
여를 이끌어내 투쟁공간을 활짝 열어젖혔다.

지금까지 살펴본 참여의 역학은 한 방향을 가리킨다. 그 방향은
참여자를 많이 확보하는 데에는 비폭력 운동이 훨씬 더 유리하다는 것

이다. 사회 주요 부문의 사람들 다수가 복종을 거부하고 사회적, 정치적, 경제적 저항운동에 장기간 참여할 경우 지배자와 피지배자의 관계가 근본적으로 바뀔 수 있음을 보여주는 것이다. 대중의 참여가 운동의 성공과 밀접하게 연관돼 있다면 비폭력 운동은 폭력적 운동보다 훨씬 유리하다.

참여와 성공은 함께 간다

지금까지 비폭력 저항운동이 폭력적 투쟁에 비해 참여자들을 더 많이 끌어들이는 이유와 경위에 대해 살펴보았다. 그런데 대중의 참여가 정말로 중요할까? 어쨌든 많은 정권들은 다수의 국민들을 다루는 데 그들 나름의 특화된 능력을 갖고 있다. 어떤 사람들은 소수의 사람들이 참여한 무장단체가 낌새를 채지 못하는 (체제 쪽의) 정부나 군대와 무력으로 대결하는 것이 1백만 명의 비무장 시위대가 억압적인 정권에 비폭력으로 맞서는 것보다 승리할 가능성이 더 높다고 생각할지도 모르겠다. 몇 가지 경험적 사례들이 이러한 기대를 강력하게 뒷받침해주기도 한다. 그 가운데 쿠바 혁명은 소규모 무장단체의 성공을 보여주는 대표적인 사례이고, 반대로 톈안먼 사태는 대규모 비폭력 운동의 실패를 보여주는 사례다.

하지만 또 여러 데이터들은 다른 결과를 보여준다. 시간과 장소를 떠나 (많은 사람들이 참여하는) 대규모 운동이 소규모 운동보다 성공할 확률이 훨씬 높다는 것이다. 적극적으로 참여하는 사람들이 한 단위만

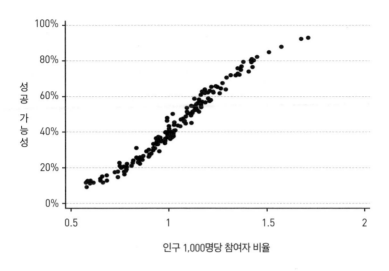

〈그림 2-1〉참여가 운동의 성공 가능성에 미치는 효과

인구 1,000명당 참여자 비율

늘어나도 운동의 성공 확률은 10% 이상 증가한다. 전체 인구 대비 참여자 수가 운동의 성공 가능성에 미치는 영향을 보여주는 〈그림 2-1〉을 살펴보라. 참여자가 늘어날수록 성공 가능성 또한 증가한다는 점을 알 수 있다.

그러나 우리는 숫자만으로는 저항운동의 성공을 장담할 수 없다는 점 또한 인정한다. 몇몇 사례가 입증해 보이듯이 참가자 수가 많다고 해서 성공이 보장되는 것은 아니다. 1950년대에 40만 명 가까운 참가자 수를 자랑했던 동독의 반反공산주의 운동과 1930년대 및 1940년대에 중국에서 일어났던 반反일본 폭동의 경우처럼 몇몇 대규모 저항운동은 철저하게 실패했다.

따라서 숫자는 중요할 수도 있지만 그렇다고 숫자가 성공을 보장해주는 것은 아니다. 이는 저항 참여자의 다양성이나 전략과 전술의 다양성 같은 참여의 질이 참여의 양 못지않게 중요하다는 것을 보여주는 것이다. 앞에서도 지적했듯이 비폭력 운동의 참여 장벽이 낮아지면 운동의 크기뿐만 아니라 운동의 다양성 또한 증가할 것이다. 성별, 나이, 종교, 인종, 이념, 직업, 사회경제적 지위 등 여러 면에서 저항에 참여하는 사람들이 다양해질수록 그들을 탄압하는 정권은 참여자들을 따로 고립시켜 극악무도한 억압적 전략을 채택하기가 더욱 어려워진다. 이 말은 비폭력 운동이 체제의 억압으로부터 자유롭다는 뜻이 아니다(오히려 그 반대일 수 있다). 중요한 것은 반대편(체제 측)의 폭력 사용이 일종의 맞불을 불러온다는 점에서 오히려 역효과를 낳을 가능성이 높아진다는 것이다.

게다가 저항운동에 참여하고 있는 사람들과 체제 안에서 일하고 있는 사람들 간의(체제 안보군의 요원들을 포함해서) 사회적 연결망은 서로 간에 유대관계를 만들어낼 수도 있는데, 이는 저항운동이 진행되면서 매우 중요한 의미를 지닐 수 있다. 참여자가 다양하면 이는 전술적 다양성을 높여준다. 각기 다른 형태의 저항에 익숙해 있는 각양각색의 집단과 단체가 저마다의 독특한 기술과 능력을 싸움터에 가져와 적의 허를 찌르며 압력을 증폭시킬 수 있기 때문이다.

여느 운동에서와 마찬가지로 공동의 목표와 방법에서 통일을 이루어내는 것, 현실적인 목표를 수립하는 것, 적의 약점과 힘의 출처를 파악하는 것, 일련의 전술들을 어떻게 배치하며, (억압을 비롯한) 체제의 구조적 압박을 어떻게 다루느냐 하는 것 등의 전략적 요인들 또한 운동의 결과를 좌우하는 중요한 변수가 될 수 있다. 우리는 사례 연구에서 이러한 특징들을 중점적으로 다룰 예정이다. 아무튼 폭력적이든 비폭력적이든 저항운동이 성공하려면 투쟁 전략을 실현하고 적과 대치할 수 있는 능력을 보유해야 하는데, 여기에서 중요한 것은 자발적인 신규 참여자들willing recruits을 얼마나 활용하느냐 하는 것이다.

그런 만큼 다양한 사람들의 대규모 참여는 저항운동에 전략적 이점을 부여해준다. 적을 상대로 싸울 때 압력을 증가시켜주고 적에게 행사할 수 있는 지렛대의 힘을 높여준다. 비폭력 운동이 광범위한 사람들을 동원할 수 있는 이점을 갖고 있다는 점, 장기간에 걸친 불복종, 비협조 운동이 비록 많은 비용을 치르긴 하지만 높은 대가를 가져다준다는 점이야말로 비폭력 시민 저항운동이 폭력적 저항운동보다 왜 더 효과적인가 하는 이유가 된다.

참여와 지렛대의 메커니즘

광범위한 많은 사람들이 적(체제나 정권)에 대해 조직적으로 가하는 비폭력적 제재는 적이 군사력이나 자원 그리고 여러 형태의 힘에서 유리해 보일 때조차도 비폭력 운동에 최대한의 지렛대 효과를 발휘하게 해준다. 지렛대 효과란 적으로부터 지지 세력을 떠나게 하는 능력, 또는 적이 힘을 의존하고 있는 네트워크를 통해 적에게 압력을 가하게 하는 힘이라고 커트 쇼크는 썼다. 이 지렛대는 저항운동이 쓸 수 있는 무기의 가짓수를 뜻하는 것이 아니라 적이 현상을 유지하기 위해, 또는 저항운동 세력에 보복을 가하기 위해 쓰는 비용을 얼마나 지불하게 하느냐 하는 능력을 뜻한다.

폭력적이든 비폭력적이든 저항운동의 파괴적인 힘은 적에 대해 정치적, 경제적, 군사적 비용을 더 많이 지불하게 할 수 있다. 저항운동이 만들어내는 지속적인 혼란은 정권으로 하여금 기본적인 기능을 수행하지 못하게 만들고, GDP와 투자, 조세수입의 감소를 가져오며 정권 엘리트들의 권력을 상실케 하면서 사회의 정상적인 질서를 와해시킨다. 지속적인 혼란이 국내외에서 가져오는 비용의 총량은 공격 대상인 체제의 구성원들을 저항운동에 순응하게 하거나 아니면 권력을 완전히 포기하도록 몰아갈 수 있다.

강압

폭력적 운동은 적을 물리적으로 압박해 적의 현상 유지에 큰 지장을 초래할 수도 있다. 폭력은 사회 기반시설을 파괴하거나 피해를 입힐 수 있고, 정부나 군대의 엘리트 및 주민을 살해·협박할 수 있으며, 상품의 유통과 상업의 흐름을 방해할 수 있다. 이 같은 행위들은 체제의 권력 장악능력을 약화시키면서 정부의 무능을 드러나게 해주고 계속되는 불안을 주민들에게 일깨워준다. 주민들이 체제에 법적 정당성이 없는 것으로 인식하면 할수록 무장 반군에 동조할 가능성은 높아진다. 쿠바와 베트남 혁명, 이라크의 수니파 내란, 지금도 진행 중인 아프가니스탄과 파키스탄의 파슈툰 족 무장 투쟁이 이를 보여준다. 그러나 이 경우의 동조는 적극적인 저항운동 참여와는 그 성격이 다르다.

폭력적 저항운동은 적을 압박하려는 시도를 넘어 자신의 의사를 더 선명하게 밖에 알린다는 점에서 중요한 역할을 할 수도 있다. 예를 들어 1960년대 중반부터 1980년대 후반까지 전개된 팔레스타인 해방기구Palestine Liberation Organization: PLO의 테러리즘과 게릴라 폭력은 팔레스타인 문제가 국제적으로 계속 주목받게 하는 계기로 작용했다는 평가를 받는다. 동티모르 독립운동의 무장 조직 동티모르 민족해방군 Falintil 또한 언론의 관심을 끌기 위해, 인도네시아의 점령에 반대하는 목소리가 있다는 사실을 분명하게 알리기 위해 인도네시아 군대를 상대로 무장 공격을 감행했다. 이란의 게릴라 운동 역시 이란의 현실은 샤가 보여주는 것과 다르며 군주제에 반대하는 움직임이 있다는 사실을 알리는 수단으로 무장 공격을 전개했다. 네팔의 마오이스트 게릴라는 군주제를 상대로 몇 년째 무장 공격을 벌였다. 그 결과 반대 세력의 존재는 알렸지만 수백 명의 사상자와 국정 불안의 장기화를 가져왔다. 탈레반은 국제적 지원을 받고 있는 하미드 카르자이 대통령체제를 거부한다는 것을 보여주기 위해 국제안보지원군International Security Assistance Forces: ISAF과 정부군을 상대로 자살 폭탄 공격과 급조폭발물 improvised explosive device: IED 공격을 자행하고 있으며, 암살활동도 벌이고 있다.

하지만 앞에서도 말했듯이 정치적 폭력과 정치적 승리의 인과관계를 입증하는 증거는 부족하다. 이는 혼란과 승리를 혼동해서 안 된다는 것을 말해주는 것이다. 무장 저항운동이 상징적 기능을 수행할 수는 있다. 하지만 앞서 인용한 사례가 보여주듯이 궁극적이고 주된 변화 가운데 많은 것들은 비폭력 대중운동을 통해 얻어진 것이다(단, 지금도 내란이 진행 중인 아프가니스탄의 경우는 예외다). 예컨대 네팔의 경우가 보여주듯이 민주주의 체제가 회복되도록 직접적으로 이끈 것은 무장 저항운동이 아니라 짧은 기간의 시민 저항운동이었다. 이 시민운동에는 마오이스트 게릴라조차도 무기를 내려놓고 다수의 비무장 시민들과 함께 참여했다.

비폭력 저항운동이 체제에 대해 가하는 압력은 사회 질서를 교란하는 폭력에서 나오는 것이 아니다. 그보다는 지속적인 항의와 비협조 행동을 통해 적의 주된 권력 기반을 제거하는 데서 나온다. 폭력은 더는 아니라 하더라도 정확히 그 반대의 결과를 낳을 가능성이 높다. 즉 '급진주의의 부정적 측면 효과,' 다시 말해 방해 효과가 발생하기 때문이다. 무장한 도전 집단의 존재는 체제 지지자들을 폭력적 도전 집단이든 비폭력 도전 집단이든 가릴 것 없이 똑같이 (폭력적으로) 대응해야 할 똑같은 위협으로 인식하게 해 하나로 결속하게 만든다.

급진주의 분파가 사회운동에 해가 되거나 도움이 되는 상황은 어떤 것이냐를 둘러싸고 사회 과학자들 사이에 논의가 있었지만 일치된 견해는 없다. 하지만 우리가 판단하기에 비폭력 운동이 성공했다면 그 이유는 대개 경제계와 군부의 엘리트를 비롯한 체제의 권력 기반을 체계적으로 잠식했거나 제거했기 때문인 것으로 보인다. 만약 운동이 폭력적으로 돌아서지 않을까 의심했다면 이들 엘리트는 자신들의 반대 세력을 지지하는 데 망설였을지도 모른다. 저항운동이 폭력으로 바뀔지도 모른다고 체제 지지자들이 생각하거나, 현재의 상태가 바뀌면 자신들의 이익이 사라질 것이라고 믿을수록 그런 지지자는 물론 잠재적 체제 가담자까지 사회적 갈등을 제로섬 게임으로 인식할 가능성이 높아진다. 그 결과 체제 지지자들은 그들 나름대로 위협에 맞서 결속하게 되고, 또 잠재적 체제 가담자들은 방금 지적한 그런 이유 때문에 저항운동 참여를 꺼릴 수도 있다. 어떤 저항운동이든 하나로 결속된 적을 물리치기란 훨씬 더 어렵다. 더욱이 사회적 갈등을 제로섬 게임으로 인식하는 상황에서 지금까지의 체제 지지자들이 권력 이동과 보조를 맞춰 자신의 이데올로기와 이해관계를 수정하는 것은 쉬운 일이 아니다. 그 대신 그들은 계속 권력을 유지하기 위해 필요하다면 무자비한 힘에 의지해서라도 죽기 살기로 싸우려 들 것이다. 체제 구성원들이 아주 사소한 권력 상실도 목숨이 왔다 갔다 하는 상황으로까지 치달을 수 있다고 생각할 경우 협상이나 타협, 또는 권력을 공유할 여지는 줄어든다. 반면 적들을 권력의 주요 핵심으로부터 분리시키고 분열시키려는 운동은 성공할 확률이 높다. 이 점에서 비폭력 운동은 전략적으로 유리하다.

간단히 정리하면, 폭력의 위협이 효과를 이끌어낼 수 있다고 생각할지 모르지만, 비폭력 운동은 그런 효과보다는 대중 동원이 가져다주는 지속적인 압력에 의해 성공을 거둔다. 대중 동원은 국내의 주민들과 제3(정치) 세력으로부터 경제적, 정치적, 사회적 지원을 이끌어낼 뿐만 아니라 심지어는 군대의 지원까지 끌어낸다. 대중의 비협조를 통해 적의 가장 중요한 지지 조직과 기관이 차례차례 적으로부터 이탈하기 시작하면 비폭력 운동의 지렛대는 자연히 그 목표를 성취하게 되는 것이다.

예컨대 성공한 대중운동을 살펴보면 많은 경우 국영 및 민간 사업체나 기업을 상대로 지속적으로 가한 경제적 압력이 중요한 요소로 작용했음을 알 수 있다. 남아프리카공화국의 반아파르트헤이트 투쟁이 입증해 보였듯이 파업과 불매운동 같은 대규모 집단행동은 기득권 세력에게 중요한 경제적 비용을 부과할 수 있었다.

남아프리카공화국의 경우에서처럼 지속적인 비폭력 저항운동은 체제로 하여금 누적되는 비용을 부담케 하여 체제 측의 경제 및 정치 엘리트들이 선택할 수 있거나 선택하고 싶어 하는 바람직한 행동 경로를 제한해버림으로써 비폭력 운동에 유리한 조건으로 협상할 수밖에 없도록 압박할 수 있었다. 시민 동원을 통한 지속적인 압력은 이들 세력이 급성장세를 보이며 독자 생존이 가능한 대안의 통치 세력이 될 것이라는 믿음과 맞물릴 경우 체제의 주된 지지자들을 뒤흔들어 자신들이 선택했던 것들을 버리고 현재의 상황을 타개할 대안을 다시 고려하게 만들 수도 있다. 이러한 역학dynamic은 칠레, 필리핀, 동유럽을 비롯해 민주주의로 이행한 여러 나라들에서 많이 목격된 것이다.

이와 정반대로 시민 저항운동이 경제적 의존관계를 갖고 있는 경우엔(다시 말해 체제반대 진영이 국가에 더 많이 의존하는 경우) 정치적, 경제적으로 국가와 더 밀접한 관계를 맺고 있는 정치집단들을 통하지 않고는 지렛대의 힘을 강화하기 어려울 것이다. 예를 들어 팔레스타인의 이스라엘 점령 지역, 중국의 지배를 받는 티베트 지역, 인도네시아의 지배를 받는 서파푸아 지역의 비폭력 운동이 이런 환경에 놓여 있는데, 이들 모두 국가에 경제적으로 깊이 의존하고 있다. 외국의 점령 아래서 생활하는 주민들이 전개하는 소비자 불매운동과 노조 파업은 (1차 인티파다 당시 팔레스타인인들이 이스라엘 제품 불매운동을 벌이며 노동력을 철수했을 때 그랬던 것처럼) 점령 세력에 상당한 수준의 경제적 비용을 지불케 할 수는 있다. 하지만 체제에 도전하는 비폭력 운동에서 흔히 볼 수 있듯이 체제 측이 저항하는 국민이나 주민들에게 경제적으로 더 많이 의존할 때에 비해 그 파급력이 훨씬 작다. 특히 국가가 외부로부터 보조를 받아야만 국내의 경제적 혼란을 견디고 살아남을 수 있는 경우에는 더욱 더 그렇다. 천연자원 수출, 관광, 그리고 순소득의 상당 부분을 경제 원조와 외부 자원에 의존하는 이른바 임차賃借 국가들은 국내 저항 세력의 압력에 특히 잘 견디는 것으로 나타난다.

하지만 국가와 비폭력 운동의 역전된 의존관계가 꼭 비폭력 운동의 실패로 이어지는 법은 없다. 반권위주의 투쟁의 사례를 살펴보면 경제적 위기가 조직화된 대규모 비폭력 압력과 결합할 경우 외부 임차에 의존하는 체제(예를 들어 이란과 인도네시아)는 예상과 달리 그런 압력을 견디지 못하고 결국 퇴진했다. 외국 점령의 몇몇 사례에서 보듯이 비폭력 운동이 제3 정치 세력의 협조나 공조를 얻을 경우엔 "비폭력 전장을 확대하고" 적에 대해 지렛대의 힘을 강화하는 계기로 작용해왔음을 알 수 있다.

이에 비해 폭력적 운동은 적의 주된 지지 기반을 강화해 체제에 대한 그들의 충성과 복종을 약화시키기는커녕 오히려 증대시킬 가능성이 높다. 사람들이 국기國旗 주위로 몰려드는 '안보결집' 효과는 체제 쪽이 절제돼 있는 비폭력 운동을 만날 때보다는 폭력적 저항운동과 맞닥뜨릴 때 발생할 가능성이 높다. 물론 소규모 무장단체도 체제의 생존을 위협하는 요인으로 간주될 수 있다. 하지만 국가는 제한된 형태의 폭력적 저항보다는 대규모 비폭력 행동에 직면했을 때 좀 더 민감하게 내부 분열을 일으키는 경향이 있다. 간단히 말해 비폭력 저항운동은 대중의 광범위한 지지를 얻을 확률이 높다. 경우에 따라선 지금까지 체제를 지지해오던 사람들이 급성장하는 비폭력 반체제 운동에서 자신들의 미래를 보고 체제를 떠날 수 있다.

충성심의 이동

저항운동이 사회의 지배적인 기관에서 일하는 사람들의 충성심과 관심에 영향을 미칠 수 있다면 성공 기회가 그만큼 늘어난다. 저항운동은 엘리트 내부에 있는, 또는 엘리트 밑에서 일하는 보통사람들 속에 있는 동조자나 이탈자들에게 접근함으로써 적과의 역학관계를 바꿔놓을 수 있다. 체제(정권)는 저항운동의 시위나 비협조 행동이 체제에 대한 사람들의 충성심이나 관심, 또는 인식에 변화를 일으킬 경우 때때로 양보하는 경향이 있다. 따라서 어떤 형태의 저항운동이 정치와 군대에서 체제를 떠받쳐주는 주요 지지 세력의 충성심과 관심에 어떻게 영향을 미치는가를 측정해낼 수 있다면 어떤 저항운동이 성공하고 실패할까를 예측하는 데 도움이 될 수 있다.

예를 들어 군대의 구성원이 체제에서 이탈했다는 것은 체제가 이제 더 이상 가장 중요한 지지 기반의 협조와 복종을 얻지 못하는 것을 뜻할 수 있다. 우리는 체제를 지키는 안보군 내에서 일어나는 이탈을 알아보는 양분변수兩分變數를 만들었다. 이 경우의 평가 대상은 일상적으로 일어나는 개인의 이탈이 아니라 체제의 질서 수행 과정에서 발생하는 대규모의 체계적인 와해 현상이다. 우리가 공무원이나 관료들의 충성심 변화가 아니라 안보군의 이탈에 주목하는 이유는 이러한 이탈이 체제 내부의 충성심 이동을 보여주는 엄격한 척도라고 여겼기 때문이다. 우리의 평가 대상에는 운동 후반부에 가서 발생하는 이탈도 포함된다.

체제의 엘리트들 사이에 분열을 조장하는 능력은 저항운동이 광범위한 참여를 확보할 때 증폭될 수 있다. 운동 참여자 수가 많을수록 체제의 엘리트층 구성원을 대규모 시민들과 이어주는 친족관계나 기타 사회적 네트워크를 활용할 기회가 많아진다. 체제 엘리트와 저항운동 사이의 관계는 아무리 느슨해도 매우 중요하다. 이는 세르비아의 학생운동 조직 오트포르 회원인 스르자 포포비치Srdja Popovic의 다음과 같은 말이 여실히 보여준다. 포포비치는 밀로셰비치(1989년 세르비아 대통령으로 선출되었다. 세르비아 민족주의를 촉발시켜 구 유고 연방 내의 크로아티아, 보스니아-헤르체고비나, 코소보 등지에서 내전을 일으켰고, 학살을 자행하면서 인종청소를 벌이다 '발칸의 도살자'라는 악명을 얻었다. 2000년 민중봉기로 실각했으며, 2001년 체포되어 기소된 후 네덜란드 헤이그의 국제사법재판소로 이송되어 전쟁범죄, 학살죄, 반인도적 범죄 혐의로 재판을 받다가 2006년 감옥에서 사망했다—옮긴이)의 경찰과 대대적인 비폭력 저항운동과의 관계에 대해 다음과 같이 말했다. 당시의 저항운동은 2000년 밀로셰비치 정권이 퇴진하도록 압박하고 있었다.

> "우리는 더 넓어진 대중 사이에서 동조자를 만들어가고 있었다.……
> 많은 사람들이 마치 부모처럼 오트포르 활동가들을 자신의 자녀로 여겼는데, 이런 사람들 사이에서 동조를 이끌어내는 것은 어렵지 않은 일이었다. 경찰의 경우에는 가까이 접근하려고 세 번이나 시도한 끝에 세 번째에야 성공할 수 있었다. 먼저, 우리는 메시지부터 개발했다.…… '경찰과 우리 사이에 전쟁은 없다'라는 메시지 말이다. '누군가가 학생들을 상대로 경찰을 악용하고 있다. 그건 비정상이다. 경찰이 이 나라의 미래를 상대로 싸우다니 말도 안 된다.' 우리는 대중행동을 통해 이런 메시지를 되풀이해 전달했다"(포포비치, 2009).

포포비치가 체제의 구성원들을 오트포르 활동가들의 '부모'라고 표현한 것은 사회 구성원과 체제 구성원 사이를 연결해주는 광범위한 네트워크가 얼마나 중요한지를 강조해주는 것이다. 다른 학자들도 보여주듯이 저항의 규모가 클수록 양자 사이에는 더 많은 네트워크가 존재할 가능성이 높다. 체제와 저항운동 사이의 의미 있는 연결 말이다. 국가 안보군, 즉 군대와 경찰이 어떤 행동과 성향을 보이느냐를 보고 이를 저항운동의 힘을 가늠해볼 수 있는 또 하나의 척도로 삼는 것은 바로 이런 이유에서이다. 이 부분에 대해서는 이 책의 사례 연구 부분에서 자세히 다룬다.

비폭력 운동은 국가 예산에 부담을 주기도 하지만 한편으로는 군인과 경찰(그리고 종종 후자)의 지휘관들로 하여금 비폭력 운동에 대한 군사 행동의 실행 가능성, 그것이 가져올 위험, 그리고 그로 인해 치러야 할 대가 등에 대해 의문을 갖게 하기도 한다. 몇 가지 예를 들면, 이란에서 국왕(샤) 팔라비에 반대하는 저항운동이 벌어졌을 때 이란의 무장 군대 내부에서 군사행동에 대한 의문이 일었으며, 반마르코스 봉기 당시의 필리핀 무장 군대 내부에서도 그러했다. 1차 인티파다^{Intifada}(팔레스타인 사람들의 반이스라엘 저항운동. 인티파다는 봉기, 반란을 뜻하는 아랍어이다―옮긴이) 투쟁 당시 이를 진압하려는 이스라엘 군대 내부에서, 그리고 동티모르의 독립운동을 저지하려는 인도네시아 군대의 작전 과정에서도 이러한 회의懷疑의 움직임이 일었다.

하지만 체제가 무장한 반체제 행위자를 대할 때에는, 대가를 치른다는 점에서는 비슷하겠지만, (군대나 경찰의) 지휘관들이 비폭력 운동을 대할 때보다 자기 자신을 덜 성찰하게 된다. 그들은 자성自省하기보다는 오히려 폭력 때문에 물리적인 위협을 느끼게 되며, 폭력 운동 가담자들을 자포자기해 폭력에 호소하려는 소수자로 바라보고 이들을 처벌하려는 욕망을 갖게 된다. 따라서 체제에 가담해 있는 공직자들은 폭력적 항의자보다는 비폭력 집단을 잠재적 협상 대상자로 바라볼 가능성이 높다.

체제의 경제 엘리트들이 계속되는 사회적 갈등으로 인해 많은 비용이 들어가고 있다고 인식할 경우 이 엘리트들은 체제가 저항 세력을 향해 타협정책을 쓰도록 압력을 가해야 한다는 확신을 가질 수 있다. 남아프리카공화국과 엘살바도르에서 폭동이 일어나 이를 진압하려는 억압이 계속되고 이로 인한 국가적 비용이 누적적으로 늘어나자, 이를 본 경제 엘리트들은 결국 체제에 대해 협상하라는 압력을 가하기에 이르렀으며, 이는 체제 내에서 협상을 고려하는 측과 단호하게 거부하는 측 사이에 힘의 균형을 바꿔놓았다고 우드Wood는 주장한다.

우리의 이론이 맞는다면 체제 내의 충성심 이동loyalty shift을 유발시킨다는 측면에서도 비폭력 운동, 그중에서도 특히 대중의 참여를 이끌어내는 비폭력 운동은 폭력적 운동에 비해 성공할 가능성이 높다. 우리는 저항운동이 전개되는 동안 국가 안보군 내에서 중대한 충성심 이동이 있었는지의 여부를 평가하는 방법으로 이 가설을 검증해보았다.

〈표 2-3〉의 '모델 1(A)'이 보여주는 결과는 대규모 비폭력 저항운동이 폭력적 내란 행위에 비해 체제의 안보군 내부에서 이탈자들을 만들어낼 가능성이 높다는 것을 보여준다. 실제로 가장 규모가 큰 비폭력 운동은 안보군의 이탈을 조성할 가능성이 약 60%에 이르렀으며,

<표 2-3> 비폭력 저항이 메커니즘에 미치는 효과

모델 1(A)	안보군의 이탈 가능성	한계효과
로그화한 참여자 수	0.25**(0.11)	+5%
로그화한 인구		
비폭력* 참여자	-0.18(0.14)	--
항수	-1.77(1.56)	26%
부정정수(N)	163	
CHI²	5.52	
PROB>CHI²	0.0632	
유사 결정계수(PSEUDO R²)	0.0413	

모델 2(A)	체제에 대한 국제적 제재 가능성	한계효과
비폭력 운동	3.50**(3.35)	+62%
로그화한 참여자 수	0.64***(0.22)	+10%
로그화한 인구	-0.01(0.12)	--
비폭력* 참여자	-0.42**(0.32)	--
항수	-7.16***(2.46)	20%
부정정수(N)	163	
CHI²	10.59	
PROB>CHI²	0.0315	
유사 결정계수(PSEUDO R²)	0.0842	

모델 3(A)	국가의 후원 가능성	한계효과
비폭력 운동	-2.72***(0.77)	-44%
로그화한 참여자 수	0.29**(0.15)	+6%
로그화한 인구	-0.25**(0.12)	-5%
항수	-0.37(1.82)	26%
부정정수(N)	163	
CHI²	17.55	
PROB>CHI²	0.0005	
유사 결정계수(PSEUDO R²)	0.1569	

유의 수준: ***P<0.01; **P<0.05; *P<0.1 / 로지스틱 회귀분석과 해당 국가 코드 주변에 몰려 있는 강한 표준오차.

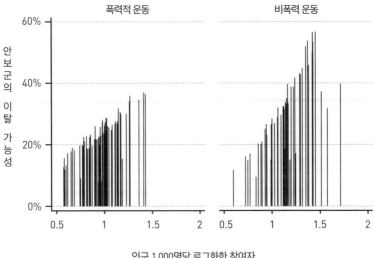

〈그림 2-2〉 참여가 안보군 이탈에 미치는 영향

폭력적 운동 　　　　　　　　비폭력 운동

안보군의 이탈 가능성

60%

40%

20%

0%

0.5　　1　　1.5　　2　　　0.5　　1　　1.5　　2

인구 1,000명당 로그화한 참여자

이는 가장 규모가 작은 비폭력 운동보다 50% 이상 많은 수치다. 〈그림 2-2〉는 비폭력 운동이 안보군의 이탈에 미치는 실질적 영향을 보여준다. 비폭력 운동의 경우 저항운동 참여자가 증가할수록 안보군의 이탈 가능성도 꾸준히 증가한다. 반면 폭력적 내란 행위의 경우 군대를 반란 세력 쪽으로 돌려놓는 데 성공할 가능성은 10%에서 40% 사이에 머물며, 내란 행위 참여자가 증가해도 이들이 전향할 가능성은 소폭만 증가할 뿐이다. 폭력적 내란에 직면할 경우 안보군은 체제 뒤에서 결속할 가능성이 그 어느 때보다 크며, 그 결과 싸움은 전략적 상호작용보다는 인정사정없는 힘의 각축장으로 바뀌기 십상이다. 그런 환경 아래서 안보군은 체제에 훨씬 더 충성을 바칠 수도 있고, 아니면 양면적 태도로 보이는 부대를 체제가 제거할 수도 있다.

그러나 안보군의 이탈은 해당 체제 안에서 나타나는 가장 극단적인 형태의 충성심 변동일 뿐이다. 민간 관료와 경제 엘리트들, 그리고 체제에 대한 동의를 철회한 기타 사회구성원들의 비협조가 저항운동의 결과에 얼마나 중요한 영향을 미치는가를 계량화하는 것은 불가능하다. 하지만 그러한 집단은 군대가 느끼는 것보다 폭력적 내란에 훨씬 더 큰 위협을 느낄 수 있다.

역효과

체제 내의 충성심 이동은 체제가 반체제 활동에 대응하는 과정에서 직접적으로 나타날 수도 있지만, 반체제 운동을 억압하는 체제 쪽의 행동이 정의롭지 못하거나 과도하다고 생각될 때 나타날 수 있다. 충성심 이동으로 이어지는 가장 흔한 경우는 체제가 많은 민간인이 참여하고 있는 비폭력 운동을 폭력적으로 진압할 때다. 이 경우 체제의 행동은 역효과를 낳을 수 있다. 여기서 역효과란 가해자의 어떤 행동이 기대했던 것과 정반대의 결과를 가져올 때 일어나는 반대효과를 말한다. 이런 역효과는 저항운동 세력이 체제 쪽의 계산 착오를 지렛대로 역이용하여 자신에게 유리한 상황을 조성하게 만든다. 체제를 지원해오던 국내외의 지지자들이 체제 쪽의 이런 폭력적인 행동을 보고 반대 진영 쪽으로 지지를 옮겨가는 것이다.

비폭력 시민운동에 대한 탄압은 이 운동이 다수의 시민 사이에서 광범위한 동조를 얻고 있을 경우 역효과를 낳을 수 있다. 지금까지 수동적으로 운동을 지지해오던 사람들을 저항운동의 적극적인 참여자로 바꾸어놓기 때문이다. 그렇지 않으면 저항운동 세력의 국내 연대를 강화시켜주거나, 저항운동에 대한 외국의 지원을 강화시켜주기도 하고, 체제 내부에서 체제에 비판적인 사람 수를 늘려줌으로써 충성심 이동을 유발할 수 있다. 다만 그렇게 되려면 저항운동은 체제의 폭력에 폭력으로 대응하지 말아야 한다. 저항운동에 대한 폭력적 억압은 이를 지켜보며 언제든 행동할 준비가 되어 있는 국내외의 여러 사람들에게 전달되어 그 역효과를 일파만파로 확산시킬 수 있다.

체제에 맞서는 저항운동은 그것이 어떤 형태를 띠든 체제의 억압에 부딪힐 가능성이 높다. 실제로 우리의 데이터 세트를 보면 전체 저항운동의 88%가 체제의 폭력적 억압에 부딪쳤다. 그런데 저항 세력이 무력으로 내란을 일으켜 체제에 도전했을 경우 체제는 국내외에서 이를 지켜보는 사람들에게 (계엄령이나 비상사태 같은) 폭력적 진압과 가혹한 수단을 정당화하기가 쉬워진다. 반면 (저항운동 쪽에서 보면) 그들이 폭력의 목표로 삼았던 (체제 쪽) 사람들을 끌어들이거나 그들의 이해관계에 호소하기가 더욱 어려워진다. 왜냐하면 앞에서도 말했듯이 체제 구성원과 안보군은 폭력의 위협에 직면했을 때 방어적으로 생각하는 경향이 높기 때문이다. 이런 설명은 우리들의 일반적인 직관과는 반대되는 것으로 보인다. 왜냐하면 비폭력 운동은 폭력적 운동에 비해 체제의 폭력적 억압에 더 취약할 것으로 생각돼왔기 때문이다.

우리의 관점이 맞는다면 폭력을 쓰지 않는 전략이 폭력을 쓰는 전략에 비해 체제의 억압에 맞서 성공할 가능성이 높아야 한다. 우리는 〈표 2-4〉 '모델 1(B)'에서 이러한 가설을 검증해보았다. 그 결과 체제가 폭력으로 저항운동을 억압할 경우 비폭력 전략은 운동의 성공 가능성을 약 22% 높여주는 것으로 나타났다. 우리가 여기서 탐구해본

⟨표 2-4⟩ 메커니즘이 성공 가능성에 미치는 효과

모델 1(B)	체제의 강력한 탄압이 성공에 미치는 효과	한계효과
비폭력 운동	0.92***(0.36)	+22%
로그화한 인구	-0.20*(0.12)	-5%
항수	1.21(1.08)	41%
부정정수(N)	181	
CHI²	8.27	
PROB>CHI²	0.0160	
유사 결정계수(PSEUDO R²)	0.0453	
모델 2(B)	비폭력 운동의 성공 가능성	한계효과
로그화한 참여자 수	0.49**(0.17)	+9%
체제의 폭력적 억압	-0.76(0.80)	--
안보군 이탈	3.18***(0.74)	+58%
국가 차원의 지원	0.97(1.43)	--
국제적 제재	-0.99(1.23)	--
항수	-4.20**(1.97)	57%
부정정수(N)	80	
CHI²	24.33	
PROB>CHI²	0.0002	
유사 결정계수(PSEUDO R²)	0.2953	
모델 3(B)	폭력적 운동의 성공 가능성	한계효과
로그화한 참여자 수	-0.11(0.13)	--
체제의 폭력적 억압	-0.98(0.64)	--
안보군 이탈	0.18(0.40)	--
국가 차원의 지원	0.86**(0.48)	+15%
국제적 제재	0.82(0.62)	--
항수	0.00(1.37)	21%
부정정수(N)	178	
CHI²	11.10	
PROB>CHI²	0.0494	
유사 결정계수(PSEUDO R²)	0.0614	

유의 수준: ***P<0.01; **P<0.05; *P<0.1 / 로지스틱 회귀분석과 해당 국가 코드 주변에 몰려 있는 강한 표준오차.

1부 시민 저항운동이 효과가 있는 이유

여러 저항운동을 살펴보면 비폭력 운동이 성공을 거두는 하나의 중요한 메커니즘은 체제가 폭력으로 저항운동을 억압할 때 초래되는 역효과 때문인 것으로 나타났다.

국제적 제제와 외부의 지원

저항운동은 외교적 압력이나 국제적 제재를 통해서도 적(체제)에 대해 가하는 지렛대의 역할을 강화시켜줄 수 있다. 하지만 국제적 제재에 대해서는 의견이 분분하다. 그 일반적인 반대론 가운데 하나는 국제적 제재가 저항운동의 공격대상인 체제나 정권보다는 시민운동 쪽에 더 피해를 줄 때가 많다는 이유 때문이다. 하지만 많은 점에서 국제적 제제는 효과적일 수 있다. 두 가지 예만 들면 국제적 제재는 남아프리카공화국과 동티모르의 저항운동이 성공을 거두는 과정에서 눈에 띄는 효과를 거두었다. ANC(아프리카 민족회의, 남아공의 흑인해방조직—옮긴이) 지도부는 아파르트헤이트 체제에 대해 몇십 년째 제재를 요청했지만, 그러한 요청은 대중의 비폭력 저항운동이 확산되고 나서야 비로소 이루어졌다. 이와 관련해 일부에서는 남아프리카공화국의 아파르트헤이트 체제에 대한 국제적 제재는 저항운동 측이 결국 협상 테이블로 나올 수 있는 공간을 마련했다는 점에서 주효했다고 주장한다.

한편 저항운동의 실패 요인으로 제재나 외교적 압력의 부재가 종종 인용되기도 한다. 예컨대 중국이나 러시아가 버마 군사정권에 대해 제재를 가했더라면 이 군사정권의 몰락을 앞당길 수 있었을 것이라거나, 남아프리카공화국이 짐바브웨의 로베르트 무가베 정권에 압력을 가했더라면 이 정권의 종말을 촉진시켰을 것이라고 주장하기도 한다.

또 중국이 경제적, 외교적 지원을 하지 않았더라면 북한의 김정일 체제는 일찌감치 쇠락의 길로 들어섰을 것이라는 주장도 있다. 사우디아라비아와 이집트 같은 아랍의 정권은 서방(주로 미국)의 정치적, 경제적, 군사적 지원을 통해 엄청난 이익을 챙겨왔다.

국제적 제재는 수많은 사람들이 참여하고 있는 저항운동을 보고 외부세계가 이 운동에 정통성이 있다고 볼 때, 그리고 이 운동이 성공할 가능성이 있다고 볼 때 쉽게 실현될 수 있다. 어떤 정권이 비폭력 행동으로 일관하는 저항운동을 폭력으로 진압했다면, 그것이 가져올 국제적 비난의 파장은 테러리스트로 낙인찍힌 집단을 진압했을 때보다 훨씬 심각할 것이다. 우리는 국제사회가 폭력적 운동보다는 비폭력 운동에 외교적 지원을 제공할 가능성이 더 크다고 본다.

우리의 생각을 검증하기 위해 우리는 후프바우어Hufbauer와 쇼트 Schott, 엘리엇Eliott이 수집한 국제적 제재 데이터(1992)를 참조했다. 〈표 2-3〉의 '모델 2(A)'는 비폭력 저항운동과 여기에 참여하는 사람들의 수가 저항운동의 상대인 체제나 정권에게 얼마나 국제적 제재를 가져다줄 수 있는지 그 가능성에 미치는 효과를 보여준다.

데이터를 보면 대규모 비폭력 운동이 소규모 무장 운동보다 국제사회의 외교적 지원을 받을 가능성이 높다는 점을 알 수 있다. 제재를 통해 외교적 지원을 이끌어내는 데엔 참여자 수가 얼마나 되느냐 하는 양적인 요인만 작용하는 것이 아니다. 시민운동의 방법이 어떤 것이냐가 중요한 요인으로 작용한다. 비폭력 운동이 제재를 통해 외교적 지원을 받을 가능성은 폭력적 운동보다 70%나 더 높다.

외국은 또한 정치적 환경과 국내 상황에 따라 저항운동에 직접적 도움을 줄 수도 있다. 구체적으로 (정권에 반대하는) 반군叛軍과 이해관계가 일치하는 외부 국가들이 반군에 무기나 경제적 원조를 제공할 수도 있다. 예를 들어 1980년대에 파키스탄과 미국은 아프가니스탄의 소비에트에 반대하는 반군을 지원했다. 두 나라 모두 소비에트의 아프가니스탄 점령을 끝내고 싶어 했기 때문이다. 비폭력 운동 또한 때로 외국 정부와 국제기구, 비정부기구NGO, 국제 시민사회로부터 직접 지원을 받기도 한다. 지원은 외국 정부의 재정 원조 형태로 제공되기도 하고, 그들이 싸우는 체제(또는 정권)에 대한 제재의 형태로, 또는 반체제 진영에 대한 외교적 승인이나 그 지도부에 대한 지원, NGO 기금 제공이나 훈련 등의 형태를 띠기도 한다. 예를 들어 세르비아의 저항운동 조직인 오트포르는 밀로셰비치 정권이 전복되기 전 미국 및 유럽 각국 정부와 연결된 지원단체들을 통해 수백만 달러를 받았다.

하지만 외국 정부는 폭력을 쓰는 저항운동이 자신들의 대리인 역할을 해줄 것이라고 볼 경우엔 비폭력 운동보다는 폭력적 저항운동에 직접 물적物的 지원을 제공할 가능성이 크다. 이런 경우엔 폭력적 내란의 35%가 외국 정부로부터 물질적 지원을 받았던 데 비해 비폭력 운동의 경우에는 10%에도 미치지 못했던 것이다.

〈표 2-3〉의 '모델 3(A)'에서 보듯이 다른 잠재적 교란변수가 일정하게 유지될 때 폭력적 저항운동이 외국 정부로부터 물질적 지원을 받을 가능성은 비폭력 저항보다 40% 더 높았다.

외부의 원조는 폭력적 내란 세력이 더 강력한 적을 상대로 운동을 성공으로 이끌 수 있도록 뒷받침할 수도 있다. 예를 들어 많은 사람들은 나치 독일과 파시스트 이탈리아의 지원이 없었다면 프랑코의 혁명적 파시스트 집단은 스페인 공화파에 패배했을 것이라고 주장할지도 모르겠다.

하지만 아이러니하게도 외부 국가의 지원은 내란 세력의 성공 가능성을 오히려 훼손할 수도 있다. 전 세계의 반정부 집단에 적용되는 국가 차원의 지원은 믿을 수도 없고 일관되지도 않을뿐더러 도움은커녕 아무 효력도 발휘하지 못할 때도 있다. PLO(팔레스타인 해방기구)가 1970년 요르단에서 쫓겨나며 뼈저리게 배웠듯이 국가들은 변덕이 심하다. 국가들은 또 원조에 많은 단서 조항을 달아 여러 행위자들의 전략 운용을 한없이 복잡하게 만드는 것으로도 알려져 있다. 클리퍼드 밥Clifford Bob의 지적대로 국가 차원의 지원이 운동에 도움이 될 때조차도 외국이 저항운동을 지원하기로 결정하는 데에는 제공자의 지원목적, 후원자들의 성격, 정치적 분위기 등 다양한 내부 요인이 작용한다.

외국의 지원은 또 무임승차 문제를 일으키기도 한다. 주민들이 외부의 후원이 있으니 운동에 참여할 필요가 없다고 생각하기 때문이다. 외부의 지원은 때때로 운동 세력 내부의 부패 문제에 대한 비판으로 이어져 국민들이 운동의 정당성에 의문을 갖게 할 수도 있다. 그렇지 않으면 외국의 지원은 외국을 대신해 행동하길 원치 않거나 외국의 정치적 의도와 연관되길 싫어하는 잠재적 신규 참여자들을 쫓아버릴 수도 있다.

외국의 지원은 또 자제심을 가지고 시민들을 조심스럽게 대하려는 폭력 운동 세력의 정책을 훼손할 수도 있다. 왜냐하면 외국은 다른 나라의 시민들을 운동 세력처럼 자신의 중요한 지지 기반으로 여기기보다는 중요하지 않은 대상으로 보기 쉽기 때문이다. 예컨대 와인스타인Weinstein의 주장대로 폭력 운동 세력이 내란 자금을 마련하려면 지역 주민에게 의존할 수밖에 없는데, 그 때문에 반군은 그런 주민들을 대할 때 자제심과 존중심을 보이지 않을 수 없다. 천연자원 매장물이나 외국의 기부자 같은 외부자금에 의존하는 반군은 지역 주민들을 함부로 대할 가능성이 훨씬 많으며, 그 결과 그들의 궁극적 목적을 해치기에 이른다.

따라서 폭력 운동 집단에게 외국의 지원은 양날의 칼이자 한 발씩 주고받는 총일 수도 있다. 이러한 지원은 폭력적 내란 세력에게 투쟁에 필요한 전쟁 물자를 더 많이 보급해줄 수도 있지만, 그와 동시에 주민과 내란 목적 간의 관계를 훼손하여 운동의 결과에 중대한 영향을 미칠 수 있다. 자금동원을 민간의 지원에 의존하는 비폭력 시민 저항 운동은 이러한 난제에 봉착하지 않는다. 전체 비폭력 저항운동의 90% 이상이 외국 정부의 자금 지원 없이 운동을 수행하기 때문이다.

전술의 다양성과 혁신

(투쟁 방법을 새롭게 바꾸는) 전략적 (또는 전술적) 혁신은 비폭력 운동과 폭력적 운동 모두에서 규칙적으로 일어난다. 하지만 우리는 사회 각계각층으로부터 참여하는 사람 수가 많아질수록 운동이 전술적 혁신을 이룩할 가능성이 커진다고 생각한다. 이와 관련해 찰스 틸리Charles Tilly와 시드니 태로Sydney Tarrow, 커트 쇼크Kurt Schock는 전술의 혁신은 '이미 가지고 있는 전술 목록의 언저리'에서 발생하며, 따라서 "언저리가 넓을수록 변화와 혁신의 가능성도 커진다"라고 주장한다. 앞에서 이미

말했듯이 비폭력 운동은 참여자의 동원을 방해하는 신체적, 도덕적, 정보상의 장벽이 낮기 때문에 폭력적 운동에 비해 좀 더 다양한 참여자를 더 많이 끌어들일 수 있다. 이러한 전술의 혁신은 투쟁의 다양성을 가져와 운동에 유리하게 작용한다.

전술의 다양성은 경우에 따라 집중concentration 방법을 쓸 수도 있고 분산dispersion 방법을 쓸 수도 있게 한다. 비폭력 운동은 집중 방법을 통해 저항운동에 참여하는 수많은 사람들을 공공장소로 불러 모은다. 이런 방법을 적용한 널리 알려진 예로는 인도의 간디가 이끌었던 소금행진, 톈안먼天安門 광장의 학생 시위, 러시아 혁명 당시 시위군중의 붉은 광장 점령을 들 수 있다. 이보다 최근의 예로는 우크라이나의 오렌지 혁명 당시 키예프 마이단 광장에서 벌어진 대규모 연좌농성이 있다. (백향목cedars 혁명으로도 알려진) 레바논의 독립운동 당시 베이루트 시내에 등장했던 텐트촌, 2011년 이집트 혁명 당시 타히르 광장에 모여들었던 대규모 인파를 꼽을 수 있다. 분산 방법은 소비자 불매운동, 결근 투쟁, 태업 등과 같이 반대운동이 더 넓은 지역으로 퍼져나가는 것을 뜻한다. 남아프리카공화국에서 벌어졌던 소비자 불매운동, 프랑스가 루르 지역을 점령했을 때 독일 직장인들이 벌인 의도적 작업방해 행위, 이란 혁명 당시 석유 노동자들이 벌인 파업, 반피노체트 투쟁 당시 칠레 국민들이 벌인 냄비와 솥 두드리기 운동 같은 것이 그것이다. 이런 분산 방법은 적의 억압하는 힘을 더 광범위한 지역으로 분산시킴으로써 운동 참여자들이 더 안전하게 보호받을 수 있게 해주며, 익명성을 제공해 운동 참여에 따르는 위험을 줄여준다.

폭력적 운동의 경우 전술의 다양성으로는 도시 지역에서의 집중 공격과 매복, 중소 도시와 촌락에서의 분산된 기습 공격, 폭격, 암살 등을 들 수 있다. 직접적 교전에서 아프간과 국제연합군을 겨냥한 IED(급조폭발물) 공격으로 전술을 바꾸었던 탈레반의 행동은 무장 투쟁의 전술 혁신을 보여주는 한 사례다. 폭력적 운동에서든 비폭력 운동에서든 다양한 전술을 채택하면 적의 억압 효과를 줄이고 운동의 주도권을 잡는 데 유리하다. 국가가 저항운동이 채택한 특정 형태의 전술을 집중적으로 탄압할 경우 저항운동의 전술 혁신은 운동의 적응력을 끌어올리고 여러 전술을 다양하게 운용할 수 있는 여지를 높여준다. 이는 적의 탄압이 가두시위와 같은 고도로 위험한 전술에 집중될 때 특히 중요하다.

전술 혁신은 운동의 주변부에서 일어나는 만큼 운동 참여자 수가 많을수록 그 주변부가 넓어져 전술 혁신을 이루어낼 가능성이 커진다. 적극적 참여자 수가 많아지면 비폭력 운동이 정부에 대해 사용할 수 있는 제재의 종류도 많아지고, 그 결과 집중 방법과 분산 방법을 번갈아 사용하면서 적에게 계속 압력을 가할 수 있다. 비폭력 저항운동의 전략 전술의 다양성과 혁신은 그 투쟁 능력을 강화시켜줌으로써 전략적으로 성공을 거둘 가능성에서 폭력적 무장 운동을 훨씬 능가한다.

전술 혁신은 시간이 지날수록 운동의 회복력에도 영향을 미친다.

모면과 회복력

저항운동이 마주치는 또 하나의 중요한 도전은 회복력resilience이다. 여기서 회복력이란 '활동을 제한 또는 금지하려는 적의 행동에도 불구하고 계속해서 집단행동을 동원하는 행위자들의 투쟁능력'을 말한다. 학자들은 참여자의 수를 의미 있게 유지하고, 새로운 참여자를 모집하며, 억압 앞에서도 계속 적과 맞설 수 있는 운동의 능력을 보고 회복력의 수준을 가늠한다.

많은 학자들은 이 회복력을 운동의 성공을 결정하는 중요한 요인으로 간주한다. 왜냐하면 이 회복력은 적의 탄압이나 회유에도 불구하고 계속 전략적 우위를 유지하는 운동의 능력을 보여주는 것이기 때문이다. 저항운동을 상대로 한 체제나 정권의 계속되는 반격은 저항운동의 주요 참여자들을 제거할 뿐만 아니라, 남아 있는 참여자들이 치러야 할 운동비용을 증가시킬 수 있다. 국가는 운동의 결합력을 파괴하기 위해 종종 (운동의 지도자들을) 제거하기도 한다.

안보 문제에 관한 여러 연구자들이 공유하고 있는 하나의 가설이 있다. 어떤 운동이 회복력을 갖고 있느냐를 결정짓는 필수적인 요소는 그 운동이 (장기간의) 소모전을 성공적으로 전개할 수 있는 능력을 갖고 있느냐 하는 것이다. 폭력을 쓰는 어떤 무장 운동 단체가 영토를 점령해 가지고 있거나 인접 국가로부터 피난처를 제공받고 있다면 그 단체는 국가의 탄압에도 불구하고 참여자 수를 유지하고 새로운 참여자를 모집할 수 있는 회복력의 두 가지 문제를 해결할 수 있을 것이다. 폭력적 무장 투쟁은 비폭력 운동보다 참여자 수가 적을지 몰라도 몇십 년 넘게 생존할 수도 있다. 예를 들어 1949년부터 끈질기게 생명력을 이어오고 있는 버마의 카렌족 내란과, 1964년 이후 콜롬비아 국가를 상대로 게릴라전을 수행하고 있는 콜롬비아 무장혁명군Revolutionary Armed Forces of Columbia: FARC, (2009년 패배하기까지) 40년 동안 스리랑카 중앙 정부를 상대로 내전을 벌인 '타밀 호랑이'Tamil Tigers: LTTE'가 그런 경우다. 하지만 폭력적 운동의 오랜 전개는 강력한 적의 탄압 앞에서 주목할 만한 끈기를 자랑할진 몰라도 그 긴 지속 기간이 반드시 전략적 성공으로 이어진다는 보장은 없다. 시골이나 산간 지역, 또는 인접한 피난처에 고립돼 있는 상태로는 국가라는 적을 압도할 만한 영향력을 발휘하기가 쉽지 않다. 몇몇 폭력적 내란 세력이 요행히 살아남을 수 있었다면 그 이유는 오로지 국가가 뚫고 들어갈 수 없는 외진 지역에서 작전을 전개했기 때문이다. 파키스탄 북서부 국경 지대를 피난처로 삼고 있는 탈레반 동조 세력이 그런 경우다.

운동이 성공을 거두려면 끈기가 필요하긴 하지만 그것만으로는 부족하다. 어떤 운동이든 성공을 거두려면 끈기에 머물지 않고 적으로부터 (권력을 빼앗는) 권력의 이동을 획득해내야 한다. 운동이 회복력을 가지려면 참여자들을 더 많이 동원하고 행동을 확대할 수 있는 능력, 운동의 주요 자산과 자원을 유지할 수 있는 능력, 적을 상대로 여러 자산을 동원해 다양한 전술을 구사할 수 있는 능력을 가져야만 한다. 적이 물적으로 더 강력한 힘을 갖고 있든 아니든 상관이 없다. 성공적인 운동은 체제의 탄압에도 불구하고 이를 참고 견뎌내며 세월이 지나는 동안 설령 그 목표에 변화가 있을지라도 천명한 목표를 향해 보란 듯이 전진해 나간다.

비폭력 운동은 참여자 수가 많고 그 층도 다양하다는 특성을 갖고 있다. 이 때문에 적이 어떤 행동을 취하든, 회복력을 유지하고 운동을 지속적으로 수행할 수 있다는 점에서 폭력적 운동보다 능력이 훨씬 뛰어나다. 체제(또는 정권)의 탄압으로부터 받는 피해는 비폭력 운동보다 무장 운동 쪽이 더 크다. 그것은 비폭력 운동이 활용할 수 있는 자산과 '무기'를 더 많이 갖고 있기 때문이다. 우리는 사례 연구를 통해 이를 자세히 다룰 예정인데, 이러한 주장은 기존의 견해에 대한 명백한 도전이다.

시민 저항의 성공에서 어떤 요인이 가장 중요할까?

지금까지 우리는 시민 저항운동은 일상적으로 폭력적 운동을 능가한다는 점을 입증해 보였다. 아울러 우리는 비폭력 저항운동이 많은 참여자들을 만들어내는 이점을 갖고 있으며, 이러한 참여는 때로 서로 협조하고 때로는 각기 따로 작용하면서 성공을 향해 나아가는 일련의 메커니즘을 활성화한다는 이론도 세웠다. 비폭력 저항운동은 상대방의 지지 세력을 한 곳으로 모으기보다 서로 떨어뜨려놓을 가능성이 더 많고, 적을 결속시키기보다는 갈라놓을 가능성이, 저항운동 쪽보다는 정권 쪽에 정치적, 사회적, 경제적 비용을 더 많이 부담케 할 가능성이 높다는 점도 지적했다. 여기서는 이러한 요인 가운데 실패와 성공을 결정하는 가장 중요한 요인은 무엇인지에 대해 살펴보고자 한다.

흥미롭게도 〈표 2-4〉에서 보다시피 성공을 결정하는 요인은 저항운동의 형태에 따라 각기 다르다. 비폭력 운동[모델 2(B)]은 (정권을 지키는) 안보군을 이탈시킬 때 가장 큰 성공을 거두는 것으로 나타났다. 실제로 그런 이탈은 성공 확률을 60% 가까이 끌어올린다. 비폭력 운동의 경우 참여자 수도 중요하다. 그 수가 한 단위만 증가해도 성공 확률이 거의 10% 증가한다. 하지만 주목할 만한 것은 외국의 지원도, 국제적 제재도, 정권의 탄압도 비폭력 운동의 결과에 별다른 영향을 미치지 못하는 것으로 보인다는 것이다.

이러한 결과는 비폭력 운동의 성공에서 가장 중요한 요인은 국내 메커니즘이라는 결론에 이르게 한다. 정권의 탄압은 종종 역효과를 낳는 만큼 운동 실패의 결정 요인이라고 보기 어렵다. 외국의 지원이나 국제적 제재는 몇몇 경우 중요한 역할을 해왔을지도 모르지만 그런 요인들이 운동의 성공에 반드시 필요하다고 확신케 할 만한 일반적인 증거는 없다.

폭력적 내란의 성공을 결정하는 요인들[모델 3(B)]과 비교해보면 이러한 결과는 특히 더 놀랍다. 폭력적 내란의 성공을 예측할 때 안보군의 이탈과 참여자 수는 훨씬 덜 중요하다. 그보다는 외국 후원자의 존재가 성공의 주된 결정 요인이다. 외국 후원자의 존재는 다른 요인들과 비교할 때 성공 확률을 15%가량 끌어올린다.

폭력적 운동이 성공하는 경우: 눈에 띄는 예외 몇 가지

폭력적 운동은 제한된 숫자의 참여자만 끌어들인다는 우리의 전제를 크게 벗어나는 예외도 몇몇 있다는 점에 주목할 필요가 있다. 혁명적 변화를 가져올 만큼 대중의 지지를 확보했던 폭력적 투쟁의 대표적 사례로는 우선 러시아 혁명(1917), 중국 혁명(1946~50), 알제리 혁명(1954~62), 쿠바 혁명(1953~59), 베트남 혁명(1959~75)이 떠오른다. 그런 경우는 비폭력 운동이 폭력적 운동에 비해 대중의 참여를 활성화시킬 가능성이 크다는 주장과 배치되는 중요한 예외다.

하지만 좀 더 자세히 들여다보면 이런 혁명에서는 성공을 거둔 비폭력 운동과 공통점이 많이 목격된다. 그중에서도 특히 다양한 계층의 대규모 참여는 지배 정권의 경제 및 군대 엘리트 내부의 충성심 이동으로 이어졌다는 점을 분명히 알 수 있다. 아울러 이 중에는 외국으로부터 직접 물질적 지원을 받은 경우도 많았다. 이들 사례와 기타 성공을 거둔 무장 투쟁을 보면 이들은 외국 후원자의 직접적 지원을 얻는 데 성공했을 뿐만 아니라, 후원자들의 그것과 유사한 행정, 정치, 사회, 경제 구조를 수립하여 강력한 대중 지지 기반을 마련하는 데서도 대체로 성공했음을 알 수 있다. 혁명전쟁을 연구하는 학자와 이론가들이 대중 동원과 민간인의 비협조를 중요하게 다루는 이유는 성공적인 무장 운동에서 차지하는 비폭력적 요소가 군대 요소만큼 중요하거나, 어쩌면 그보다도 훨씬 더 중요하기 때문일 것이다.

따라서 우리는 폭력적 내란violent insurgency 운동도 성공한다는 견해에 반론을 제기하지 않을 작정이다. 사실 우리의 데이터 세트에 나오는 그런 사례 중 약 25%가 성공을 거두었다. 그러나 폭력적 내란은 시민 저항운동보다 성공 확률이 훨씬 낮으며, 8장에서 살펴보겠지만 그런 승리의 결과가 어떠했느냐도 검토해보아야 한다. 몇몇 경우 폭력적 내란은 권력을 잡는 데 성공했지만 수백만 명에 이르는 사상자를 내는 등 많은 생명의 희생을 치르는 경우도 적지 않았다. 게다가 폭력적 투쟁이 성공한 뒤의 상황을 보면 비폭력 시민운동이 성공을 거둔 후의 과도기에 비해 압제가 훨씬 심했던 것을 볼 수 있다. 위 다섯 가지 사례 모두에서 새로운 체제는 승리를 거둔 뒤 전쟁의 먼지가 가라앉자 민간인들에게 가혹한 조치를 취했다. 이전 체제의 지지자들을 향해 보복성 폭력을 가하는가 하면, 인권과 소수자의 권리를 존중하지 않는 것을 하나의 규범으로 만들어버렸다. 이들 나라 중 오늘날의 기준에서 민주주의 나라로 분류될 수 있는 나라는 없었다.

그런 추세는 비단 이 다섯 가지 사례에만 국한되지 않는다. 애커먼Ackerman과 카라트니키Karatnycky는 1973~2000년 사이에 정권이 바뀐 67개 나라의 체제 이행移行, regime transitions을 다룬 최근의 연구에서 체제(또는 정권) 반대 세력의 폭력이나 국가 폭력을 겪은 20곳의 과도기 이후를 살펴본 결과 '자유로운' 나라라는 평가를 받은 나라는 4곳(20%)뿐이라는 사실을 발견했다. '자유롭다'는 평가기준은 연구 당시(2005년) 프리덤 하우스의 2005년 기준을 따른 것이다.

갈등이 끝난 뒤의 결과를 살펴보면, 성공을 거둔 비폭력 저항운동은 성공을 거둔 폭력적 운동에 비해 민간인 사상자는 더 적게 내는 반면 민주주의는 더 높은 수준을 나타내는 것을 보여준다. 여기에는 몇 가지 분명한 이유가 있다. 승리를 거둔 폭력 운동 세력은 종종 전과 다름없이 권력을 독점적으로 사용해야 한다는 생각에 빠져버리게 되며, 그리하여 남아 있는 국가의 과거 잔재들을 모두 제거해버리려고 한다. 그들은 민주주의 질서를 수립하고자 애쓸 수도 있지만, 구정권의 잔존 세력이 끊임없이 폭력적 위협을 가하는 환경 아래서는 그러기가 쉽지 않다. 폭력으로 권력을 잡은 세력이 대중의 지지를 얻었다 하더라도 그들이 이끄는 새로운 국가는 곧바로 권력 강화에 들어가 다시 들고 일어날 수도 있는 대중의 능력을 제거하려 든다. 그들은 권력을 장악하기 위해 이미 폭력적 방법을 사용했던 터라 권력을 유지하기 위해 또다시 폭력적 방법에 기대는 것을 어려워하지 않는다. 사실 그럴 가능성이 다. 따라서 폭력적 내전이 때로 효과를 거둔다 하더라도 장기적으로 볼 때 그 결과는 바람직하지 않은 점을 많이 남긴다.

앞에서 비폭력 운동의 성공 사례를 살펴보았는데, 이러한 사례들은 여러 나라에서 좋은 참고가 될 수 있으며, 따라서 비폭력 저항운동은 이들 나라에서 내부 갈등을 해결하는 효과적인 방법으로 간주될 수 있다. 물론 그렇다고 이들 국가가 평화주의 국가가 된다거나 심각한 인권 침해가 절대 발생하지 않을 것이라고 말하는 것은 아니다. 하지만 (비폭력 운동으로 권력을 잡은 정권은) 반대 의견을 다루는 비폭력적 수단을 비제도적 형태에서 제도적 형태로 바꿈으로써 반대자들의 태도를 무리 없이 쉽게 바꿀 수 있다. 갈등을 해결하는 정상적 통로가 막혀 있거나 그 수단이 적대 세력의 수중에 들어가 효과를 내지 못하는 경우에도 이런 문제를 한결 쉽게 해결할 것이다. 그와 동시에 비폭력 저항운동은 권력을 분산시키는 방식을 추구하곤 하기 때문에, 이런 방식은 국민들이 (권력을 분산시켜) 그 사회의 엘리트들에게 책임을 지우는 능력을 몰라보게 높여줄 것이다. 오래전부터 학자들은 활기 넘치는 시민 사회가 민주주의 질에 긍정적 역할을 하고 있다는 점에 주목해왔다. 비폭력 저항을 통해 권좌에 오르는 반정부 지도자들은 대중의 요구를 충족하지 못하면 자신들도 축출될 수 있다는 점을 고려하지 않을 수 없기 때문에 공공재public goods를 대중에게 분배해야 한다고 생각할 가능성이 크다. 그러므로 대중의 참여와 동원을 중시하는 비폭력 운동은 이처럼 갈등이 끝난 후에도 사회의 신뢰와 책임감을 높이는 데 크게 기여할 수 있다.

결론

이 장의 주된 목표는 두 가지였다. 첫째, 비폭력 저항운동이 폭력적 내란에 비해 높은 수준의 다양한 시민 참여를 달성하는 데 더 효과적이라는 것을 밝히는 것이었다. 그리고 국내에서의 (인적, 물적) 동원은 대부분의 경우 폭력적 내란 세력을 대리인으로 내세워 자신들의 목적을 추구하는 외국의 지원보다 훨씬 더 성공적으로 권력을 가져다주는 믿을 만한 권력의 원천이 된다는 것이다. 둘째, 시민들의 대규모 참여는 종종 저항운동의 전술과 전략에 이점을 가져다주며, 기존 정권에 대한 대중의 협조를 철회케 함으로써 정권으로 하여금 저항운동의 요구에 굴복하게 만들어준다는 것이다. 비폭력 운동은 또한 많은 시민들을 참여시키면서 다양한 투쟁 기술과 능력, 관점을 동원할 수 있게 해준다. 이러한 참여와 동원은 저항운동에 대한 정권의 억압을 오히려 역효과를 가져오게 하는 것으로 만들어 버리며, 국민들의 충성심을 기존 정권에서 저항운동 쪽으로 이동시킨다. 이는 (많은 시민의 참여가) 사회 변화의 메커니즘을 어떻게 활성화시키는가를 설명해준다. 비폭력 운동은 체제에 충성하는 사람들을 확실히 자기편으로 끌어들이는 경향을 보여주는데, 이는 운동의 승리 또는 패배를 결정하는 메커니즘에서 시민들의 참여가 얼마나 중요한가를 말해주는 것이다.

3장
시민 저항운동의 성공에 대한 또 다른 설명

성공처럼 성공하는 것은 없다.　　　　　　　　　　　 — 알렉상드르 뒤마

외부 환경은 인간의 통제 밖에 있다. 하지만 우리의 행동은 우리 자신의 힘 안에
있다.　　　　　　　　　　　　　　　　　　　　　 — 벤저민 디즈레일리

앞 장에서 우리는 비폭력 저항운동이 폭력적 저항운동보다 언제나 더
효과적이라고 주장했다. 시민들의 활발한 참여를 가로막는 장벽이 낮
다는 점에서도 그렇고, 투쟁 상대인 체제나 정권을 상대로 (힘의) 지렛
대를 더 효과적으로 쓸 수 있다는 점에서도 그러했기 때문이다. 하지
만 경험상의 기록은 이와 관련해 몇 가지 질문을 던지게 한다. 첫째,
(위에서 말한 것 말고도) 정치 환경의 특징이나 체제(또는 정권)에 반대하는
저항운동의 특징 같은 것들이 운동의 성공 원인을 밝혀주는 또 다른
이유가 될 수 있느냐는 것이다. 둘째, 저항운동의 성공 가능성을 높여
주는 (저항운동의) 적敵들(체제나 정권)이 어떤 특별한 형태를 따로 갖고 있
느냐는 것이다. 만약 그렇다면 비폭력 저항운동이 더 많이 성공을 거

둔 것은 바로 그런 적들을 목표로 삼아 조직적으로 공격했기 때문인 가? 하는 점이다. 셋째, 폭력적 운동은 성공 가능성이 매우 낮을 때에 주로 등장하는 것인가? 그리고 그 때문에 이런 운동은 실패율이 높은 것일까? 하는 점이다.

이 장에서는 우리의 주장을 반박할 가능성이 높은 두 가지에 대 해 살펴볼까 한다. 첫째는 (저항운동)의 적(체제)이 지닌 상대적인 힘 또 는 그 적이 민주주의적이냐 아니면 권위주의 체제냐 하는 것과 같은 구조적 조건structural condition이 (비폭력이냐 폭력을 쓰느냐 하는) 저항운동의 형태와 상관없이 운동의 결과를 좌우하느냐 하는 것이다. 우리는 체제 의 특징이나 체제가 폭력적 억압을 행사했느냐의 여부, 그리고 그 밖 에 특정 지역이나 시기에만 적용되는 어떤 요인이 폭력적 또는 비폭력 운동의 결과를 설명해줄 수 있을지 어떨지를 자세히 살펴봄으로써 이 러한 가능성을 확인하고자 한다.

두 번째는 시민의 저항운동과 성공의 관계가 (그 운동에서만 특별히 내재해 일어나는—옮긴이) 내생적內生的, endogenous인 것이냐 아니냐 하는 것이다. 내생성은 주된 독립변수independent variable가 이해관계의 결과 까지 좌우할 때 발생한다. 이와 관련해서는 핵무기와 국제적 갈등의 관계를 예로 들 수 있다. 몇몇 학자들은 핵무기를 보유한 국가는 그렇 지 않은 국가에 비해 전쟁에 관여할 확률이 높다고 주장한다. 예를 들 어 파키스탄과 인도는 1988년 각각 핵무기를 실험한 후에 1999년 카르 길 분쟁 당시 거의 전쟁을 치를 뻔했다. 겉으로 봤을 땐 핵클럽 회원들 사이에 (핵을 보유했다는) 지나친 자신감, 호전성 때문에 핵무기가 갈등 을 일으킨다고 결론지을 사람들이 있을지도 모른다. 하지만 최근 들어 학자들은 그 둘의 관계가 내생적이라고 주장한다. 즉 핵무기를 추구하는 대부분의 국가는 전쟁의 위협을 느끼기 때문에 핵무기를 추구한다는 것이다. 따라서 핵무기는 갈등을 일으키는 원인이라기보다는 이미 전쟁의 위협을 잉태한 환경이 조성됐기 때문에 만들어진 징후symptom일 뿐이라는 것이다. 이는 인도와 파키스탄의 관계에서 확실하게 드러났다. 두 나라는 모두 1차 핵무기 실험에 돌입하기 전인 1947년과 1965년, 1971년에 영토 분쟁을 일으킨 바 있었던 것이다.

내생성 문제를 다루는 것은 까다로울 수밖에 없다. 왜냐하면 폭력적 저항운동을 했기 때문에 실제로 운동이 실패했는지, 아니면 (비폭력) 시민운동을 할 수 없게 하고 성공하지 못하게 하는 외부 환경 때문에 실패했는지를 밝혀야 하기 때문이다. 이와 관련해 우리는 비폭력 저항운동이 이미 성공 가능성이 높은 지역에서만 등장하는 것은 아니며, 폭력적 저항이나 비폭력 저항이나 유사한 환경에서 나타난다는 것을 분명히 보여주는 몇 가지 예를 제시하고자 한다. 그런 다음 도구변수 추정법을 통해 내생성을 검증하는 몇 가지 평가를 해보고자 한다. 우리는 그 결과가 폭력적 운동의 상대적 실패가 내생성 때문이 아니라는 우리의 결론을 뒷받침해줄 것이라 믿는다.

성공의 구조적 설명 검증

2장에서 우리는 비폭력 저항운동이 대중동원과 (정권에 대한) 와해활동을 통해 적의 현상 유지비용을 높이고 특히 안보군이라는 적의 가장 중요한 지지 기반을 무너뜨려 성공에 이르는 과정에 대해 살펴보았다. 대중 동원과 체제로부터의 충성심 이동 같은 국내 요인이 비폭력 운동의 성공에 매우 중요한 영향을 미친다면, 다른 한편 외국 정부의 지원 같은 외부 요인은 폭력적 저항운동의 성공 가능성을 높여준다. 그러나 이런 관계는 각기 다른 수많은 이유 때문에 나타날 수 있으며, 따라서 이런 문제를 다루려면 다변수multivariate 분석이 필요하다.

이런 조사를 시도하는 사람이 우리가 처음은 아니다. 최근의 한 연구는 일반의 예상과 달리 (저항운동의 상대인) 체제의 형태나 그 나라의 경제 발전 수준, 국민들의 읽고 쓰는 능력, 그리고 인종, 언어, 종교 같은 사회분화 요소가 성공을 달성하려는 시민 저항운동의 능력에 통계적으로 중요한 영향을 미치지 않는다는 것을 발견했다.

이러한 발견은 언뜻 아무리 절망스러워 보이는 상황도 저항운동을 어떻게 해나가느냐에 따라 바뀔 수 있다는 의미로 해석할 수 있다. 국가와 반대 진영 간의 관계가 거듭 변화하는 만큼 여러 조건들이 전략적 선택을 좌우할 수도 있기 때문이다. 다시 말해 국가와 반대 진영은 서로 팽팽한 접전을 벌이며, 한쪽의 행동에 따라 다른 쪽이 이에 반응하는 행동을 벌일 가능성이 높다는 이야기다.

사회운동과 분쟁의 소지가 많은 정치, 갈등을 다루는 연구들 가운데는 정치 행위자의 선택이 환경의 제한을 받는다는 견해를 가진 것이 적지 않다. 즉 구조적 요인이 성패를 결정한다는 것이다. 그러나 똑같은 요인이 조건의 변화에 따라 특정 형태의 정치 활동을 어렵게 만들기도 하고 또는 쉽게 만들기도 하며, 대중 동원을 감소시키거나 또는 증가에 영향을 미치기도 한다. 정치 행위자가 특정 형태의 활동(폭력적 저항)을 다른 형태(비폭력 저항)로 바꾸도록 유도하기도 한다. 후자의 문제는 이 장 후반부에서 자세히 살펴보기로 하고 우선 갈등(투쟁)의 결과에 영향을 미칠 수도 있는 구조적 조건부터 살펴보고자 한다.

정치적 기회 이론은 정치 구조가 기회를 열어놓느냐 닫느냐에 따라 운동이 성공하기도 실패하기도 한다고 주장한다. 구조적 조건에서는 두 가지가 가장 중요하다. 즉 하나는 저항운동의 성공 가능성을 높이거나 낮추어주는 어떤 정치체제가 있느냐 하는 것이고, 또 하나는 어떤 체제가 저항운동에 어떻게 반응하느냐 하는 것이다.

첫째, 도전을 받는 체제가 민주주의냐 비민주주의냐 하는 체제의 형태가 도전 세력이 성공할지 실패할지를 결정하는 아주 중요한 변수가 된다고 종종 주장한다. 예컨대 몇몇 학자들은 민주주의 정부 형태는 폭력적 도전에 취약하다고 주장한다. 역사적으로 보아 이런 정부는 반란이 일어났을 때 반란 진압작전을 펼치기보다는 반란을 용인하는 경향을 보여왔다는 것이다. 민주주의는 국내와 해외의 여론에 더 민감하게 반응하고 국제적 규범을 더 잘 지킨다는 점에서 비민주주의 정부보다 압박하기가 더 쉬운 것으로 비치기도 한다. 이 밖에 체제가 가진 물질적인 능력도 살펴볼 필요가 있다. 물적으로 강력한 국가일수록 패배에 대해 더 큰 면역력을 지닐 수 있기 때문이다.

둘째, 체제의 억압이라는 문제를 좀 더 자세히 살펴본다. 체제의 억압은 (비폭력적 방법을 선택할 것이냐 폭력을 선택할 것이냐는) 선택의 문제처럼 구조적 조건은 아니다. 그러나 회의론자들은 비무장 시위의 취약성을 감안할 때 폭력적 억압은 시민들의 저항운동을 쉽게 무너뜨릴 수 있지만 폭력적 저항은 억압 앞에서도 강한 회복력을 보일 수 있다고

1부 시민 저항운동이 효과가 있는 이유

주장할지도 모른다. 물론 이런 주장은 더러 맞을 때도 있다. 더욱이 어떤 반란자들은 체제가 극단적인 방법으로 억압할 것이라고 예상한 나머지 시민운동을 시도해보기도 전에 폭력을 선택하기도 한다.

하지만 체제의 역반응이 저항운동의 결과를 결정하는 것은 아니다. 경제적, 군사적으로 우위를 점하는 반대파가 열악한 무기를 가진 반대파보다 한 수 위일 것으로 생각될 때가 많지만, 비대칭전과 내란, 그리고 반란 진압 활동을 연구해온 학자들은 약한 쪽이 때로 강한 상대를 누르고 승리를 달성하는 이유와 조건들을 설명하고자 애써왔다. 이반 아레귄−토프트Ivan Arreguin-Toft는 비대칭전에서는—양쪽의 상대적인 힘의 차이와는 상관없이—양쪽이 사용하는 전략의 상호작용이 결과를 좌우하는 결정적 변수라고 주장한다. 대규모 군대(안보군)와 인구를 보유한 국가는 "종래의 직접적인 전투에서는 약한 상대를 쉽게 눌러 이기지만 게릴라전 같은 간접적 전투에서는 그만큼 성공을 거두지 못했다.…… 그에 비해 중국에서 마오쩌둥이 '혁명전쟁'에서 거둔 승리는 이 전쟁이 작은 힘을 가진 세력에게 가장 잘 어울리는 이상적인 형태의 전쟁처럼 보이게 했다. 아레귄−토프트는 기존과 다른 간접적 전략을 사용해 성공한 내란의 예를 들었다. 인도차이나에 대한 지배권을 다시 확보하고자 했으나 실패한 프랑스, 미국과 베트남인민해방전선(베트콩)의 전쟁, 아프가니스탄에서의 소련의 패배야말로 내란 세력이 재래식의 직접적인 전쟁이 아닌 간접적인 전략을 통해 어떻게 성공했는지를 설명해주고 있다는 것이다.

경험에 근거한 아레귄−토프트의 발견은 국가와 무장 반군의 전쟁을 주로 다루지만 그의 전략적 상호작용 이론은 국가와 비무장 비폭력 도전 집단이 맞붙는 비대칭 갈등(투쟁)의 결과를 설명할 경우에도 유효할 수 있다고 말한다. 성공을 거두는 무장 내란과 마찬가지로 성공을 거두는 비폭력 내란도 진일보한 적에 맞서 (불매운동, 파업, 시위, 비협조 운동 등) 비전통적 수단을 중심으로 한 간접적 전략을 사용함으로써 적의 주된 사회, 경제, 군사적 지지 기반을 얼마든지 무너뜨릴 수 있다.

어려운 상대?

분쟁의 소지가 많은 정치를 다루는 연구들은 저항운동의 성공적인 동원을 어렵게 하는 정치구조를 세 가지 범주로 나누어 설명한다. 즉 권위주의적인 상대, 풍부한 자원을 자랑하는 아주 강력한 상대, 억압적인 상대가 그 세 가지다. 지금부터 이 세 가지 구조적 환경이 저항운동의 성공 가능성에 어떤 영향을 미치는지 살펴본다.

권위주의적인 상대

자신의 행동에 제약을 두지 않고 행동하는 상대일수록 내란에서 이길 가능성이 높을 것이라고 사람들은 생각한다. 권위주의적인 체제는 국내 유권자들을 별로 의식하지 않는, 인권문제에 대한 국제적인 규범이나 국내의 민주적 제도 등을 크게 의식하지 않고 행동하는, 즉 제약을 덜 받고 행동하는 체제로 인식되고 있다. 이와 반대로 민주주의 체제는 제도적인 이유 때문에, 유권자를 의식해야 하는 선거 때문에, 그리고 여러 규범적 장벽 때문에 내란을 진압하는 데 더 많은 제약을 받을

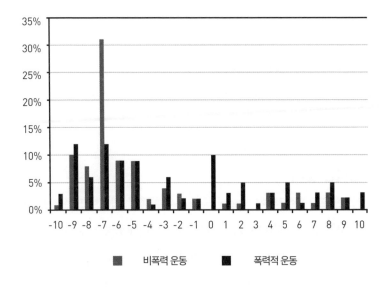

〈그림 3-1〉 정부 형태별 점수와 운동의 비율

비폭력 운동   폭력적 운동

것이라고 가정한다. 그러나 이러한 추측은 때때로 반박을 당하기도 한다. 어쨌든 비폭력 운동은 성공 가능성이 가장 높은 곳, 즉 사회가 다양한 형태의 논쟁에 열려 있고 수뇌부가 가혹한 형태의 억압을 사용할 수 없는 민주주의 체제에서 나타날 가능성이 높다고 생각할 수 있다.

하지만 〈그림 3-1〉에서 보는 것처럼 비폭력 운동은 대부분 정확히 그 반대의 상황에서 등장해왔다는 것을 분명히 알 수 있다. 실제로 비폭력 운동의 압도적인 다수가 권위주의적인 체제(정부 형태에 따라 0점에서 10점까지 점수를 매겼다)에서 모습을 드러낸 것이다. 심지어는 아무리 평화적인 운동을 벌여도 치명적인 결과를 맞을 수 있는 그런 권위주의적인 체제 말이다.

더욱이 상대하는 체제의 형태를 여러 가지로 비교 검토해보더라도 비폭력 저항운동은 성공 확률을 개선하는 데 여전히 중요한 비중을 차지한다는 것을 볼 수 있다(모델 1). 운동에 가담하는 참여자 수는 운동의 성공에 결정적인 힘이 되는 것인데, 여기에서도 다른 요인에 비해 성공 가능성을 약 10% 높여주는 것으로 드러났다. 그러므로 상대가 민주적이냐 비민주적이냐 하는 것은 비폭력 운동의 성공과 거의 관련이 없어 보인다.

강력한 상대

아레권–토프트의 지적에 따르면 국제관계 이론은 힘이야말로 갈등과 투쟁에서의 승리를 의미한다고 본다. 이런 논리대로라면 강력한 국가는 약한 국가보다 상대의 도전에, 특히 비무장한 상대의 도전에 더 적은 영향을 받는다고 보아야 한다. 우리는 대체로 두 가지 가능성을 상정하곤 한다. 즉 비폭력 운동은 취약한 국가에서 나타날 확률이 높다는 것이 그 하나이고, 다른 하나는 여러 힘을 동원할 수 있는 국가일수록 비폭력 또는 폭력적 운동을 물리칠 가능성이 높다는 것이다.

우리는 국제관계 연구에서 자주 쓰이는 힘의 측정 방법, 즉 '전쟁 종합지수와 국력의 연관성Correlates of War's Composite Index of National Capabilities: CINC'을 사용해 한 나라의 능력을 측정키로 했다. 여기에는 총인구, 도시 인구, 철강 생산, 에너지 소비, 군대의 숫자 및 군비지출의 연간 가치(금액)도 포함돼 있다.

우리가 알기로 어떤 운동이 비폭력성을 띠는지 폭력성을 띠는지를 결정하는 요소는 해당 국가가 가진 힘이 아니다. 무엇보다도 비폭력 운동은 객관적으로 세계에서 가장 강력한 국가 중 몇몇 곳에서도

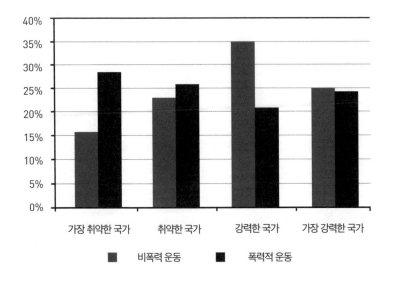

〈그림 3-2〉지역의 상대적 권력과 운동 비율

비폭력 운동 ■　폭력적 운동

등장한 것을 볼 수 있다. 〈그림 3-2〉에서 보듯이 비폭력 운동은 가장 취약한 국가에서뿐만 아니라 가장 강력한 국가에서도 똑같이 나타날 가능성이 있다는 것을 알 수 있다. 게다가 해당 국가가 가진 객관적 힘과 상관없이 비폭력 운동이 나타날 가능성은 폭력적 운동이 나타날 가능성과 거의 비슷하다.

　흥미롭게도 저항운동의 투쟁 대상(어떤 체제나 정권)이 갖고 있는 힘과 운동의 성공 가능성 사이에는 아무런 연관관계가 없다는 것을 우리는 발견했다. 우리는 비폭력 운동이 성공할 가능성이 다른 변수를 수단으로 사용하는 폭력적 운동보다 12% 이상 더 높다는 것을 볼 수 있었다. 그리고 시민 저항운동의 효과 또한 오랫동안 강력하게 지속된다는 것도 알 수 있었다. CINC 기준으로 볼 때도 상대 국가가 얼마나 강력한지와 상관없이 비폭력 저항이 언제나 효과적이라는 것을 알 수 있었다.

억압적인 상대

많은 학자들은 체제의 저항운동 탄압이 운동에 참여하는 사람 수를 증가시킨다는 사실을 발견했다. 하지만 억압이 참여자 동원에 미치는 영향을 다르게 바라보는 학자들도 있다. 그러나 이들은 체제의 탄압을 얼마나 많은 국민들이 용인하느냐 하는 것은 서항운동이 비폭력적인가 폭력적인가에 달려 있을 가능성이 높다는 점에는 탐구를 게을리하고 있다. 비폭력 운동을 탄압하면 역효과를 불러올 수 있다는 것을 크게 주목하지 않기 때문이다. 역효과란 (종종 폭력적 억압의 형태를 띠는) 체제의 부당한 행동이 의도와는 달리 저항운동의 내적 연대를 강화시켜주고, 체제의 지지자들 사이에서 체제에 대한 반대 의견과 갈등을 조성하며, 저항운동에 대한 외부의 지원을 늘려주고, 체제에 대한 외부의 지원을 줄임으로써 권력 이동을 불러오는 것을 뜻한다. 그러므로 비폭력 운동을 억압함으로써 지불해야 하는 대내외 비용은 정권의 자위自衛와 공공의 안전을 탄압의 빌미로 하여 폭력적 운동을 억압하는 데 드는 비용보다 더 높을 수 있다. 따라서 우리는 체제의 억압에도 불구하고 운동이 여전히 비폭력성을 유지할 때, 나아가 끝까지 비폭력적 방법을 견지하고 있다는 사실이 이를 지켜보는 국내외의 사람들에게 전달될 때 체제의 억압은 역효과를 낳을 가능성이 높다고 본다.

'모델 3'은 체제가 저항운동을 폭력적으로 억압하면 운동의 성공 가능성은 35% 가까이 줄어든다는 것을 보여주고 있다. 그러나 폭력적 억압 아래서도 비폭력 저항운동은 폭력적 저항에 비해 여전히 매우 효과적이다. 그리고 비폭력 운동을 억압하면 역효과를 낳을 가능성이 높다는 증거를 더욱 강화시켜준다. 체제의 고강도 억압은 폭력적 및 비폭력 저항운동의 성공을 가로막는 큰 장애가 될 수도 있다. 하지만 억압 그 자체만으로는 운동의 결과를 좌우하지 못한다.

요컨대 지금까지 우리가 제시한 증거들은 환경과 상관없이 비폭력 시민 저항운동이 폭력적 저항보다 더 효과적이라는 것을 말해주고 있다. 이제 운동의 목표가 비폭력 운동의 결과에 어떤 영향을 미치는지 살펴보자.

어려운 목표?

어떤 운동 목표들은 다른 목표에 비해 운동의 성공에 미치는 영향이 적을 수도 있다. 특히 (기본 정치 질서를 바꾸는) 과격주의로 인식되는 목표를 내세우는 운동은 성격상 제한적인 목표(예를 들어 제한된 정치적 권리)를 추구하는 운동보다 성공할 가능성이 낮다.

이 책에서 우리는 체제 교체, 점령 반대, 분리독립운동처럼 성격상 흔히 과격주의로 인식되는 목표를 추구하는 운동을 일부러 선택해 살펴보았다. 체제 반대 세력은 이 세 가지 범주 모두 기본적으로는 정치 질서나 해당 국가의 성격을 바꾸는 운동이란 점을 인정해야 한다.

이 세 가지 범주 가운데 분리독립운동은 성공하기가 가장 어렵다. 많은 학자들이 분리독립을 쟁취하려는 투쟁은 다른 형태의 갈등과

〈표 3-1〉 구조적 요인이 운동 결과에 미치는 영향

	모델1	모델2	모델3
비폭력 운동	0.90* (0.48)	0.52*** (0.43)	0.43*** (0.43)
해당 정부 형태의 점수	0.05 (0.03)		
로그화한 참가자 수	0.38*** (0.13)	-0.41*** (0.12)	0.44*** (0.13)
로그화한 인구	-0.44** (0.17)	-0.44*** (0.15)	-0.42*** (0.18)
상대의 능력		3.45 (5.10)	
체제의 폭력적 억압			-1.44** (0.64)
분리독립운동			
점령 반대운동			
체제 변화운동			
아메리카			
아시아			
구소련			
유럽			
중동			
아프리카			
1900~1909			
1910~1919			
1920~1929			
1930~1939			
1940~1949			
1950~1959			
1960~1969			
1970~1979			
1980~1989			
1990~1999			
2000~2006			
항수	-0.11 (1.54)	-0.47 (1.50)	0.57 (1.61)
부정정수(N)	141	153	163
CHI²	23.05	25.87	26.21
PROB>CHI²	0.0001	0.0000	0.0000
유사결정계수(PSEUDO R²)	0.1627	0.1438	0.1682

1부 시민 저항운동이 효과가 있는 이유

모델4	모델5	모델6	모델7	모델8
1.08*** (0.25)	1.26*** (0.26)	1.08*** (0.28)	0.96* (0.53)	0.43*** (0.68)
			0.00 (0.03)	0.03 (0.04)
			0.39*** (0.12)	0.52*** (0.17)
			-0.46*** (0.18)	-0.44** (0.21)
			1.63 (5.64)	3.88 (7.52)
			-1.78*** (0.62)	-2.77*** (0.98)
-1.03 (0.64)			0.39 (1.34)	-0.34 (1.35)
0.59 (0.54)			2.69* (1.41)	2.26* (1.23)
0.57 (0.44)			1.19 (1.01)	0.30 (0.98)
	0.04 (0.32)			0.40 (0.66)
	-0.76** (0.35)			-1.04* (0.59)
	-0.26 (0.41)			-0.88 (1.05)
	-0.56 (0.39)			0.44 (0.85)
	-1.02* (0.53)			-2.58*** (0.74)
				--
		-1.56 (1.15)		--
		-0.40 (0.97)		--
		-0.75 (0.58)		--
		-0.48 (0.65)		--
		0.14 (0.66)		--
		0.04 (0.63)		-1.30 (1.10)
		-0.24 (0.61)		-1.62* (0.89)
		0.46 (0.51)		0.80 (0.70)
		0.18 (0.39)		0.73 (0.78)
		.08 (.39)		0.77 (1.32)
-1.43*** (0.42)	-0.71*** (0.42)	-1.00*** (0.31)	0.003 (1.87)	0.75 (2.20)
323	323	323	134	134
30.31	34.60	38.99	29.17	56.56
0.0000	0.0000	0.0001	0.0006	0.0000
0.0900	0.0832	0.0790	0.2417	0.3376

유의 수준: ***P<0.01; **P<0.05; *P<0.1 / 로지스틱 회귀분석과 해당 국가 코드 주변에 몰려 있는 강한 표준오차.
비폭력 저항과 로그화한 참여자 수 둘 다 P=.000에서 유의미하다.

비교해 독특하다는 점에 주목해왔다. 이 경우 (분리독립운동의 대상이 되어 있는) 해당 정부는 영토의 많은 부분을 잃었을 때 치러야 하는 군사적, 정치적 비용(부담)과 더불어 평판(체면)을 잃는 비용을 지불해야 하기 때문에 떠안는 위험이 매우 많다. 내란 세력 입장에서도 위험부담이 높다. 왜냐하면 그런 투쟁은 대개 민족 정체성 문제와 관련돼 있을 뿐만 아니라 자원에 대한 지배권 문제와 연관되어 있기 때문이다. 내란 세력의 성공과 관련해 도널드 호로위츠Donald Horowitz는 분리독립운동의 성공 여부는 주로 운동의 통제 범위를 벗어나는 요인들에 의해 결정된다는 가설을 제시하고 있다. 즉, "국제 정치에 의해, 국가를 넘어서는 이해관계 및 힘의 균형에 의해 대부분 좌우된다"는 것이다.

점령 반대와 분리독립운동을 구별하기란 쉬운 일이 아닐뿐더러 판단 기준도 재량껏 세워야 한다. 그래서 우리는 결국 점령 반대운동은 몇 가지 중요한 기준을 충족해야 한다고 결론지었다. 즉 상대가 (아프리카의 반식민지 운동처럼) 자결권을 주장하는 지역에서 멀리 떨어져 있는 외국 세력이거나, (인도의 하이데라바드 합병지合倂地처럼) 상대가 그 지역을 합병하고 있거나, (팔레스타인 지역처럼) 문제가 되는 지역이 국제적으로 상대 국가와 별개로 인정받는 경우가 거기에 해당한다.

분리독립운동은 인접한 국가의 일부가 분리를 추구하는 자결권 운동이기도 하다. 그 대상이 되는 지역은 국제적으로 상대 국가의 일부로 인정되어왔다. 러시아에 맞선 체첸의 투쟁, 에티오피아에 맞선 티그리아의 해방운동, 스리랑카에 맞선 타밀 독립운동 등이다. 모두 지역 자결권 운동의 범주에 들어가지만 여기서는 편의상 분리독립운동이라 부른다.

1부 시민 저항운동이 효과가 있는 이유

〈표 3-2〉운동 목표와 폭력적 및 비폭력 운동 결과의 분포

	체제 변화		점령 반대		분리 독립	
	폭력적	비폭력적	폭력적	비폭력적	폭력적	비폭력적
실패	61%	17%	54%	24%	68%	100%
제한적 성공	12%	24%	10%	41%	22%	0%
성공	27%	59%	36%	35%	10%	0%
부정정수(N)	111	81	59	17	41	4
피어슨 CHI²	37.06***		9.73***		1.78	

유의 수준: ***$P<0.01$; **$P<0.05$; *$P<0.1$

운동의 목표가 성공과 직결된다면 (운동 방법으로서의) 비폭력 저항의 효과는 미미해져야 한다. 그런데 '모델 4'에서 보다시피 비폭력 저항의 효과는 여전히 긍정적이고 중요한 반면 운동 목표의 변화는 별로 중요하지 않다는 것이 드러났다. 따라서 운동의 목표는 비폭력 운동의 유효성에 중요한 영향을 미치지 않는다고 볼 수 있다.

하지만 운동의 목표를 기준으로 샘플을 분류할 경우 결과는 달라지기 시작한다. 〈표 3- 2〉는 비폭력 저항운동이 운동 목표의 부분적 또는 전면적 달성에 어떤 영향을 미치는지를 보여준다. 〈표 3- 2〉에서 보다시피 312건의 운동 가운데 비폭력 저항운동 방법은 반체제 운동이 제한적 또는 전면적 성공을 거두는 데 두 배 넘는 효과를 발휘해왔다. 점령 반대운동에서 비폭력 저항운동과 폭력적 저항운동이 전면적 성공을 거두는 비율은 똑같지만 비폭력 저항운동 방법을 사용하면 부분적 성공(예를 들어 자치권이나 권력 공유) 가능성을 높여준다. 반체제 운동 또는 점령 반대 저항운동의 경우 비폭력 전략을 사용하면 성공 가능성

을 끌어올린다고 볼 수 있다.

하지만 분리독립운동의 경우 비폭력 저항은 네 건의 운동 모두 실패했듯이 성공 가능성에 부정적인 영향을 미치는 듯하다. 하지만 데이터를 좀 더 자세히 들여다보면 폭력적 분리독립운동 역시 실패할 가능성이 아주 높다는 것을 알 수 있다. 폭력성을 띠지 않는 분리독립운동이 성공한 적도 없지만 41건의 폭력적 분리독립운동 가운데 성공한 경우는 겨우 4건에 지나지 않았다. 이러한 결과는 비폭력 전술을 사용하든 폭력적 전술을 사용하든 상관없이 분리독립을 추구하는 운동은 성공 확률이 매우 낮다는 의미로 해석할 수 있다.

어려운 시기와 장소?

이번에는 운동 결과에 영향을 미칠 수도 있는 두 가지 다른 조건, 즉 지역과 시기에 대해 살펴보자.

첫째, 비폭력 운동은 비폭력 형태의 주장에 비교적 너그럽다고 인식되고 있는 유럽, 구소련, 아메리카 대륙에서나 효과적이라고 생각하는 사람이 있을지도 모르겠다. 〈그림 3-3〉은 아메리카, 아프리카, 아시아, 유럽, 구소련, 중동에서 폭력 및 비폭력 운동이 거둔 성공을 비교한 것이다.

비폭력 운동은 폭력적 운동에 비해 전 세계 모든 지역에서 더 자주 성공하는 경향을 보인다. 비폭력 운동은 구소련과 아메리카 대륙에서 가장 큰 성공을 거두어온 반면 중동과 아시아에서는 성공률이 가장

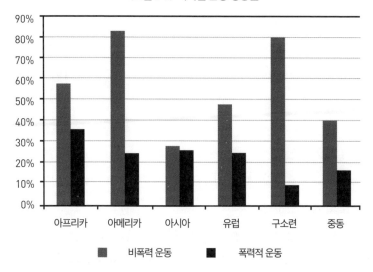

〈그림 3-3〉지역별 운동 성공률

비폭력 운동   ■   폭력적 운동

낮게 나타났다. 한편 폭력적 운동은 아프리카에서 가장 많은 성공을 거두었고, 소련과 중동에서는 실패한 경우가 많았다. 아메리카, 아시아, 유럽에서 폭력 운동이 거둔 성공률은 거의 비슷하다.

지역의 효과가 운동 결과에 미치는 영향을 감안한 경우에도 (〈표 3-1〉의 '모델 5') 비폭력 저항운동의 효과는 여전히 강력하다. 전반적으로 저항운동은 세계의 다른 지역에 비해 아시아와 중동에서 성공할 가능성이 낮지만, 2006년 이후의 사건들은 이런 양상이 바뀔 수도 있음을 말해준다. 여러 가지 결과를 종합해볼 때 지역의 영향을 감안한 경우에도 비폭력 운동은 폭력적 운동보다 효과적이라는 결론이 나온다.

마지막으로 비폭력 운동은 냉전 말기 같은 특정 시기에 성공 확률이 가장 높지 않을까 예상하는 사람이 있을지도 모른다. 당시 소련의 붕괴와 세계 곳곳에서 일어난 민주주의 혁명이 운동의 성공과 관계가 있는 것처럼 보이기 때문이다. 특히 이 시기에 비폭력 운동은 유난히 높은 성공률을 보여주었던 것이다.

하지만 몇십 년에 걸쳐 운동 성공의 변화 추이를 살펴보면 이런 예상은 빗나간다(〈표 3-1〉의 '모델 6). 사실 1990년대를 제외하면 비폭력 운동이든 폭력적 운동이든 20세기 내내 매 10년 단위로 동일한 성공률을 보이고 있기 때문이다. 물론 시간이 지날수록 성공률이 조금씩 증가하긴 하지만 그 효과는 통계적으로 중요하지 않다. 따라서 특정 시기에 일어나는 세계적 변화는 운동의 결과에 중요한 영향을 미치지 못한다고 봐도 무방하다.

〈표 3-1〉의 마지막 결과는 통합된 모델들을 보여준다. 즉 어려운 상대와 어려운 목표를 다루는 변수 일체를 포함하는 모델(모델 7)과 이런 변수들 말고도 지역과 시간 모형까지 포함하는 모델을 보여준다. 다양한 변수를 감안하더라도 비폭력 저항운동과 시민의 참여는 늘 성공과 긍정적인 관계를 맺는다. 체제의 폭력적 억압은 성공 가능성을 일관되게 낮추지만 억압적 상황에서도 비폭력 운동은 폭력적 운동보다 효과적이다. 그리고 아시아와 중동에서의 운동은 2006년 내내 다른 지역에서의 운동에 비해 성공 가능성이 낮았다.

지금까지 제시한 증거를 종합해보면 운동의 결과를 좌우할 수도 있는 구조적 또는 환경적 요인을 감안하더라도 비폭력 저항과 운동의 성공은 매우 강한 연관성을 띤다는 결론을 내릴 수 있다. 체제가 민주적이든 권위주의적이든, 강력하든 취약하든, 저항운동을 폭력적으로 억압하든 아니든 상관없이 우리는 2장에서 제시한 결론이 여전히 유효하다고 확신한다. 더욱이 시기별, 장소별로 비폭력 운동과 그 결과

1부 시민 저항운동이 효과가 있는 이유

의 관계를 면밀히 검토해보아도 결과는 크게 달라지지 않는다. 세계의 몇몇 지역에서는 2006년 내내 실패율이 높았지만, 시민 저항운동의 효과는 여전히 강력하다.

따라서 외견상 아무리 지독한 환경 아래에서도 비폭력 운동은 성공을 거둘 가능성이 크다. 다음으로 사람들이 가장 먼저 비폭력 저항운동을 선택하게 만들었을지도 모르는 다른 요인들을 고려할 때도 이러한 결과가 나오는지 살펴본다.

폭력적 운동은 승리가 가능한 곳에서만 등장하는가?

다음으로 비폭력 운동의 결과가 운동이 등장하는 환경에 내생적 endogenous(체제 내부의 원인에 의한)일 가능성에 대해 살펴본다. 우리 연구와 관련해 내생성을 둘러싼 쟁점은 다음 몇 가지 형태를 띨 수 있다. 첫째, 비폭력 운동이 그토록 자주 성공하는 이유로 비폭력 운동은 체제가 취약성을 보이기 시작했거나 과도기에 들어가 반대 세력에게 선제공격을 가할 때가 왔다는 신호를 보낼 때 등장하기 때문이라고 보는 견해다. 이러한 주장이 맞는다면 비폭력 운동은 변화를 일으킨다고 볼 수 없다.

둘째, 폭력적 운동이 좀처럼 성공하기 어려운 이유는 성공률이 매우 낮은 아주 어려운 환경에서 등장하기 때문이라는 견해다. 따라서 어떤 저항 방법을 선택할 것인가 하는 선택은 저항운동이 등장하는 상황에 좌우된다는 것이다. 비폭력 저항운동이 성공을 거두기 어려울 것으로 판단되었거나 다른 방법이 실패를 거듭해왔다면 폭력적 저항운동은 마지막 수단이자 이미 거의 모든 것이 끝난 상황에서 마지막으로 쳐보는 발버둥이 되는 셈이다.

셋째, 폭력적 운동은 실패한 비폭력 운동일 뿐이며, 비폭력 저항이 시행착오와 실패를 겪고 나서 비로소 등장한다는 견해다. 이 견해가 맞는다면 우리의 데이터 세트는 비폭력 운동과 폭력적 운동을 비교하는 게 아니라 성공한 비폭력 운동과 실패한 비폭력 운동(그중 상당수는 실패하는 순간 폭력성을 띠게 된다)을 비교하고 있는 것이나 다름없다.

이런 가설을 검증하려면 복잡한 과정이 필요하다. 각기 다른 환경 요인이 성공의 결과에 미치는 효과에 대해선 이미 검증을 마쳤는데, 검증 결과 우리는 이런 요소들은 그다지 중요하지 않다는 결론에 이르렀다. 다음으로는 먼저 내생성이 우리의 주된 결론을 몰아세우지 못하는 이유를 설명해주는 몇 가지 대표적 사례를 제시함으로써 이러한 증거를 강화하고자 한다. 그러고 나면 몇 가지 통계적 방법을 사용해 폭력을 선택하도록 유도하는 요인들이 운동의 실패와도 연관되는지를 알아볼 것이다. 우리가 수집한 증거는 폭력적 저항을 선택하도록 부추기는 요인들은 우리의 주된 결론에 아무런 영향도 미치지 못한다는 것을 보여주고 있다.

질적 증거: 대표적 사례 몇 가지

증거가 부족하긴 하지만 내생성이 우리의 결론을 반박하고 있다는 우려는 적절하지 않다. 첫째, 폭력적 저항은 늘 비폭력 저항이 실패한 뒤에만 나타나는 것이 아니기 때문이다. 저항운동을 관찰해온 사람들은 몇 안 되는 주요 사례로 북아일랜드의 투쟁을 들고 있다. 북아일랜드

당국의 극단적인 억압이 지금까지의 평화로운 운동을 '강력하게 떠밀어' 폭력을 채택하게 만들었다는 것이다(화이트, 1989). 몇몇 경우 폭력이 정당화될 수도 있지만 그런 주장은 일반적으로 받아들여지기 어렵다. 이와 관련해 왈저Walzer는 다음과 같이 썼다.

> 최후의 수단을 선택하기에 이르는 것은 그렇게 쉬운 일이 아니다. 거기까지 가려면 그야말로 (이것저것) 온갖 방법을 다 써봐야 한다. 어떤 정당이나 운동이 단 한 번의 시위를 조직해보고 그 즉시 승리를 거두지 못하면 살인행위로 옮겨갈 수밖에 없다고 주장한다면 정당화될 수 있을까? 정치는 반복의 기술이다. 활동가들은 똑같은 일을 하고 또 하는 과정에서 교훈을 배운다. 더는 선택의 여지가 없다는 말은 활동가들에게는 결코 해당되지 않는다. 뭐든 다 시도해봤다고들 하지만 대체 정확히 무엇을 해보았단 말인가?

중요한 시민 저항운동치고 격렬한 탄압에 직면하지 않는 운동은 거의 없다. 계속되는 운동 가운데 다수의 운동은 비폭력 저항 원칙을 끝까지 유지함으로써 결국 성공을 거둔다. 예컨대 세르비아 학생운동 오트포르가 그런 경우다. 밀로셰비치 체제는 강력한 수준의 억압과 협박으로 이 운동에 대응했지만 운동은 비폭력 방법을 고수하면서 결국 성공했다.

팔레스타인 사회가 이스라엘의 점령에 맞서 들고 일어났던 1차 인티파다 운동은 이 경우와 뚜렷이 대비된다. 이스라엘의 광범위한 억압에도 불구하고 이 운동은 거의 18개월 동안 비폭력적 성격을 유지했다(〈표 5-1〉 참조). 실제로 운동은 꽤 큰 성과를 거두고 있었다. 그런데 내부 균열이 운동을 압도하면서 폭력으로 급선회하자 운동은 그만 효율성을 잃고 말았다. 폭력으로 돌아가는 것은 필요하지 않았다. 그리고 그런 폭력으로의 이동은 똑같은 결과를 얻기 위해 싸우는 그 후의 비폭력 운동에도 악영향을 미쳤다.

그리고 우리가 두 번째로 지적하고 싶은 것은 폭력적 운동 다수가 처음부터 폭력을 사용하면서 투쟁의 초기 단계에서 비폭력 저항을 시도조차 해보지 않는다는 점이다. 예를 들어 이라크의 수니파 내린은 대규모 시민 저항운동이 연합군의 점령을 축출하거나 정부 내의 수니파 헤게모니를 재확립하게 해줄 수도 있다는 생각은 아예 해보지도 않고 곧바로 폭력을 선택했던 것으로 보인다.

실제로 폭력적 방법이 의미 있는 결과를 낳는 데 실패하고 있을 때조차도, 그리고 협상할 기회가 점점 많아지고 평화롭게 정치적 변화를 추구할 기회가 많아지고 있을 때에도 내란 세력은 종종 폭력을 버리지 못한 채 헛된 노력을 계속 기울이곤 한다. 예컨대 지금도 많은 팔레스타인 사람들이 당시 이스라엘 측 제안의 순수성에 의문을 제기하긴 하지만 이스라엘 총리 에후드 바라크가 가자지구와 요르단 서안 지역 대부분의 독립을 약속해놓고 이스라엘 주민들의 정착을 확대하고 기타 도발적인 행동을 취하자 팔레스타인 단체는 다른 전략은 고려해보지도 않은 채 유례없는 폭력으로 이에 대응했다. 이처럼 폭력은 늘 마지막 수단이 아니며, 그 방법이 무익하다고 입증됐을 때도 내란 세력은 쉽게 폭력을 버리지 못한다.

셋째, 비폭력 운동과 폭력적 운동은 공존할 때가 많다는 것이다.

1부 시민 저항운동이 효과가 있는 이유

이는 거의 동일한 상황에서 서로 다른 두 집단이 저항 방법의 전략적 가치를 다르게 평가한다는 뜻으로 해석될 수 있다. 예를 들어 폭력적 내란 단체 두 곳이 마르코스 체제를 노리던 바로 그 시기에 비폭력 피플 파워 운동이 등장했던 필리핀의 경우가 그렇다. 이들 단체는 일반적으로 비슷한 상황에서 똑같이 억압적 상대와 마주쳤지만 한 운동은 폭력적 저항 방법을 선택했던 반면 또 다른 운동은 시민 저항운동을 선택했다. 따라서 비폭력 전략을 선택할지 폭력적 전략을 선택할지를 결정하는 것은 운동 세력과 대치하는 상대가 아니라 운동 세력 내부의 차이에 있음을 알 수 있다.

넷째, 비폭력 운동은 실패한 폭력적 운동에서 나올 가능성이 높다는 것이다. 인도네시아의 점령에 맞서 일어난 동티모르의 시민 저항운동이 그 예라고 본다. 초기의 저항운동은 동티모르 민족해방군 Falintil이라는 동티모르 독립혁명전선Fretilin의 무장 조직이 주로 수행하는 게릴라전의 형태를 띠었다. 그런 가운데 1970년대 들어 동티모르 독립혁명전선에서 비밀전선Clandestine Front이라는 학생운동이 생겨났다. 이 운동은 동티모르 국내와 인도네시아, 그리고 그 밖의 외국의 수도에서 1988년부터 시작된 일련의 비폭력 운동을 계획하고 이끌었다. 동티모르 민족해방군을 겨냥한 인도네시아의 내란 진압 활동은 크게 성공했다. 이를 본 비밀전선은 광범위한 시민 저항운동을 펼쳐나갔다. 비밀전선은 동티모르 국내에서, 인도네시아의 지부에서 인도네시아의 잔인성을 알렸다. 그리고 인도네시아 국내와 전 세계에서 지지자를 얻기 위해 다양한 비폭력 전술에 의지하는 활동가들의 여러 대규모 네트워크를 만들어냈다. 폭력적 내란이 무위로 끝난 지 몇십 년 만에 비폭

<표 3-3> 폭력적 저항이 운동의 성공에 미치는 효과

	외생적 모델	내생적 모델 1	내생적 모델 2	내생적 모델 3
폭력적 저항	-0.68*** (0.20)	-0.81** (0.41)	-0.77* (0.44)	-1.85** (0.79)
체제의 폭력적 억압	-0.58* (0.31)	-0.52 (0.35)	-0.14 (0.09)	-0.30 (0.37)
로그화한 인구	-0.17** (0.07)	-0.10 (0.10)	-0.46 (0.39)	-0.19*** (0.07)
항수	2.36*** (0.75)	1.64* (0.97)	1.89* (1.02)	3.02 (0.89)***
부정정수(N)	205	127	127	205
월드(WALD) CHI²	17.95	8.14	9.78	17.89
PROB>CHI²	0.0004	0.0431	0.0206	0.0005
유사결정계수(PSEUDO R²)	0.0866	0.0508	0.0580	0.0635

유의 수준: ***P<0.01; **P<0.05; *P<0.1 / 로지스틱 회귀분석과 해당 국가 코드 주변에 몰려 있는 강한 표준오차. 참조 범주는 미국이다.

력 운동은 인도네시아로부터 독립을 달성하는 데 결국 성공했다.

마지막으로 그 후의 폭력적 국면 때문에 보도되지 않거나 빛을 잃고 만 비폭력 운동이 한둘이 아니라는 사실을 간과했을지도 모른다고 주장하는 사람이 있을지도 모르겠다. 어쩌면 내란 세력도 비폭력 방법을 사용하려고 시도했을 수 있지만 그런 시도는 체제에 짓밟혀 아예 기록조차 되지 못했을 수 있다. 우리의 데이터 세트에도 나와 있듯이 1950년대와 1960년대의 비폭력 반아파르트헤이트 운동으로 기억되는 남아프리카공화국의 불복종운동이 바로 그런 예다. 체제의 악랄한 탄압 이후 이 운동은 비폭력 방법을 포기했고(따라서 우리의 데이터 세트에서는 실패한 사례로 분류된다), 그래서 많은 관찰자들은 이들을 테러리스트 집단으로 불렀다.

특히 20세기의 후반기에 일어난 운동 가운데 중요한 비폭력 운동

1부 시민 저항운동이 효과가 있는 이유

을 많이 놓쳤을 것으로 보지는 않는다. 그리고 여기서 우리는 데이터세트(146)에 나와 있는 폭력적 운동의 절반이 (비록 관찰되진 않았지만) 실은 실패한 비폭력 운동이라고 상상해본다. 그런데 심지어 이 146건의 운동을 실패한 비폭력 운동으로 다시 분류한다고 하더라도 비폭력 저항운동의 성공률은 여전히 놀라운 수준(약 25%)을 유지하면서 폭력적 운동의 성공률과 비슷하거나 더 높은 것으로 나타난다. 이런 데이터가 아무리 의심스럽다 하더라도 이런 조건 속에서도 비폭력 운동이 동일한 성공률을 보이고 있다면 폭력적 저항운동이 필요하다고 주장하는 것은 신빙성이 없다.

결론

3장에서 우리는 2장에서 소개한 연구 결과에 반론을 제기할 가능성이 높은 두 가지 입장을 살펴보고 예상 질문에도 성심껏 답변했다. 그중 첫 번째 비판(반론)은 운동의 결과는 비폭력 저항의 전략적 장점보다는 구조적 환경의 영향을 더 많이 받는다는 주장이었다. 두 번째는 저항 형태와 결과의 관계는 저항 형태뿐만 아니라 운동의 결과까지 예측할 수 있는 요인들에 내재되어 있다는 주장이다. 앞으로 좀 더 심도 깊은 연구가 필요하겠지만, 이와 관련해 우리는 구조적 요인과 내생성은 우리의 연구 결과에 체계적인 영향을 미치지 못한다는 증거를 제시했다. 2장에서 제시한 연구 결과들은 어려운 시기, 아무리 어려운 환경 아래서도 힘차게 그것이 옳다는 것을 보여주고 있다.

체제의 잔인성 및 강압과 협박을 통한 교묘한 시민 통제는 시민들의 저항운동 참여와 동원을 가로막는 막강한 걸림돌이다. 이러한 환경에서는 비밀 활동 같은 은밀한 운동을 더 많이 하게 된다. 하지만 이런 운동은 당연히 눈에는 덜 띈다. 그런데 체제는(반대운동 진영도 마찬가지다) 하나의 행위자에 의해 지탱되는 것이 아니며, 충성심이 변하고 옮겨가기 쉬운 개인들로 이루어진 여러 기둥에 의해 지탱된다는 점에 주목할 필요가 있다. (체제이든 반대 세력이든) 어느 편이든 상대의 주된 지지 기둥을 허물어뜨릴 수 있다면 결국 성공을 거둘 것이다. 이 점에서 비폭력 운동은 폭력적 운동보다 유리하며, 이는 역사가 증명해주고 있다.

이러한 결론을 뒷받침하기 위해 우리는 도전하는 집단이 사용하는 전략, 나아가 체제와 반체제 운동(폭력적이든 비폭력적이든) 간의 전략적 상호작용이 구조적 요인보다 비대칭 투쟁의 결과에 훨씬 더 많은 영향을 미치는 결정 요인이라고 주장한 바 있다. 그런 가운데 3장과 2장에서 우리는 시민 저항운동이 무력 투쟁과 비교해 상대적으로 전략적 우위에 있게 해주는 주요 변수들에 대해서도 알아보았다. 이런 변수들과 관련해 우리는 시민 저항운동엔 시민들의 적극적인 참여를 가로막는 장벽이 상대적으로 낮다는 점, 대중의 비폭력 비협조운동엔 체제의 현상 유지를 방해하는 효과가 있다는 점, 비폭력 운동이 계속되면 체제의 탄압정책이 역효과를 불러와 체제로부터 지지자들이 떨어져나가는 충성심 이동으로 이어질 가능성이 높다는 점 등을 지적했다. 다음에는 비폭력 운동과 폭력적 운동을 동시에 경험해온 네 나라의 사례에 대한 심도 있는 연구를 통해 이러한 역학이 어떻게 전개됐는지를 자세히 살펴보기로 한다.

1부 시민 저항운동이 효과가 있는 이유

2부

사례 연구

사례 연구에 부쳐

2부에서는 중동(이란과 팔레스타인 지역)과 동남아시아(필리핀과 버마)에서의 시민 저항운동의 역학과 성과를 비교해본다. 좀 더 구체적으로 말하면, 비폭력 운동과 폭력적 운동을 사례별로 간단히 비교해보고 비폭력 운동이 성공 또는 실패하는 이유를 살펴보는 것이 2부의 주된 목표다.

우리가 여기에서 소개하는 사례들을 선정한 이유는 크게 네 가지다. 첫째, 운동의 성공을 다룰 때 종속변수에 변화가 있을 수 있다는 점을 고려했다는 것이다. 이와 관련해 우리는 네 가지 사례 중 두 경우(이란과 필리핀)는 시민 저항운동이 성공한 사례로, 하나(팔레스타인 지역)는 부분적인 성공 사례로, 또 한 경우(버마)는 실패한 사례로 분류했다. 이럴 경우 비폭력 운동이 어떤 환경에서 성공하는지 사례별로 쉽게 비교할 수 있으며, 따라서 어느 한 가지 사례에만 국한되지 않는 좀 더 넓은 의미의 일반화를 시도할 수 있게 해준다. 그리고 비폭력 운동이 성공을 거두지 못한 사례들을 살펴봄으로써 운동이 기대한 결과를 거두지 못한 데에는 우리가 잘못 파악한 특별한 변수나 또는 미처 계산에 넣지 못한 변수가 작용한 것은 아닌지 확인해볼 수 있게 될 것이다.

둘째, 이 사례들은 매우 다양한 형태의 독립변수에 변화가 있을 수 있다는 것을 보여준다. 특히 2장에서 우리는 비폭력 운동이 더 많은 참여자를 끌어들이고, 적을 상대로 좀 더 다양한 전술을 구사할 수 있게 해주며, 적으로 하여금 현상 유지 비용을 더 많이 지불케 하고, 체제 내의 분열을 조장해 체제가 강경 대응으로 나올수록 결국 역효과 밖에 내지 못한다는 점을 살펴보았다. 하지만 이러한 메커니즘은 사례별로 다양한 형태를 띤다. 이와 관련해 우리는 이러한 메커니즘이 제대로 작동하는지의 여부를 알아보기 위해 과정 추적 방법을 사용했으며, 관련 증거는 주로 2차 자료에 의지해 수집했다. 또 일부 정보는 마리아 스티븐이 실시한 운동 활동가들과의 인터뷰에 기초하고 있다는 점도 밝혀둔다. 이런 성격의 인터뷰는 작동 중인 (운동의) 역학을 깊이 있게 이해하는 데 많은 도움이 되었다.

셋째, 각각의 사례는 비국가 행위자nonstate actors와 군사적으로 우위를 점하는 적이 대치하는 비대칭 투쟁asymmetrical conflicts이라는 성격을 띠고 있다. 네 가지 사례 모두 각각 다른 시기에 억압적인 체제나 외국의 점령에 맞서 싸운 폭력적 또는 비폭력 저항운동이라는 특징을 지니지만 성공의 정도에서는 큰 차이를 보인다. 이 네 가지 사례들 속엔 비폭력 운동과 폭력적 운동이 함께 섞여 있는데, 이런 사례를 선정

<표 II -A> 사례 선정

	4장 이란 혁명	5장 1차 팔레스타인 인티파다	6장 필리핀 피플 파워 혁명	7장 버마 혁명
비폭력 운동	성공	부분적 성공	성공	실패
폭력적 운동	실패	실패	실패	실패

함으로써 사례 내 비교가 가능해졌고, 그 덕분에 결과에 영향을 미칠 수도 있는 다른 요인들의 혼합효과를 줄일 수 있었다. 예를 들어 우리는 세르비아의 비폭력 저항운동을 필리핀의 폭력적 운동과 비교하기보다 한 나라에서 발생한 두 가지 형태의 운동을 비교했다. 다시 말해 우리는 서로 다른 환경에서 발생한 폭력적 운동과 비폭력 운동을 굳이 비교하지 않았다.

넷째, 여기 소개하는 사례들은 본질적으로 흥미롭다. 모두 권위주의와 정치적 폭력의 역사로 점철된 지역에서, 즉 극히 억압적인 환경에서 발생한 비폭력 운동이라는 특징을 지닌다. 중동은 세계에서 민주화가 가장 덜 된 지역으로, 그동안 무수한 전쟁과 내란과 테러리즘과 외국의 개입을 겪어왔다. 이 지역은 아직 제대로 연구되고 있지 않다. 하지만 이 지역은 대중의 비폭력 운동이 성공을 거둔 놀라운 사례들을 몇 가지 보여주고 있다. 동남아 지역 또한 최근 민주화와 경제 개발의 물결을 타고 뚜렷한 모습을 드러내면서 지정학적으로 매우 중요한 위치에 있음을 보여주고 있다. 하지만 중동과 마찬가지로 이 지역의 국가들 또한 비민주적이고 억압적인 체제로 비춰질 때가 많으며, 국경 지역 무장단체의 도발 때문에 자주 골머리를 앓고 있다. 그럼에도 동남아시아는 중동과 마찬가지로 시민 저항운동의 중요한 사례를 제공해준다.

사례 연구 방법

사례 연구는 우리의 주장을 폭넓게 전개할 수 있게 해준다. 첫째, 이론을 심층적으로 검증할 수 있게 해준다. 사례 연구의 미덕 중 하나는 자료의 표면 밑을 자세히 들여다보고 통계 부문에서 확인된 관계가 신뢰할 만한지 아닌지 알 수 있다는 점이다. 사례 연구는 각기 다른 시기의 갈등과 오랜 시간을 두고 형성되어온 상호작용의 흐름을 들여다볼 수 있게 해준다. 각각의 사례를 조사하면서 우리는 다음과 같은 질문들을 던져보았다.

▶ 비폭력 운동이 폭력적 운동에 비해 상대적으로 더 많은 성공을 거두었는가?

▶ 비폭력 운동이 폭력적 운동에 비해 가시적으로 훨씬 더 많은 참여자를 확보했는가?

▶ 신체적인physical 면에서, 도덕적인 면에서, 정보 면에서, 헌신의 면에서 비폭력 운동이 폭력적 운동에 비해 참여의 장벽이 낮다는 증거가 있는가?

▶ 안보군 사이에 이탈 행위가 일어났는가? 이런 이탈을 일으키게 한 운동은 (폭력적 운동과 비폭력 운동 중) 어느 쪽인가?

▶ 정부의 탄압은 운동에 어떤 영향을 미쳤는가? 역효과를 낳았는가, 아니면 운동을 진압했는가?

▶ 운동이 다른 나라로부터 지원을 받았는가? 국제 연대 단체와 디아스포라 같은 비국가 행위자들의 지원은?

▶ 저항운동의 표적이 된 체제나 정권을 지원해온 외국 동맹 세력이 (입장을 바꾸어) 저항운동 세력과 연대하면서 체제에 대한 지원을 철회하지는 않았는가?

둘째, 사례 연구는 데이터 세트를 구축하면서 우리가 미처 보지 못하고 빠뜨린 추가 변수를 확인할 수 있게 해준다. 이런 누락된 변수들에는 각각의 사례에서 수량화하기 어려운 복잡한 특징들이 포함될 수도 있다. 예를 들어 이론 부문 전체에 걸쳐 우리는 운동 참여자의 질은 양 못지않게 중요하며, 전략적 요인은 운동의 성패를 결정하는 데 매우 중요할 수 있다고 주장해왔다. 따라서 우리는 다음과 같은 질문을 던졌다.

▶ 운동 참여자 층이 다양했는가? 나이나 성별, 인종 또는 민족 집단을 골고루 아우르는 분포를 보였는가? 운동이 다양한 이데올로기를 수용했는가, 아니면 이데올로기적으로 배타성을 보였는가? 운동 참여자들이 계급 균열과 도-농 분리에 영향을 미쳤는가?

▶ 운동 단체의 성격(예를 들면, 중앙집권형 대 분권형, 단일 지도체제 대 분산 지도 체제)이 운동의 성과 또는 운동의 장기적 결과에 영향을

미쳤는가?

▶ 운동이 분산 방법과 집중 방법을 교대로 적절히 활용했는가, 아니면 갈등을 고조시키는 한 가지 방법에만 의존했는가?

▶ 국가가 운동을 공공연하게 지원했다는 증거가 없다면 성패를 결정하는 데 중요해 보이는 다른 형태의 지원은 없었는가?

이런 질문들은 운동 세력과 적대 세력의 전략적 상호작용을 파헤쳐 갈등이 어떻게 전개되었는지를 좀 더 쉽게 포착할 수 있게 해준다. 하지만 이것은 현재처럼 자료를 통계적으로 분석하는 방법으로는 도무지 실현 불가능한 목표다.

마지막으로 사례 연구는 또 다른 주장의 가능성을 열어놓는다. 우리는 사례 선정과 더불어 이런 주장 가운데 일부를 자세히 살펴볼 예정이다. 예를 들어 비폭력 운동과 폭력적 운동이 공존하는 사례를 다루는 사례 내 연구 설계within-case study design는 폭력적 운동은 비폭력 운동이 성공할 수 없는, 따라서 성공할 확률이 전무한 곳에서 발생한다는 견해를 일축할 수 있게 해준다. 이와 관련해 우리는 특히 한 가지 질문, 즉 폭력적 운동의 존재가 비폭력 운동의 성공에 실제로 도움이 됐는지를 특별히 많이 검토했다.

사례 연구 계획

2부는 다음과 같이 진행된다. 먼저, 4장에서는 이란의 국왕(샤)을 몰아낸 이란 혁명(1977~79)을 자세히 다룬다. 이 경우 폭력적 게릴라들이 샤의 비민주적 체제에 제기한 도전은 아무런 성과를 거두지 못했던 반면, 광범위한 대중의 비폭력 운동은 성공을 거두었다. 이어 5장에서는 1차 인티파다 운동(1987~92)이 이스라엘로부터 중요한 양보 몇 가지를 받아냄으로써 팔레스타인의 자결권을 향해 유례없는 진전을 이루어냈지만, 결국 실패로 끝날 수밖에 없었던 경위를 살펴볼 예정이다. 이 경우 실패 원인은 부분적으로는 운동권 내부의 갈등과 이스라엘의 억압에 직면해 결국 회복력을 되찾지 못한 능력 부족 때문이었다.

6장에서는 폭력적 도전이 실패한 후 페르디난드 마르코스를 권좌에서 몰아낸 필리핀 피플 파워 운동(1983~86)에 대해 살펴본다. 그리고 7장에서는 실패한 비폭력 저항운동의 사례, 즉 1988년 버마의 친민주주의 봉기에 대해 살펴본다. 이 경우 비폭력 운동과 폭력적 운동 모두 실패했는데, 바로 그 점이 비교하기에 좋은 기회를 제공해준다.

이들 사례 연구에서 우리는 비폭력 운동의 낮은 장벽(신체적, 도덕적, 정보, 헌신의 면에서)이 같은 시기의 폭력적 운동에는 참여하길 꺼리던 사람들을 어떻게 끌어들였는지에 특히 초점을 맞춰 살펴볼 것이다. 하지만 이들 사례는 대중 참여 그 자체만으로는 성공을 이끌어내기 어렵다는 점 또한 여실히 보여준다. 즉 대중 참여가 성공으로 이어지려면 투쟁 대상인 정권을 그 주된 권력원權力源, 권력의 기반과 떼어놓으려는 노력과 더불어 정권의 억압이나 회유에 맞서 단결을 유지하고, 정권이 억압해올 때에 끊임없이 다양한 전술을 구사하려는 노력이 동반되어야 한다는 점 또한 보여준다. 따라서 참여의 질도 참여의 양 못지않게 중요하다.

4장

이란 혁명, 1977~79

(이슬람 혁명으로도 알려진) 1979년의 이란 혁명은 인기 없는 군주제를 종식시키고 이슬람 공화국의 수립을 가져왔다. 대중 동원과 집단적 시민 불복종이라는 격렬한 투쟁이 이루어낸 결과였다. 이슬람 혁명이 이루어지기 전 이란에서는 국왕(샤)인 레자 팔라비Reza Pahlavi를 몰아내려는 여러 차례의 암살 기도와 게릴라 투쟁이 있었다. 그러나 이런 시도들은 실패했다. 샤의 안보 기구security apparatus는 1970년대 내내 주요 게릴라 단체에 침투해 대량 살인 행위를 저질렀다. 이렇게 실패했던 혁명을 민중에 기반을 둔 항의와 파업, 농성, 비협조운동을 통해 1년이 채 안 되는 기간에 이루어냈다.

이란에서 시민 저항운동이 본격적으로 시작된 것은 1977년 말이

2부 사례 연구

었다. 그리고 이 시민운동은 군주제에 강력한 압력을 행사하면서 정권이 억누르거나 진압하기에는 불가능한 힘을 얻기에 이르렀다. 이란의 노동자, 학생, 전문 직업인, 성직자, 그 밖의 이란 사회의 다양한 계층들은 정권의 가혹한 탄압 속에서도 지속적으로 정권에 압력을 가했으며, 이런 압력은 마침내 정권을 그 가장 중요한 지지 기반으로부터 떼어놓았다. 이란의 민중 봉기는 샤의 안보 기구를 무력화시켰다. 이란의 군주제는 1979년 2월 11일 이란 군軍 합동참모본부가 이란의 군대는 샤의 체제와 국민 간의 투쟁에서 '중립을 지킬 것'이라고 선언하면서 마침내 막을 내렸다.

혁명의 서곡

이란 혁명은 10년 뒤에 있은 동유럽 공산주의 체제의 급속한 몰락만큼이나 전 세계 많은 이들에게 일대 충격을 주었다. 학자들은 언뜻 안정되어 보이던 세습주의 독재정권이, 그것도 초강대국 냉전 외교 정책의 중심 기둥 역할을 해왔던 정권이 어쩌다 그렇게 빨리 붕괴됐는지 그 이유를 밝히기 위해 오랫동안 고심해왔다. 이와 관련해 학자들은 이란 국가의 구조적 취약성만으로는 이란 혁명이 그렇게 빨리 성공한 이유를 설명할 수 없다고 주장해왔다. 일반적인 정치, 경제, 조직, 문화 또는 안보상의 이유만으로는 반反샤 저항 세력의 신속하고도 성공적인 대중 동원을 설명해낼 수 없다는 것이다. 그러므로 이란의 혁명을 해명하려면 샤 정권의 극심한 탄압에도 불구하고 시민 저항운동이 어떻게 그런 정치적 기회를 만들어낼 수 있었는지, 그리고 그토록 대중을 동원할 수 있었던 요인들은 무엇이었는지, 그리하여 비폭력 저항운동이 결국 군주제의 주된 권력의 기반을 어떻게 제거했는지를 이해해야 하며, 그러려면 먼저 샤 정권에 맞서 싸운 반대운동부터 분석해야 한다고 본다. 이란의 샤 체제는 대중으로부터 충성을 끌어낼 수 없었기 때문에 밑으로부터의 도전에 취약할 수밖에 없었다고 주장하는 사람들도 있지만, 우리는 국내의 반대운동이 이런 취약성을 제대로 활용하기 시작한 것은 저항의 주된 방법이 비폭력성을 띠면서부터였다고 주장한다. 비폭력 운동이 대중의 참여를 끌어내기 시작하자 샤 체제는 경제 엘리트와 안보군의 충성을 유지하는 데 실패했으며, 이로 인한 체제의 무능력이 운동을 성공으로 이끈 핵심 요소로 떠올랐다는 것이다.

이란의 샤 모하마드 레자 팔라비는 1941년 아버지 레자 샤가 영국-소련 연합군의 침공 뒤 퇴위하고 나서 권좌에 올랐다. 팔라비는 1953년까지 통치했으나 총리 모하마드 모사데크Mohammad Mosadegh(이란의 민족주의 지도자. 1951년 총리가 되어 영국-이란 석유회사의 국유화를 단행하는 한편 이란의 근대화를 추진, 국왕의 전제적 권한을 제한하려고 했다가 친 팔라비 군부 쿠데타로 실각했다―옮긴이)와 권력투쟁을 하다가 밀려 잠시 망명길에 올라야 했다. 모사데크는 민주적으로 선출된 지도자로 국가의 유전을 국유화하고 군 통수권을 장악하려 했다. 그러나 그는 미국 CIA와 영국 MI6의 은밀한 지원을 받은 군사 쿠데타 후 체포되었고 샤는 다시 권좌로 돌아왔다.

케말 아타튀르크(터키 공화국의 건국 영웅이자 초대 대통령―옮긴이)의 터키를 모델로 삼았던 아버지와 마찬가지로 팔라비 또한 울라마(성직자)의 역할을 대폭 축소하는 동시에 이란의 근대화와 '서구화'에 박차를 가했다. 그는 이른바 백색 혁명(1963)을 통해 개혁정책을 펴서, 농민에게 토지를 재분배하고 문맹퇴치운동을 벌이는 한편 여성의 정치적 해방 등을 추진했다. 그러나 이러한 개혁 조치로는 억압적인 권위주의와 만연한 부패, 샤의 통치를 특징짓는 사치를 숨길 수 없었다. 그는 철권으로 이란을 통치하면서 자신에게 반대하는 정치 활동가와 지식인, 성직자들을 투옥하고 독립적인 신문을 폐간시키는가 하면 대규모 안보 기구와 비밀경찰SAVAK(이란의 비밀경찰로, 팔라비 정권이 미국 CIA와 이스라엘 모사드의 지원을 받아 설립했으며, 그 요원의 수가 6만 명에 이르렀다. 반체제 운동에 참여한 사람들을 무자비하게 고문하고 처형하여 악명이 높았다─옮긴이)을 동원해 반대 의견을 억눌렀다. 1960년대 후반에 이르러 팔라비 정권은 야당과 노동조합, 그리고 공식적, 비공식적 결사를 모조리 금지했다. 1975년 그는 '라스타키즈(부활)'라는 이름의 단일 정당을 창당하고는 성인成人들은 모두 무조건 입당해야 한다고 강요해 당비를 물렸다.

　　국내에서의 샤의 합법성은 그가 비무슬림인 서구, 그중에서도 특히 미국의 꼭두각시라는 믿음이 널리 확산되면서 나날이 약화되었다. 그도 그럴 것이 당시 미국은 그의 집권을 지원했으며 그의 반공산주의 입장을 적극 지지하고 있었기 때문이다. 이란의 성직자 사회는 1976년 샤가 이슬람 달력 '히즈리'를 폐지하고, 호화로운 연회를 개최하며, 서구의 예술과 문화를 적극적으로 홍보하는 등 비이슬람 정책을 쓰는데 특히 분개했다. 샤의 경제 정책도 인기 없기는 마찬가지였다. 샤는 1974년의 석유 붐을 통해 얻은 경제적 이익을 국민들에게 돌려주겠다고 약속했지만 그러기는커녕 높은 인플레이션과 식량 부족이 기다리고 있을 뿐이었고, 부자와 빈민, 도시와 농촌 지역 간의 부의 불균형도 갈수록 심화되고 있었다. 수백 명에 이르는 사업가를 체포한 이윤 추구 반대운동 같은 샤의 경제적 내핍 계획은 '여간해선 반기를 들지 않았을' 중산층 공무원과 시장 상인, 석유 노동자 등 사회 주요 분야의 이반을 가져왔다.

초창기의 반대: 1960년대

혁명들이 대부분 그렇듯이 정치 개혁과 전면적 자유를 요구하며 조직화된 반대에 앞장선 계층은 오랫동안 샤의 탄압을 받아온 이란의 중산층과 진보적 지식인들이었다. 축출당한 모사데크의 예전 동료 몇몇이 1960년 7월에 결성한 제2국민전선Second National Front이 초창기 샤에 대한 반대를 이끌었다. 대학생과 교원 노조 같은 전문 직업인 단체, 몇몇 이슬람주의자와 마르크스주의 활동가들이 국민전선에 합류해 자유선거와 기타 정치 개혁을 촉구했다. 그전의 공산당(투데당)을 탄압했던 것과 마찬가지로 샤 체제는 1963년 국민전선을 효율적으로 탄압했다. 이 시기의 눈에 띄는 또 다른 반대 세력은 국민전선과 관계된 종교 지도자(그 가운데 알려진 인물로는 메흐디 바자르간과 아야톨라 마흐무드 탈레콰니)와 제3세력으로 알려져 있던 카릴 말레키 주변에 모여든 정치 집단이었다. 이들 반대 세력은 합헌적 수단에 의지해 이란 내부의 정치 개혁을 꾀하고자 했으며, 그중 많은 사람들이 입헌군주제로의 복귀를 지지했다.

이슬람주의의 도전

샤를 향한 또 다른 도전은 시아파의 최고 종교 지도자들을 대표하는 대아야톨라들에게서 나왔다. 카리스마 넘치는 인물 아야톨라 루홀라 호메이니는 그들의 수장이었다. 이슬람교도들에게 널리 사랑받는 시아파의 이맘인 후사인 이븐 알리의 후손으로 알려진 호메이니는 샤 체제에 대한 오랜 반대에서 나오는 도덕적 권위를 자랑스럽게 누리고 있었다. 이들 성직자는 1963년 백색혁명 아래서 샤가 제안한 개혁과 샤 체제의 반反성직자 성향을 거부했다. 호메이니는 샤가 "이란의 이슬람을 파괴하고 있다"라고 비난하는 한편 샤의 친이스라엘 노선과 미군 인사들에게 외교 면책권을 주기로 한 결정을 규탄했다.

1963년 7월 호메이니를 체포한 것은 1953년의 쿠데타 이후 처음으로 이란 전역을 휩쓴 1차 대중 봉기로 이어졌다. 1963년의 항의운동에 대해 샤 체제는 가혹한 탄압을 가해 수백 명의 사망자를 냈으며, 이는 나라 안팎의 수많은 이란인들에게 무장 투쟁만이 샤의 독재에 항거하는 유일한 길이라는 믿음을 심어주기에 이르렀다. 항의 시위 직후인 1964년에 호메이니는 터키로 망명했다가 이라크의 나자프로 옮겨갔으며, 그곳에서 15년을 지내다가 1978년 파리로 근거지를 옮겼다.

망명생활을 하면서 호메이니는 새로운 이슬람 공화국의 개념을 발전시켰는데, 그것은 이슬람 정부가 이슬람 최고 율법학자들jurist의 통치를 받아야 한다는 것이었다. 그의 강의는 필사를 거쳐 『이슬람 정부Islamic Government』라는 책으로 출간, 배포되어 이란 안팎의 종교학자들 사이에서 널리 읽혔다. 호메이니는 이란의 군주제를 폐지하고 이슬람의 궁극적인 권위와 정치권력을 단 한 사람에게 집중시켜야 한다고 주장함으로써 전통적인 시아파 학계와 결별했다. 성직자가 나라를 지배해야 한다는 호메이니의 정부 개념은 가히 혁명적이었지만, 비非성직자 반反샤 세력은 혁명 전과 혁명 기간 이를 논의할 준비가 아직 되어 있지 않았다. 혁명 기간 내내 호메이니는 토론 석상에서든 인터뷰에서든 이슬람 정부가 실제로 어떤 모습으로 실현될 것인지에 대해서는 일절 언급하지 않았다. 이는 혹시나 있을 샤 체제반대 세력 내부의 분열을 막기 위한 것이었다. 진 번스의 주장대로 이슬람 혁명을 특징 짓는 이 '야심찬 이데올로기'는 반샤, 반제국주의라는 대의명분을 중심으로 이질적인 이란 국민들을 결집시키는 데 크게 기여했다. 이러한 이데올로기적 모호성은 계층을 넘나드는 광범위한 국민들을 동원하는 데 기여한 것이 사실이지만 군주제를 몰락시킨 후 혁명의 의미를 둘러싸고 분쟁이 일어나게 한 원인이 된 것도 사실이다.

게릴라 저항

이란 내부의 게릴라 운동은 마르크스–레닌주의 저작과 알제리, 쿠바, 앙골라 등 세계 여러 나라의 반식민주의 투쟁에 고무받아 1960년대 중반에 뿌리를 내렸다. 1963년 샤에 반대하는 국민들의 봉기가 폭력적으로 진압된 뒤 체제 안에서 개혁을 해야 한다고 옹호하던 사람들마저 대놓고 무장 투쟁을 입에 올리기 시작했다. 당시 이란에는 고만고만한 소규모 무장단체가 더러 있긴 했지만, 가장 중요한 게릴라 분파는 인민 페다이 게릴라 조직(이후 '페다인'이라 표기)과 무자헤딘 에 칼크 조직(이후 무자헤딘 또는 MKO), 그리고 MKO 분파로 1975년에 결성된 마르크스–레닌주의 MKO였다.

1971년에 결성된 마르크스–레닌주의 단체 페다인은 1971년부터 1979년까지 주로 도시에서 공격을 감행했다. 1965년에 결성된 무자헤딘은 "전통적인 시아 이슬람을 재해석해 이를 현대 정치 이론과 통합함으로써 현실적인 혁명 이데올로기로 전환하고자 했던 청년 모슬렘 혁명가들의 순수한 의도를 대변하는" 혁명적 무슬림 게릴라 단체였다. 마르크스-레닌주의 MKO는 1975년 MKO 내부의 한 분파에서 갈라져 나와 결성된 조직이었는데, 분열 이후 무슬림과 마르크스주의자들이 충돌하면서 극심한 내부 권력 투쟁이 뒤따랐다. 1978년 마르크스주의자들은 결국 MKO를 떠나 '사즈마네 페이카르 다르 라헤 아자디에 타바케 카르가르'('노동자 계급의 자유를 위해 투쟁하는 조직')라는 자신들만의 조직을 결성했다.

페다인을 창설한 인물 중 한 명인 아미르 파르비즈 푸얀은 『무장투쟁의 필요성과 생존 이론에 대한 반박The Necessity of Armed Struggle and a Refutation of the Theory of Survival』이라는 제목의 소책자에서 무장 투쟁은 국민들의 무관심 상태를 극복하고 샤 체제에 대한 반대를 조직하는 길이라고 썼다. 푸얀은 무관심이야말로 샤 체제는 아무도 꺾을 수 없는 천하무적이라는 통념의 산물이라고 지적했다. 게릴라 운동을 이끌었던 또 한 명의 사상가 비즈한 자자니는 1963년에 이렇게 썼다. "정부가 (그 대상이 대학생이든 상인이든 그 누구든 간에) 무장한 군대를 동원해 반대운동에 대응하기로 결심했다는 데에는 의심할 여지가 없다. 따라서 국민에게 승리를 가져다주려면 무력 투쟁이라는 폭력적 수단에 의지하는 길밖에 없다고 생각한다." 무자헤딘 창립 멤버 중 한 명인 모센 네자트-호세이니는 훗날 회고록에서 당시 게릴라들의 생각을 정확히 짚어 다음과 같이 썼다. "샤 체제가 무장한 용병들을 앞세워 민족주의자와 자유를 추구하는 세력을 억압하는 상황에서 정치투쟁을 입에 담는 것만도 용기가 필요한 일이었다. 빈 손으로 샤 체제와 싸운다는 것은 일종의 자살 행위에 지나지 않았다."

이렇듯 이란 지식인들은 무장한 소수의 전위대가 최소한의 자원을 사용해 샤 체제에 무장 공격을 가함으로써 혁명 운동에 불을 지핀다는 무장 투쟁 개념을 발전시켰다. 이란 혁명 세력 내부에서 '혁명의 객관적 조건'이 과연 존재하는지를 두고, 나아가 혁명운동에서 군사적 측면이 더 중요한지, 정치적 측면이 더 중요한지 그 상대적 중요성을 둘러싸고 이견도 많았지만 이들 사상가들은 오로지 무장 투쟁만이 비무장 시위대를 향해 폭력 사용도 불사하는 체제에 맞서는 길이라는 믿음으로 한데 뭉쳤다. 무장 전위대가 마주친 주된 도전은 운동을 처음부터 완전히 새로 조직해 체제의 무자비한 억압에 신음하는 노동자 계급과 대중 사이를 파고들어 지지 기반을 마련하는 것이었다.

사실 무장 운동 세력은 그 숫자가 5만을 넘어본 적이 없었다. 예를 들어 페다인은 1965년부터 1966년까지 소규모의 지하 세포조직을 갖고 있었다. 이들은 제법 큰 네트워크를 가지고 정치활동에 전념하는 조직과 무장 반란을 준비하는 소규모 하위 집단으로 구성돼 있었다. 하위 집단 구성원들은 소형 무기를 구해 국영은행을 공격할 계획을 세웠다. 이는 미래의 군사 활동에 필요한 자금을 확보하기 위해서였다. 최초의 게릴라 공격은 샤가 페르세폴리스—시라즈에서 페르시아 제국 건설 2,500주년을 기념하는 성대한 의식을 개최하기 몇 달 전인 1971년 2월 8일에 이루어졌다. 페다인 게릴라 아홉 명이 이란 북부 길란 주에 있는 시아칼이라는 작은 마을의 경찰서를 습격했다. 습격은 처참한 실패로 끝났다. 비밀경찰 SAVAK가 이미 습격 계획을 간파한 상태에서 게릴라와 접촉했던 이 지역 농부들이 게릴라 전사들에게 등을 돌리

2부 사례 연구

고 말았던 것이다. 샤 정부는 수천 명의 군대와 여러 대의 헬리콥터 를 보내 그 지역 일대를 샅샅이 훑었고, 결국 게릴라들은 전원 사망하거나 붙잡혔다.

그러나 페다인이 치른 군사적 패배에도 불구하고 이날의 습격 사건은 선전이라는 측면에서 게릴라들에게 대단한 쾌거가 되었다. 그때까지 한 번도 보여준 적이 없는 샤에 대한 저항을 드러내 보여주었기 때문이다. 학자들은 이 습격 사건에 대해 보인 샤 체제의 대대적 반응이 오히려 게릴라들의 대중 이미지를 신비롭게 포장하는 데 기여했다고 주장해왔다. 시아칼 습격 사건은 샤 체제에 맞선 8년간의 무장 활동이 시작되는 비공식적 출발점이었다.

시아칼 습격 사건 이후 페다인은 반샤 활동가들을 구금하고 고문한 혐의가 짙은 정부 고위 관리들을 목표로 일련의 암살을 감행했다. 그러자 정부는 이에 대한 보복으로 고위 게릴라 지도자 10여 명을 체포해 처형했다. 1976년 샤는 게릴라 운동을 말살하는 대對게릴라 진압 계획에 착수했다. 1970년대 후반 남아 있던 게릴라 세력은 산발적인 무장 공격에 나섰으나 그때까지와는 다른, 훨씬 더 효과적인 형태의 저항운동이 등장하면서 빛을 잃고 말았다.

새로운 형태의 저항운동

1976년, 지미 카터는 인권 증진에 힘쓰겠다는 공약을 내걸고 미국 대통령 선거전에 나섰다. 인권을 강조하는 그의 정치노선은 미국의 강력한 냉전 파트너였던 샤를 깊은 시름에 빠뜨렸다. 그는 이란 국민은 아직은 인권을 향유할 준비가 되어 있지 않으며, 국가가 사회적, 경제적, 정치적으로 개발에 전념하는 동안 당분간 국민들을 보호하고 감독할 필요가 있다고 공공연히 선언했다. 그러나 이란의 진보적 반대 세력은 인권문제에 관한 카터의 거침없는 발언을 정치적 기회로 바라보았다.

1970년대 초반만 해도 수적으로 얼마 되지 않았던 지식인과 기타 진보적 반대 세력은 샤를 비난하는 공개서한을 간행·배포하고 입헌주의와 인권 존중을 촉구하기 시작했다. 1977년 여름 그들은 반⁺공개적인 항의 활동을 조직하기 시작했는데, 샤의 안보군은 이를 상대적으로 너그럽게 대했다. 이 해 10월 정치적 색채가 강한 열흘 동안의 시 낭송회가 테헤란의 이란-독일 협회Iran-Germany Association에서 열렸는데, 이 모임에 이란 국민 수천 명이 몰려왔다. 같은 달 일단의 진보적 반대 세력이 '인권수호를 위한 이란위원회Iranian Committee for the Defense of Human Rights를 결성했다.

샤는 인신 보호 영장제도를 강화하고, 죄수의 인권을 개선하는 새로운 법안과 왕실 칙령을 공표함으로써 관용의 조짐을 보이는 것 같았다. 그러나 이러한 개혁 조치는 "범위가 한정되어 있었을 뿐만 아니라 늘 실행되었던 것도 아니다"라고 커즈먼Kurzman은 쓰고 있다. 도시 빈민들과 정치범의 가족들, 학생들의 시위 등 평화로운 항의운동이 계속해서 폭력적으로 진압되었다. 그리고 1977년 중반엔 오랫동안 군주제에 반대해온 고위 종교 지도자 아야톨라 마흐무드 탈레콰니를 비롯한 종교 지도자 25명이 체포되어 10년 징역형을 선고받았다. 감옥에서 벌어지고 있는 고문 소식이 끊임없이 나돌아, 이란 국민 대부분은 항의운동에 참여했다가 어떤 화를 입을지 몰라 언제나 두려움에 떨었다.

"샤는 내려가야 한다"

1977년 말, 호메이니의 지지자들은 콤신학교교수협Society of Qom Seminary Instructors과 투쟁하는종교학자협회Society of Struggling Religious Scholars를 재가동해 각종 성명을 발표하고 주민위원회를 조직하기 시작하면서 주민 동원에 착수했다. 그해 10월 23일 호메이니의 장남 모스타파가 갑자기 사망하자 독실한 무슬림 수천 명이 이란 전역의 도시들에서 추모 행사에 참여했는데, 행사는 군중의 거리 시위 형태를 띠었다. 그 뒤 망명 중인 지도자 호메이니는 이란 국민들의 '각성'을 촉구하는 연설에 나섰다. 모스타파의 사망 여파로 더 많은 금기가 깨졌다. 시라즈와 타브리즈의 추모객들은 사원을 나와 행진하면서 처음으로 "샤에게 죽음을"이라고 외치기 시작했다. 일주일 뒤 테헤란 시장 상인들은 호메이니 아들의 죽음을 기리며 총파업에 돌입했다.

추도 행사가 시작되고 나서 2주일 뒤 샤의 안보군은 시위대를 상대로 대규모 진압 작전에 들어갔다. 그러나 이러한 엄중한 단속 조치도 이슬람주의자들의 운동을 막지 못했다. 콤의 신학생들까지 가세하면서 (시아파 전통으로) 모스타파 사후 40일째 되는 날을 앞두고 열린 추모 행렬은 갈수록 불어나기만 했다. 40일째 되는 날엔 상인들의 파업과 종교 지도자들의 공공연한 정치 연설이 특별한 눈길을 끌었다. 이날 종교 지도자들은 무엇보다도 망명 중인 호메이니의 귀환과 정치범의 석방, 종교 및 대학 시설의 업무 재개, 언론의 자유, 포르노그래피 금지, 여성의 히잡 착용권 보장, 이스라엘과의 관계 단절, 빈곤층에 대한 지원 등을 요구하는 '14개조의 결의'를 제시했다. 커즈먼의 지적대로 "이러한 결의안은 군주제를 이슬람 공화국으로 대체해야 한다는 요구에는 훨씬 못 미쳤으나 이슬람주의자들이 10년 만에 처음으로 현실 정치에 참여했다는 점에서 큰 의미가 있었다."

3주 뒤인 12월 20~21일 이슬람주의자들은 해마다 열리는 종교 행사인 타슈아와 아슈라를 대중 정치 시위의 장으로 바꿔놓았다. 수천 명의 시위대가 반샤 구호가 적힌 피켓을 들고 테헤란 상점가를 행진하다가 샤의 폭동진압 경찰에 공격당하거나 체포되었다. 1977년 말에 이르러 이슬람주의자들은 독자적인 학교와 출판사를 세우고 신문과 팸플릿을 배포했던 1960년대와 1970년대 초의 의식화 활동이 마침내 결실을 거두고 있다고 믿기 시작했다. 호메이니도 1977년 11월 12일의 한 연설에서 인정했듯이 이런 시위들은 "(샤의) 독재 체제에 대한 증오를 드러낸 것이며, 기만적인 체제에 대한 불신임을 표현하는 실질적 국민투표였고…… 성직자와 학자에서부터 노동자와 농민, 남녀노소에 이르기까지 국민 모두가 깨어 있다"라는 사실을 보여준 것이었다(커즈먼, 2004, 31, 〈아야톨라 호메이니의 편지Ayatollah Khomeini's Letter〉 1977, 106- 108에서 인용). 그러나 진정한 각성은 1978년 늦여름이 돼서야 일어났다. 이때부터 이란 국민은 바야흐로 혁명적 시위에 참여하기 시작했다.

울레마-바자리(상인) 네트워크와 1978년 대중 동원

이란에서는 샤에 반대하는 성직자, 상인, 학생, 노동자, 전문 직업인, 도시 빈민들이 도심지에 많이 몰려 살았는데, 이 수많은 도심지들이 1978년부터 본격화되기 시작한 신속한 대중 동원을 촉진시켜주었다.

2부 사례 연구

이란 내부의 강력한 이슬람 사원 네트워크도 그 못지않게 중요한 역할을 했다. 1970년대 초에 이미 9천 곳이 넘었던 이란의 이슬람 사원은 전국 각 도시와 마을의 종교 지도자들을 통해 하나로 연결되어 있었다. 이 사원들은 "거대한 기관 네트워크라 할 수 있는데, 이란에서 가장 규모가 큰 시민단체를 구성했다. 사원 네트워크는 혁명가들에게 중요한 기반 시설과 피신처를 제공했을 뿐만 아니라 나자프(나중에는 파리)에서 망명 중인 호메이니와 그 측근들의 연설과 구체적인 지시 사항을 녹음해 이란으로 몰래 들여온 오디오 카세트 테이프의 주요 배포처이기도 했다. 국민보도부 관리를 지낸 아볼하산 사데그는 당시 카세트 테이프가 "전투기보다 더 강력했다"라고 지적했다.

샤에 반대하는 이란의 반체제 세력은 카터 행정부가 자국의 지역 동맹국에게 인권 상황을 개선하도록 상당한 압력을 행사하길 바랐지만 그 희망은 오래가지 않았다. 1977년 11월에 샤가 워싱턴을 방문했을 당시 이란의 인권 문제는 비공개적으로, 그것도 대부분 샤에 긍정적인 내용으로만 논의되었다. 잘 알려져 있다시피 그 자리에서 카터는 샤에게 건배를 제안하며 이렇게 말했다. "샤의 위대한 지도력 덕분에 이란은 세계의 가장 골치 아픈 지역 가운데서 섬처럼 홀로 안정을 누리고 있습니다. 이는 폐하의 백성들이 폐하와 폐하의 지도력에 바치는 존경과 경탄과 사랑 때문이라고 생각합니다."

11월에 있은 샤와 카터의 회동 이후 이란 국내에서의 탄압은 더욱 강화되었다. 안보군은 시 낭송회와 학생들의 항의시위를 무력으로 진압하기 시작했다. 사태가 이렇게 악화되자 리버럴(진보적) 반대 세력 지도자였던 메흐디 바자르간은 몇 달 뒤 미국 외교관들에게 이렇게 말했다. "샤가 워싱턴을 방문하고 나서 탄압이 다시 일상화된 듯했습니다." 그리고 1977년 12월 국무부의 한 내부 문건도 샤 정부가 "정치적 반대에 대응해 폭력을 더 많이 사용하고 있다"라고 지적했다. 탄압이 강화되자 진보적 반대 세력은 활동을 대폭 줄였다.

그러나 탄압이 강화되던 같은 시기에 이슬람 반대 세력은 항의 활동을 늘리기 시작했다. 급진적 이슬람주의자들과 학생들은 온건한 입장의 종교 지도자들에게 혁명의 대의를 지지하라고 압력을 가했다. 1978년 1월 7일, 테헤란의 한 신문에 호메이니를 조롱하며 샤의 현대화 정책에 대한 호메이니의 반대가 사실은 영국 석유 회사들의 사주 때문이라고 암시하는 기사가 나가자 콤Qom의 급진적 신학생들과 학자들이 고위 종교 지도자들의 지지를 받는 가운데 하루 동안의 파업에 들어갔다. 1월 9일, 시장은 문을 닫았다. 집집마다 방문하며 종교 지도자들에게 지지를 호소하는 학생들의 시위 행렬에 수천 명이 합류했다. 이 무렵 시위대에는 쓸데없이 샤의 안보군을 자극하지 말라는 지시가 구체적으로 내려져 있었다. 시위대는 성난 슬로건을 외치기보다 조용히 행진했다.

시위대 규모가 아직은 작아서 안보군의 진압에 취약할 수밖에 없었다. 그러나 1월 9일 콤의 시위대를 향한 피비린내 나는 진압은 혁명의 또 다른 전환점이 되었다. 일단의 시위대가 경찰의 바리케이드로 접근하자 (시위 참여자 아니면 정부 앞잡이일 가능성이 높은) 누군가가 은행 창문 틈으로 벽돌을 집어 던졌다. 폭력으로 대응할 명분을 얻은 안보군은 시위 군중을 향해 실탄을 발사하기 시작했다. 이 시위에서 약 11명의 사망자가 나왔지만, 시위대 수백 명이 죽음을 당하고 정부 트럭이와서 시신을 탈취해갔다는 소문이 나돌았다. 콤 학살은 전국 각지를 휩쓴 시위 물결을 촉발시켰다.

추모 40일째 되는 날, 콤에서 살해당한 사람들을 기리는 행사가 열리자 다른 도시들에서도 시위가 잇따랐다. 타브리즈와 야즈드 등 여러 도시에서 샤의 안보군에게 살해당한 시위 참여자들을 기리는 40일 추모제가 열리면서 이른바 '40제 치르기'라고 알려진 전국적인 시민 참여행사가 시작되었다. 40일째 되는 날 고인의 죽음을 애도하는 것은 시아파 이슬람의 전통적 관행이었다. 이러한 추모 의식은 대체로 가족과 가까운 친지들만 참석하는 조촐한 행사의 성격을 띠어왔었다. 그러던 이슬람교도들이 이러한 종교 관습을 정치적 행사, 즉 대중 동원을 촉발하는 수단으로 바꿔놓았다.

1978년 6월 17일 운동 지도부는 이란 국민들에게 대중시위와 추모 의식을 중단하고 대신 국민 총파업에 참여하기 위해 집에 머물러 있으라고 말했다. 실용주의가 대두되면서 가두시위 중심에서 분산된 비대결적 운동으로 전술을 바꾼 것이다. 이와 관련해 샤 반대 진영의 한 리버럴한 활동가는 이렇게 지적했다. "사람들은 경찰의 파괴적인 도발 전략을 훤히 꿰뚫고 있었습니다. 그들은 독재 체제의 하수인들에게 개입할 명분을 전혀 주지 않았어요." 호메이니의 전투적인 군 장교 한 명은 당시 이렇게 주장했다. "우리는 적에게 그 어떤 빌미도 줘선 안 된다는 무슬림 형제들의 요구를 받아들였습니다." 물론 일부 급진적 이슬람주의자들은 대중시위를 중단하는 것은 독재정권에 대해 양보를 해주는 것이라며 유화책에 반대했다. 하지만 호메이니의 조용한 운동을 존중했다. 사실 온건파와 강경파 모두 호메이니의 이런 요구를 지지했다.

샤, 양보를 제안하다

1978년 여름 내내 산발적 시위와 사보타주 사건(지하운동가에 의한 파괴, 방해 행위. 예를 들어 이슬람 근본주의자들은 비도덕적이라고 판단되는 영화를 상영하는 극장을 불태우고 외국인들이 자주 찾는 식당을 폭파했다)이 있었지만, 이 가운데 국민 봉기의 수준으로까지 발전한 것은 하나도 없었다. 이 시기의 반대운동에 대한 샤의 정책은 당근과 채찍이라 할 수 있는데, 그는 이 정책을 충실히 고수하며 반대 진영에 교섭을 제의했다. 1978년 7월 샤는 이듬해 자유선거를 실시하겠다고 선언하며 국민의 정치적 자유를 지지한다고 천명했다.

샤의 회유책 앞에서 반대 진영은 분열 위기에 놓였다. 망명 중인 호메이니는 샤의 발표를 '속임수'라고 일축했지만, 리버럴한(진보적) 반대 세력 지도자들은 샤의 양보가 가져올 가능성에 들떠 있었다. 국민전선 출신의 진보적 반대 세력 지도자이며 호메이니의 측근 고문(으로 혁명 이후 이슬람 과도정부의 수상으로 임명되는) 메흐디 바자르간은 샤의 제안에 조심스레 지지를 표명하면서 군주제의 '단계별' 처리를 촉구했다.

하지만 이슬람주의자들은 바자르간 등이 선호했던 점진적 접근법을 즉각 거부하고 전국 각지의 도시들에서 항의 활동과 가두시위를 재개하기 시작했다. "(샤의 유화책에 대한) 반응은 이슬람 공화국을 외치는 대규모 시위 군중이었다." 특히 시아파 달력에서 보통 경축일로 통하는 7월 21일 히든 이맘Hidden Imam(숨은 이맘)의 탄신일은 샤 체제의 악폐를 애도하고 되새기는 날로 바뀌었다. 마찬가지로 그해의 한 달에 걸친 라마단도 종교적 순결과 경건을 지키는 달에서 정치적 항의를 하는 달로 바뀌었다.

아바단 화재와 검은 금요일

이슬람교도 중심의 지지층이라는 한계를 뛰어넘어 진정한 대중운동을 추진하는 것은 아직까지도 이슬람 지도부가 풀어야 할 주요 과제였다. 몇 차례의 시위가 5만 명의 항의자들을 끌어들였지만, 1천5백만 명이 넘는 인구에 비하면 이는 상대적으로 여전히 적은 숫자였다. 1978년 여름의 나머지 기간은 지역 행사를 통해 촉발된 항의시위로 얼룩졌고, 그중 상당수는 대규모 유혈사태로 이어졌다.

항의운동은 1978년 8월 19일 아바단Abadan의 한 영화관에서 발생한 화재 사건 이후 눈에 띄게 확산되었다. 이 화재로 4백 명이 목숨을 잃었다. 영화관 출입구가 밖에서 잠겨 있었으며, 소방대원들이 늦게 도착했다는 사실이 드러나자 수많은 이란인들이 이를 방화죄라고 비난했다. 추모 시위 기간 내내 "샤를 불태우자!"라는 고함이 난무했다. 영화관 학살 사건 이후 시위의 수와 강도는 갈수록 증폭되었다. 8월 말에 이르러 11개 도시가 계엄령 아래 들어갔다. 샤는 8월 27일 개혁 성향의 새 수상(자파르 샤리프-에마미)을 임명하고 무슬림 태양력을 부활하는 등 이슬람교도들을 달래기 위한 일련의 조치를 발표했다. 이 밖에도 카지노 문을 닫게 하고 새로운 언론자유를 허용했다. 또 라마단 마지막 날인 이드 알-피트르에 한해 종교적 시위를 허용하기도 했다.

이와 같은 공식적 허용은 반대 세력에게 두 가지를 의미했다고 커즈먼은 지적한다. "첫째, 폭력적 시위 진압이 전에 비해 강도가 덜 했다는 것을 의미했으며, 따라서 온건한 시위 지지자들은 항의에 나서도 안전하다고 여겼을 가능성이 높았다. 둘째, 온건파가 항의에 나선다면 숫자 면에서 충분히 안전을 담보할 만큼 행사 규모가 커져 훨씬 더 많은 참여자를 끌어들일 가능성이 높았다." 이드 알—피트르에서의 대규모 시위는 핵심 이슬람주의자들의 범위를 넘어 항의자들의 기반을 한층 더 넓혔다. 상인 계층, 진보적 반대 세력, 좌파 세력이 이슬람주의자들과 함께 대규모 시위를 벌임으로써 호메이니가 그해의 행사를 '장대한 운동의 이드'라고 일컫는 계기를 마련했다.

계엄령과 총파업

1978년 9월 8일, 대규모 시위가 벌어진 다음 날 샤는 테헤란과 기타 도시들에 계엄령을 선포했다. 그럼에도 항의자 수천 명이 테헤란의 잘레 광장에 모여들었다. 안보군은 군중을 향해 최루탄과 실탄을 발사했다. 나중에 검은 금요일로 알려지게 되는 그날의 사상자는 적게는 1백 명 미만에서 많게는 수천 명에 이른 것으로 추산되고 있다. 살해당한 시위자들의 숫자가 실제로 얼마였든 검은 금요일은 그전의 아바단 화재 때처럼 반샤 운동에 참여한 사람들의 결속을 더욱 굳건히 다졌다. 그런 가운데 당시 이스라엘과 이집트의 평화 협상을 중재하고 있던 미국 대통령 지미 카터는 샤에게 전화를 걸고 그의 체제에 대한 지지를 재확인했다.

검은 금요일 이후 반대 진영은 또다시 옥외 항의와 시위를 중단하고 덜 대결적인 성격의 파업으로 전환했다. 학살이 있고 나서 몇 주 뒤인 9월 9일 정유공장을 시작으로 불법 파업이 전국으로 확산되었다. 11월 첫째 주 들어 언론사, 국영 항공사, 철도, 세관, 발전소, 은행을 비롯해 이란 사회의 거의 모든 부문이 일을 멈추었다. "국제 무역 옥죄기가 어찌나 완벽했던지 한동안 중앙은행은 각종 증권의 인쇄에 사용하는 잉크가 부둣가에 묶여 있는 바람에 정부 기금을 조달하는 국채 발행을 중단할 수밖에 없었다."

석유 노동자들의 파업은 이란 경제에 그 무엇보다 강력한 타격을 주었다. 유전은 체제의 가장 중요한 수입원이었기 때문이다. 10월 들어 석유 노동자들의 파업이 계속되자 이란의 석유 수출은 하루 5백만 배럴 이상에서 2주 만에 1백만 배럴 미만으로 떨어졌다. 아세프 바야트의 지적대로 이란 역사에서 노동자들은 수없이 파업을 벌였지만 그들의 요구는 임금 인상과 주거비 지원 같은 순전히 경제적인 문제에 주로 집중되는 경향이 있었다. 하지만 이번에는 달랐다. 석유 노동자 파업위원회가 작성해 발표한 요구 조건 목록에는 계엄령 해제, 파업 중인 교사들에 대한 지지, 정치범 석방, 석유 산업의 이란화가 포함되어 있었다.

호메이니는 처음에는 국민 파업이 오래 지속되길 바라지 않았다. 하지만 파업이 시작된 지 한 달 뒤 호메이니는 "상점과 사업의 파업이 며칠 넘게 이어진다 해도 신의 뜻에 따라 굶어 죽는 사람은 아무도 없을 것이니" 체제가 무너질 때까지 무기한 파업에 들어가라고 지지를 표명했다. 1978년 11월 초, 파업이 전국으로 확산되면서 테헤란 대학교 학생들은 시가행진을 조직했다. 학생들이 대학교 정문 밖 안보군과 충돌하면서 행진은 폭력으로 변했다. 사망자가 속출하자 이튿날 학생들의 시위는 폭동으로 이어졌다. 영국 대사관을 비롯해 테헤란 전역의 건물들이 불길에 휩싸였다.

이 무렵 샤는 대대적인 진압에 착수했다. 그는 민간인 수상을 해임하고 군사 정부를 꾸렸다. 계엄령이 선포되고 더 이상의 시위를 막기 위해 탱크와 장갑차가 전국의 도시와 마을에 진입했다. 군대가 이란 국영 라디오와 텔레비전 방송을 접수하고 언론 매체를 단속했다. 그런 가운데 여당 신문만 인쇄가 허락되었다. 반대 세력 지도자들은 체포되었다. 군대는 석유 노동자들을 다시 일터로 내몰았고, 파업위원회 지도자들은 석유 생산을 늘리든지 아니면 목숨을 내놓으라는 협박을 받았다.

한편 샤는 새로운 군사정부의 조각을 알리는 대국민 담화에서 자신도 혁명의 몇몇 측면에는 공감한다고 주장하며 자유선거를 감시할 범국민 통합정부를 다시 세우기 위해 무법과 부패 척결에 앞장서겠다고 약속했다. 이어 그는 국가, 특히 석유 부문을 마비시킨 파업의 물결을 비난하며 파업을 끝내고 질서를 회복해야 한다고 촉구했다. 이와 관련해 몇몇 학자들은 이 무렵 샤의 병세(국민들은 까맣게 몰랐지만 그는 암으로 죽어가고 있었다)가 당시의 혁명운동에 대한 그의 우유부단하고 모순된 반응을 설명해준다고 주장하기도 한다. 국가가 샤를 중심으로 구성되어 있었기 때문에 그의 무능력이 국가를 마비시켰다는 것이다. 샤가 자신의 측근과 외국 특사들에게 권력을 유지하기 위해 대규모 살육을 지시할 생각은 없다고 말했다는 사실 또한 혁명의 성공을 설명하는 이유로 인용되기도 한다.

그러나 커즈먼은 "(대량) 살육을 재가하지 않은 것이 꼭 (반대 세력을 탄압하려는) 그의 의지 부족이나 국정 마비를 뜻하는 것은 아니다"라고 지적한다. 사실 1978년 가을 내내 샤의 안보군은 시위대를 향해 줄곧 실탄을 사용했으며, 시위 군중의 사망자 수는 샤의 통치 마지막 몇 달 동안 증가세를 보였던 것이다. 따라서 그보다는 시위대가 안보군에 맞서 사용한 구체적인 진술과 더불어 대규모 시위가 지녔던 '성격'이 안

2부 사례 연구

보군의 중립화에 기여했다는 점에 주목해야 한다. 커즈먼과 기타 학자들이 지적해왔듯이 샤가 혁명운동을 진압하기 위해 만만하게 사용할 수 있는 최선의 전략은 없었다. 혁명에 대한 샤의 반응이 실제보다 더 무자비했다 하더라도 "샤가 직면한 문제는 이란 국민이 더는 복종하지 않는다는 점이었다." 샤가 아무리 무자비한 강제력을 동원했다 하더라도 모든 국민을 24시간 내내 억압할 수 있는 국가는 없다.

샤의 경찰이 체포하기에는 1978년 가을의 시위대 숫자는 너무 많았을 뿐만 아니라 안보군이 확보하던 자원이나 인력만으로는 계엄령을 집행하기에 역부족이었다. 법을 집행할 사람이 부족한 데다 체포한 사람들을 수용할 교도소 공간도 부족했다. 1979년 1월에 열린 안보회의 기록은 이란 군 장성들이 반대 활동가 1만여 명을 체포할 계획을 논의했지만 감옥 시설 평가 결과 추가로 구금할 수 있는 인원이 5천명밖에 되지 않았다는 사실을 보여준다. 새로 죄수들을 받아들이려면 기존의 죄수들을 석방해야 했다.

체제의 관점에서 봤을 때 이보다 훨씬 더 큰 문제는 샤의 군인과 경찰이 그들이 접수한 조직과 시설을 운영할 능력이 없었다는 점이다. 군대가 국영 텔레비전 방송에 샤를 지지하는 프로그램을 내보내라고 강요하자 텔레비전 간부들은 직원들이 그 프로그램을 보면 일터에 나타나지 않을 것이라고 경고했다. 이란의 전기 시설 노동자들은 국영방송의 저녁 뉴스 송출을 방해했고, 오후 8시 통행금지령을 위반하고 있는 시위대를 어둠의 장막 속에 보호해주기 위해 매일 밤 2시간씩 전력을 차단하기 시작했다. 샤의 안보군이 전기 시설을 접수해 정전 사태를 막으려면 전국의 수많은 시설들을 동시에 통제해야 했는데, 안보군에게는 그럴 인력이 부족했다.

마찬가지로 정유공장 접수도 불가능한 것으로 드러났다. 샤는 원유를 뽑아 올리는 펌프 시설을 가동할 해군 기술자 수백 명을 보냈지만 그들은 시스템이 어떻게 기능하는지조차 알지 못했다. 그 대신 그들은 더러 석유 노동자들의 집으로 쳐들어가 일터로 질질 끌고 오는 방법으로 노동자들의 유전 복귀를 강제로 시도하곤 했다. 하지만 석유 노동자들은 유전으로 돌아가 잠시 일하다가 또다시 대규모 파업에 들어갔다. 국영 항공사(이란 항공), 통신사, 은행, 심지어 세관 직원들을 비롯해 이란의 주요 산업 전체에서 비슷한 양상이 전개되었다. "노동자들은 파업에 들어갔다가 강제 조치가 뒤따르면 다시 일터로 돌아가고, 그러다 곧 다시 파업에 들어갔다." 서로 다른 산업들 간의 이러한 연계성은 국민 파업의 충격을 더욱 강화할 뿐이었다. 1978년 10월에 한 인터뷰에서 샤는 무력으로는 이란 국민을 어쩌지 못하는 체제의 무능함을 인정하면서 이렇게 말했다. "어느 한 곳을 진압한다고 해도 그 옆 동네 사람들이 행동에 나서는 겁니다." 진압은 둘째 치고 체제는 원초적 무력 말고 다른 수단으로는 대중 동원을 막을 능력이 없었다. 이는 위기에서 살아남을 능력이 없다는 것을 보여주는 체제의 결정적 약점을 드러내는 것이었다.

안보군의 중립화

이란의 반대 세력은 언뜻 안정되고 충직해 보이는 안보 기구, 즉 샤의 가장 중요한 지지 기반을 약화시켰다. 반대 세력 지도자들은 세속인이든 이슬람주의자든 가릴 것 없이 안보군 장교들과 만나 반대 진영에 합류하든지 아니면 최소한 시위대를 진압하라는 지시에는 따르지 말라고 호소했다. 호메이니도 안보군에게 호소했다. "조국을 위해 자신을 희생할 준비가 되어 있는 자랑스러운 병사들이여, 일어나시오! 노예제와 모욕을 더는 참지 마시오! 사랑하는 국민들과 다시 손잡고 강도 가족의 변덕에 굴종하기 위해 여러분의 자녀와 형제들을 도륙하는 짓을 거부하시오!"

'형제애'는 반대 진영 전략의 중요한 일부였다. 시위 도중 항의자들은 군인들에게 꽃을 나누어주면서 "군인 형제들이여, 어찌하여 형제를 죽인단 말인가?"와 "군대는 국민의 일부이다"라는 구호를 외쳤다. 테헤란에 근거지를 둔 한 종교학자는 탈영병을 돕는 사업을 꾸려나가면서 사병들에게는 갈아입을 민간복을 지급하고, 고위 장교들은 다시 막사로 돌려보내 정보를 수집하게 했다. 이런 형태의 압력이 얼마나 효과가 있었는지는 분명치 않다. 샤가 이란을 떠날 때까지 실제 탈영병의 숫자 또한 상대적으로 여전히 낮았다. 하지만 분명한 사실은 반대 진영의 그러한 노력이 군대와 경찰의 사기를 떨어뜨렸다는 점이다. 허가받은 제대자 수가 몰라보게 증가하는 가운데 군 내부에서의 소규모 집단 하극상 행동이 늘기 시작했다. 실제로 하급 병사들 사이에 충성심이 줄어들고 있었다는 증거가 많이 있다. 1979년 1월 초 참모총장 압바스 가라바기는 동료 장성들과 모인 자리에서 군대는 55%가량의 능력만 발휘하고 있다고 평가했다.

샤에게 충성하는 안보군 장교들은 군대의 붕괴를 두려워해 군인들과 시위대의 접촉을 제한하는 계획을 내놓았다. "부대를 편성해 시위대가 군인들과 접촉할 가능성이 없는 곳으로 보내야 한다. 어제 시위대가 와서 총구統口와 군대의 차량에 꽃을 꽂아주는 바람에…… 병사들의 사기가 사라지고 있다"라고 했다. 반면 군부 내의 반체제 장교들은 병사들을 일부러 반샤 운동과 접촉할 가능성이 높은 곳에 배치했다. 샤에 충성하는 장교들은 병사들이 호메이니의 연설 녹음을 듣지 못하게 하려고 기도실을 폐쇄하기도 했다.

1978년 말에 이르러 샤의 안보군은 숫자 면에서나 세력 면에서나 시위대에 밀리기 시작했다. 커즈먼의 지적대로 "샤의 군-안보 복합체는 단순히 약화되었다기보다 압도당했다. 그 어떤 억압 체제도 1978년 말 이란에서 등장한 전면적인 대중 불복종을 감히 다루지 못할 것이었다." 반대 진영은 샤가 장군들에게 거리 시위대를 향해 발포하라고 지시하는 것처럼 들리는 감쪽같은 가짜 카세트를 생산하기 시작했다. 이란 국민 대부분은 집에 머물며 지붕 꼭대기에서 반샤 구호를 외쳤을 뿐 샤의 안보군과 직접 대치하진 않았지만, 사상자가 늘면서 대중의 참여는 더욱 확대되었다.

그런 가운데 1978년 이슬람주의운동이 급격히 추진력을 얻으면서 무장 게릴라 분파에서는 내부 분열이 전염병처럼 번져갔다. 무자헤딘의 경우는 무장 투쟁을 계속할 것인지의 여부를 둘러싸고 내부 논쟁을 벌이다가 1978년 약간의 무력행동을 벌였을 뿐이었다. 한 페다인 지도자는 게릴라 운동이 1976년 타격을 입은 후 분열을 거듭하다 거의 자취를 감추었으며, '스스로를 보호하기에 급급한 가운데' 자신이 여전히 존재한다는 것을 보여주기 위해서만 '산발적인 행동'에 나설 뿐이었다고 말했다. 그러나 좌익 게릴라의 공격 건수는 1978년 후반(6건)과 1979년 초반(12건) 들어 약간 증가했다.

샤의 도피와 호메이니의 귀환

1978년 말, 샤는 반대 진영의 리버럴한 주요 인사들에게 총리직을 제의했다. 몇 주 전만 해도 개혁 성향의 인사들은 샤의 제안을 십중팔구 받아들였을 테지만 1978년 말에 그런 제안을 수락한다는 것은 정치적 자살 행위나 다름없었다. 온 나라가 대중 봉기에 참여한 가운데 미국에서 치료를 받는다는 핑계를 대고 샤 팔라비는 1979년 1월 16일에 이란을 몰래 빠져나갔다.

샤가 새로 임명한 총리 (샤에 반대하는 민족주의 지도자이기도 했던) 샤푸르 바크티아르는 상황에 대한 통제권을 확보하고 시위와 파업이 잠잠해질 시간을 벌고자 했다. 그러나 시간은 과도정부의 편이 아니었다. 호메이니는 정부 부서에서 일하는 공무원들에게 바크티아르 내각의 장관들이 집무실에 들어가지 못하게 막고 그들에게 어떤 형태의 협조도 하지 말라고 당부했다.

바크티아르 정부는 사방에서 도전에 시달리다가 권력을 잡는 데 결국 실패하고 겨우 37일 만에 수명을 다했다. 1979년 2월 1일, 아야톨라 호메이니가 망명지에서 돌아왔다. 진보적 반대 세력 인사들과 바크티아르 정부 간의 사전 협상을 통해 그는 에어프랑스편으로 안전하게 도착할 수 있었다. 열성적 지지자들이 호메이니를 보려고 구름처럼 몰려들었다. 평화로운 권력 이양을 보장하는 메커니즘은 없었다. 호메이니는 바크티아르가 아직 총리직에 있었음에도 불구하고 직접 사태 수습에 나서 2월 4일에 기자회견을 열고 메흐디 바자르간을 총리로 임명했다. 이렇게 해서 이란엔 2주 동안 두 개의 정부가 있었다.

2월 9일 저녁, 테헤란의 한 공군 기지에서 혁명을 지지하는 군軍

기술자들과 샤의 왕실 근위대가 충돌하는 사건이 일어났다. 근위대가 친 호메이니 장교들과 바깥의 군중에게 발포하면서 최소한 두 명이 사망했다. 사건 소식이 확산되자 시민들이 반기를 든 혁명 지지 군 기술자들을 보호하기 위해 기지로 몰려들었다(똑같은 장면이 6년 뒤 필리핀의 피플 파워 혁명 기간에 재현되었다). 아야톨라들은 냉정을 호소하며 시위대에 대결을 피하라고 촉구했다. 호메이니는 성전聖戰에 나설지도 모른다고 경고하는 성명을 발표했지만 그러나 성전에 나서라고 요구하는 것은 자제했다. 호메이니는 이렇게 말했다.

> "내가 나서서 성전을 지시한 바는 없다. 국민의 의지와 법적 기준에 따라 사태가 평화롭게 해결되기를 여전히 바라지만 (현 체제 지지 세력의) 이런 야만적인 행동들을 더는 묵과할 수 없다. 그러기에 왕실 근위대가 골육상잔의 이 살육을 중지하고 막사로 돌아가지 않는다면, 나아가 군 당국이 이런 공격 행위를 막지 못한다면 신에 대한 나의 믿음을 걸고 마지막 결정을 내릴 수밖에 없다고 엄중하게 경고하는 바이다."

그러나 "호메이니는 성전을 선포할 필요가 전혀 없었다. 이란 국민은 이미 성전에 나서고 있었다." 2월 10일 왕실 근위대 소속 군인들은 문제의 공군 기지로 돌아갔지만 대규모 시민들에게 둘러싸인 혁명 지지 반란자들을 제압하진 못했다. 이 무렵 좌익 게릴라들은 테헤란 공군 기지에서 일어난 이 충돌사건의 반란자들을 지원하는 과정에서 눈에 띄는 역할을 맡았다. 무기고와 쓰러진 군인들에게서 탈취한 무기가 청년들에게 넘어가자 반샤 진영의 폭력은 거세졌다. 군중이 탱크

2부 사례 연구

주위에 저지선을 형성한 가운데 탱크 몇 대가 화염병을 맞고 불길에 휩싸였다. 시 외곽에서는 사람들이 군 주둔지를 에워싸고 증원 부대의 테헤란 진입을 막았다. 왕실 근위대 탱크들이 성난(그리고 이제는 고도로 무장한) 군중을 헤치고 지나가며 혁명 지지들과 싸웠다. 탱크의 진격으로 인해 마지막 이틀 동안 시위대 수백 명이 살해당했다.

탱크 부대가 테헤란 군수공장의 포위당한 수비대를 지원하는 데 실패하자 2월 11일에 각 군 참모총장들은 한자리에 모여 국민과 국가 간의 정치적 분쟁에서 군대는 중립을 지킬 것이며 군인들은 주둔지로 돌아갈 것이라고 선언했다. 이 무렵 이란의 이슬람 혁명은 사실상 승리를 거둔 것이나 다름없었다.

혁명 이후의 이란

권력을 장악한 후 호메이니는 리버럴한 반대 세력 지도자 바자르간을 임시 총리에 임명하고 그의 내각을 진보적인 반샤 세력 인사들로 채웠다. 하지만 서로 간에 권력을 공유하기로 한 합의가 혁명 후의 이란에 평화로운 이행 과정의 길을 닦아줄 것이라고 기대했던 희망은 단명에 그치고 말았다. 몇 달 만에 호메이니는 권한 위임을 철회했고 진보주의자들은 내각에서 밀려났다. 진보주의자들은 권력에서 물러난 뒤 혁명 후의 선거 정치에서 배제되었다.

이슬람주의자들과 좌파들 간의 격렬한 충돌은 샤 체제가 무너지기 전부터 있었지만, 혁명 후 더욱 치열해졌다. 호메이니는 혁명 기간 중 내내 이슬람주의에서 벗어났거나 이슬람주의에 반대한 사람들에게 경고를 보냈으며, 좌파 그룹들을 오랫동안 비난했다. 이란 남부의 석유산업 지배권을 둘러싼 경쟁은 이들 집단 사이의 적대감을 더욱 부채질했다. 곧이어 좌파 집단은 테러리스트 폭탄 공격에 의지하기 시작했고, 이슬람주의자들은 체포와 고문 처형을 일삼았다. 1982년에 이르러 이란의 조직화된 좌파는 사실상 근절되고 없었다. 리버럴 세력, 좌파, 민족주의자, 소수민족 모두가 새로운 신정神政 국가를 손에 넣은 급진적 성직자들의 표적이 되었다. 혁명 이후 2만 명에 가까운 사람들이 살해당하고(이슬람 공화국이 인정하는 숫자는 1만 2천 명), 수천 명이 투옥되었다. 10년 뒤 이들 정치범 가운데 4,448명이 아야톨라 호메이니의 명령에 따라 이란 감옥에서 처형당했다.

분석

이란의 샤에 반대하는 세력이 군주제에 맞서 사용한 여러 저항운동의 파급 효과를 평가할 경우 체제를 향해 행사했던 가장 높은 수위의 압력은 대중의 항의와 국민들의 전국적인 파업, 조직화된 비협조에서 나왔다는 점이 자명해진다. 비폭력 저항운동은 국가를 통치 불능으로 만드는 동시에 샤와 나중에는 바크티아르의 사회적, 정치적, 경제적, 군사적 힘의 주된 원천을 체계적으로 제거했다. 비폭력 운동은 성직자, 노동자, 상인, 청년층, 여성, 그리고 그 밖의 그룹들로부터 적극적인 지지를 끌어냈다. 이들의 복종과 자원은 샤 체제의 권력을 유지하게 해준 큰 힘이었다. 이들의 비폭력 저항은 샤를 지켜주는 군대의 악마화를 막아주었으며, 끝없이 계속되는 체제의 억압을 정당화할 수 없게 만들었다.

1971년부터 1979년까지 게릴라들은 산발적 공격을 감행했으나 그들이 준 영향은 미미했다. 1970년대 중반 샤 체제가 게릴라에 대해 대대적인 타격을 가하는 전략이 성공을 거두면서 게릴라들은 그 수가 대폭 감소했을 뿐만 아니라 대중 지지기반 마련에도 실패했다. 서로 다른 무장 분파 사이의 극심한 내부 권력 다툼(무자헤딘은 서로 보복 살인극을 벌인 사건이 있은 뒤 1975년 두 개의 분파로 갈라졌다)도 게릴라 운동의 약화를 부채질했다. 게릴라들은 바크티아르 과도정부의 마지막 며칠 동안 전보다는 좀 눈에 띄는 역할을 했다. 그런데 그들이 투쟁한 이 시기는 공교롭게도 혁명 기간을 통틀어 사상자가 가장 많던 시기와 일치한다.

일부 분석가들은 1970년대 반샤 연합 세력의 사기 진작이 게릴라 운동 때문이었다고 공을 돌리기도 하지만, 그럼에도 게릴라들이 성공으로 끝난 혁명의 맨 앞에 있지는 않았다는 점을 솔직히 인정한다.

> "(게릴라 운동은) 때로 신화를 탄생시킬 만큼 낭만적이면서 영웅적인 측면을 분명히 지니고 있었다. (마르크스주의자든 이슬람주의자든) 게릴라들은 공개적으로 자신들이야말로 혁명운동의 대안이라고 밝혔지만 사실은 그렇지 못했으며, 궁극적으로 국가권력을 장악할 능력도 없었다. 이것이 게릴라 운동이 말해주는 (운동의) 의미라 할 수 있다. 위의 두 가지 경우 모두에서 게릴라 운동은 어느 모로 보나 실패했다. 게릴라들은 혁명운동의 기치 아래 국민을 조직해내지 못했으며, 혁명을 이끄는 데도 실패했다. 그들이 내세웠던 혁명의 대안은 오늘날 부적절해 보인다"(베흐루즈).

이란 인구의 극히 일부(주로 도시 지역의 젊은이들)만이 게릴라가 되어 싸웠던 데 비해 대중은 비폭력 저항운동의 전위가 되었다. 이런 형태의 저항운동은 1977년 말에 시작되어 1978년 여름 이후 급속하게 강화되었는데, 이란 사회 거의 모든 분야에서 대중이 참여했다는 특징을 갖고 있다. 여러 곳에 산재된 울레마−바자리ulema-bazaari 네트워크는 대중 동원을 더욱 쉽게 해주었다. (반체제 운동 희생자들을 위한) 추모식으로 시작되어 곧이어 가두시위의 형태를 띠며 전국으로 확산된 대중 동원은 나중엔 국가 전체를 마비시킨 전국적인 국민 파업으로까지 발전했다. 이란의 반체제 운동은 체제를 지키는 안보군을 공격하기보다는 폭력을 쓰는 혁명가들을 비판했는데, 이것이 민간인이 주도한 반체제 운동으로 하여금 샤의 군인 및 경찰과 비적대적 우호관계를 맺게 했다. 체제는 폭력으로 가두시위에 대응하다가 나중에는 파업에 나선 국민들을 강제로라도 정상으로 돌려놓으려고 안간힘을 썼지만 그 어떤 강압 조치도 협조를 거부하는 다수 국민들을 억누를 수는 없었다. 게릴라들의 공격이 가끔 충격과 혼란을 가져다주기는 했다. 하지만 군주제의 정치적, 경제적, 군사적 권력 기반을 체계적으로 제거해간 것은 대중의 비폭력 저항운동이었다.

비폭력 저항운동의 상대적으로 덜 경직된 이데올로기와 낮은 참여 장벽은 새로운 참여자들을 끌어들이는 데서 무장 투쟁운동을 앞지르는 이점을 안겨주었다. 이란 내의 주요 무장 운동 단체의 하나인 페다인과 무자헤딘은 광범위한 기반을 가진 회원이나 대중의 지지를 확보하지도 유지하지도 못한 채 내부 분열에 휩싸였다. 게릴라 운동에는 마르크스주의 리트머스 시험이 적용되었다. 하지만 대중에 기반을 둔

2부 사례 연구

반샤 연합에는 획일적이거나 딱딱한 이데올로기가 전혀 없었다. 커즈먼이 지적한 대로 지식인들이 지적 자유를 추구했다면 이란 상인들은 주로 상업의 자유에 관심을 보였다. 좌파 세력은 사회정의를 추구했고, 노동자들은 임금 인상과 그 밖의 다른 혜택을 추구했다. 약물을 복용하는 반문화 집단조차 테헤란 북부의 한 공원에 히피-아바드(히피타운)를 만들어 저항운동에 동참했다. 이런 단체들은 "호메이니의 권위가 종교적 지식이나 종교적 열정에서 나온 것이 아니라 실행력을 갖춘 지도자라는 그의 위치에서 나온 것"으로 보았다.

저항운동 참여자들은 신체적인 면에서나, 도덕적 면에서나, 정보면에서 비폭력 저항운동이 상대적으로 낮은 참여 장벽을 지니고 있었기 때문에 이 운동에 기꺼이 몸담았다. 실제로 저항운동에 새로 뛰어든 사람들은 운동에 참여한 이유가 이 운동이 지닌 비폭력적 성격 때문이라고 꼽았다. 대중 봉기에 가담한 한 참여자는 시위 도중에 이렇게 주장했다. "우리는 너무나 많은 폭력에 많은 사상자들이 나오는 것을 보아왔다"(AP 통신의 니콜러스 B. 태트로 기자가 1978년 6월 17일에 콤 거리를 지나는 행인을 붙잡고 가진 인터뷰 내용. 커즈먼, 2004에서 인용). 비폭력 운동 참여자들은 왜 폭력적 운동에 참여하기를 꺼렸는지를 밝혔는데, 그들은 종종 그 이유로 폭력이 지닌 위험, 자신을 희생해 바칠 수 있는지에 대한 의문과 폭력적인 운동의 효과 등에 대한 의문 등을 꼽았다.

성직자들은 운동의 지도자들에게 시위자들이 "샤에게 죽음을!" 같은 선동적인 구호를 외치지 못하게 막아달라는 분명한 목표를 제시하면서 집회를 관리해달라고 부탁했다. 그 대신 시위 참여자들에게는 훨씬 더 많은 사람들이 동참할 수 있도록 좀 더 희망적인 구호를 외쳐

달라고 격려했다. 순수 실용주의의 영향을 받았기 때문으로 보이는데, 호메이니 주변의 성직자들과 진보적인 생각을 가진 반체제 운동의 조언자들은 체제 쪽의 폭력 사용이 옳지 못하고 불법적이라는 인식을 갈수록 더 높여주면서, 반체제 진영이 상대적으로 더 적게 폭력을 사용할수록 반체제 진영에는 더 많은 지지를, 체제 쪽에는 더 적은 지지를 가져다주리라는 것을 이해하고 있었던 것 같다. 참여자들이 가장 많이 공유했던 특징적인 경험은 뼛속까지 실감했던 정부의 탄압이었다. 대부분의 참여자들의 마음을 끈 것은 민병대처럼 위험도가 높은 활동에 가담하기보다는 비폭력 저항을 통해 위험도가 낮으면서 실행할 수 있는 활동에 참여하는 것이었다.

실제로 이란의 비폭력 반체제 운동은 샤의 탄압에 적응하면서 장외 농성 같은 분산 전술을 써왔는데, 이런 능력은 정부의 탄압에도 불구하고 시민들의 많은 참여를 이끌어내는 결과를 가져왔다. 참여 장벽을 낮출 수 있었다. 특히 집에 머물면서도 저항운동에 참여할 수 있었으니, 이는 누구든 운동에 참여할 수 있다는 것을 뜻하는 것이었다.

탄압과 시민 동원 간의 관계는 단순하지도 쉽지도 않다. 하지만 이란 혁명의 경험을 연구한 바에 따르면 체제의 억압은 단기적으로는 항의 활동의 양을 줄일 수 있지만 장기적으로는 훨씬 더 큰 대중운동으로 이어진다는 것을 보여준다. 캐런 레이슬러는 그 이유를 설명하면서 이란의 대중 동원은 반샤 항의 활동을 지원했던 비공식적 연대와 네트워크의 존재를 통해 활성화되었다고 주장한다. 샤에 대한 반대 움직임은 이미 1960년대에 작가, 지식인, 변호사, 판사, 학생 등 진보 세력에 의해 시작됐지만, 그들의 항의 활동은 주로 테헤란에 한정되어 있었다. 이런 세속 집단을 대상으로 한 몇십 년에 걸친 탄압은 그들의 활동을 가두어두었다. 그러므로 1977년까지 이란의 이슬람 사원들은 전국적인 규모에서 대중을 동원할 수 있는 유일한 기관이었다.

이란의 사원 네트워크는 강력한 상인 사회의 지원을 받았는데, 이 네트워크의 활성화는 혁명으로 이어진 대중 동원의 가장 중요한 요소였다. 하지만 이러한 활성화가 자동적으로 이루어진 것은 아니었다. 온건파와 보수파 종교 지도자들은 아야톨라 호메이니와 급진적 성직자들이 결국 혁명 활동에 적극적으로 가담하기를 꺼리는 것은 아닌지 의심의 눈초리로 바라보았다. 사원 네트워크를 대중 동원의 도구로 전환하려면 급진적 성직자뿐만 아니라 상인, 학생, 온건파 정치인들의 동조자를 비롯해 지역 유지들의 압력이 필요했다. 많은 이란인들이 대부분 상인들이 운영하는 지역 종교 단체(하야트 이 마드하비)를 통해 사원과 연결되어 있었다는 사실은 신규 회원 모집 기회를 늘리는 데 기여했다. 레이슬러의 지적대로 하야트는 '급진적 성직자(울라마), 상인, 지식인들 사이의 관계를 돈독히 다지는 개인적, 정치적, 사회적 네트워크'였다. 테헤란에만 1만 2천 개의 하야트가 있었다. 바자리(상인)-울라마 네트워크는 혁명 기간에 보고된 시위 대부분에 많은 사람들을 동원했다. 여러 곳에 산재된 사원 네트워크는 대중 동원에 필요한(그중에서도 특히 호메이니의 연설과 지시 사항이 들어 있는 카세트의 대중 보급을 촉진하는) 효과적인 대화 창구와 자원, 무대를 제공했다.

비판적인 대중 이론이 예측한 대로, 저항운동에 한번 참여해본 사람들이 그 안전성과 성공 가능성을 보게 되자 반체제 운동에 참여하는 사람들의 수는 가속적으로 늘어났다. 당시의 인터뷰와 사건 자료들은 점점 많은 이란인들이 항의운동에 참여하는 동포들의 모습을 지켜보면서 실제로 가담하기 시작했다는 것을 보여준다. 그들은 "참여자들의 숫자를 보고 매우 안전하다는 것을 알았고, 자신들이 옳다고 믿는 것을 실행함으로서 역사를 만들 수 있다고 보았던 것이다." 반샤 운동이 성공할 가능성이 높다는 인식과 함께 보통 사람들도 비공식적 네트워크를 통해 저항이라는 비폭력 활동에 쉽게 참여할 수 있다는 생각이 비폭력 저항운동 참여를 더 수월하게 했다.

체제를 보호해주던 군대가 운동을 진압하라는 명령을 거부하는 순간 샤는 더 이상 권력을 유지할 수 없었다. 하지만 군대가 실제로 복종을 거부할 것인지 아닌지 여부는 저항운동이 폭력을 쓰느냐 안 쓰느냐에 달려 있었다. 1978년 여름 동안 군대는 시위대를 향해 이렇게 속삭였다. "우리는 국민에게 속해 있다. 하지만 우리는 현재 군 복무 중이다. 우리는 현재 어떤 폭력도 사용하지 않고 있으며, 또 총을 쏘고 싶지도 않다." 그런데 만약 저항운동이 폭력을 쓰는 쪽으로 행동을 바꾸었다면 정부의 명령을 따라야 하는 군인으로서의 책임을 충실히 이행했을 것이다.

대학교의 학생 네트워크 또한 젊은 활동가들을 꾸준히 보내주는 저수지 역할을 하여 반체제 진영의 힘이 약화되었을 때 이를 회복시켜주는 역할을 했다. 이 젊은이들은 샤를 상대로 한 저항 활동 참여에 거리낌이 없었다. 호메이니는 여성들에게도 시위 참여를 촉구했다. 이슬람주의자들은 여성의 수수한 복장을 성스럽게 여겼는데, 일부 여성들은 군주제에 반대하는 상징으로 히잡을 착용하기도 했다. 1978년 말, 샤는 파업 중인 석유 노동자, 운송 노동자, 은행원, 언론사 종사자들,

2부 사례 연구

그리고 기타 산업 종사자들을 일터로 다시 돌려보내기 위해 강제력을 사용했지만, 대중의 비협조 앞에서 그런 시도는 아무런 효과도 거두지 못했다. 샤 체제는 수십만 명에 달하는 반체제 활동가들을 체포해 구금하고 싶었으나, 그럴 능력이나 인적 자원도 없었다. 그리고 계엄령 선포 이후 접수한 산업 시설을 효과적으로 관리할 능력도 없었다.

반체제 진영은 다양한 형태의 비폭력 전략을 구사했는데, 그 가운데 하나가 반샤 운동 희생자들을 위한 추모행사다. 희생자들을 위한 40일간의 추모기간이 끝나면 그것은 어김없이 가두시위로 이어졌고, 이것이 항의운동의 지평을 넓혀주었다. 그리고 이와 관련해 혁명의 목적에 이바지하는 형태로 바뀐 문화 행사도 중요한 역할을 했다. 신규 참여자들을 끌어들이고 소규모 대중동원을 하는 데 도움을 주었다. 모아델은 다음과 같이 썼다.

> "시아파의 메타포와 상징, 그리고 종교의식들은 혁명 참여자와 그 지도자들 사이의 효과적인 의사소통 통로가 되었을 뿐만 아니라 체제에 맞서 대중을 동원하는 정치적 메커니즘까지 제공함으로써 사회의 일반적 불만을 혁명적 위기로 바꿔놓았다"(모아델, 1993; 레이슬러, 1996에서 인용).

40일간의 추도 의식은 비폭력 저항운동의 신규 참여자들의 모집 기반인 민간인들을 체제의 탄압에 노출시키는 결과를 가져왔다. 반체제 운동 지도부는 1978년 6월에 대규모 가두시위를 중단하고 이를 (여러 분야에서의) 분산운동 전술로 대체하기로 했는데, 이런 결정은 반체제 진영에서 많은 사상자가 나오는 것을 막고 운동 전술을 다시 조정할 수 있게 해주었다. 곳곳에서 벌어지는 장외 농성, 불매운동, 시민들이 지붕 위에 올라가 구호를 외치는 것 같은 상징적인 행위들은 체제의 폭력으로부터 시민들을 보호해주는 동시에 대중의 운동 참여를 크게 확대시켰다. 1978년 11월에 계엄령이 선포되자 이란 국민들은 전국적인 파업에 들어갔고, 이로 인해 국가와 경제가 마비되면서 바야흐로 분산된 형태의 시민 비협조운동의 효과가 드러나기 시작했다. 샤가 계속해서 미국 정부의 지원을 받을 것이라거나 국민들을 다시 정상으로 되돌려놓기 위해 안보군을 배치했다는 사실은 이제 하나도 중요하지 않게 되었다. 이미 시민 불복종운동의 힘이 국가의 진압 능력을 무력화시켰던 것이다.

혁명 기간에 무장 투쟁을 하지 않도록 억제한 의식적인 노력은 반체제 진영이 시민들의 운동 참여를 유지케 하고 확장시키는 데 크게 기여했다. 호메이니와 그 추종자들은 준군사조직이 있었는데도 이를 동원하지 않았다. 1978년에 콤에서 학살사건이 자행되었음에도 불구하고, 혁명을 앞두고 몇몇 이슬람주의자들이 팔레스타인 해방기구에서 군사훈련을 받고 콤 등지에서 지하 세포조직을 만들었음에도 불구하고 무장단체의 동원을 자제했다. 1979년 반체제 활동가들이 체제에 대해 좀 더 공격적으로 대결할 것을 요구하며 호메이니에게 "우리에게 무기를 달라," "기관총에 대한 대답은 기관총이다"라는 구호를 외쳤을 때도 호메이니는 계속 그들을 만류했다. 그는 무자헤딘에 특사를 파견했고, 이후 무자헤딘은 반체제 운동 단체에 격려나 자원 제공을 거의 하지 않았다. SAVAK의 한 보고서를 보면 1979년 1월에 다수의 종교 지도자들이 국민들에게 냉정을 유지하고 안보군을 자극하지 말라고 촉구하는 성명에 서명했으며, 1979년 11월에는 하마단의 전투적인 종교지도자 아사돌라 마다니가 무장 봉기 제안을 단호하게 거절했다는 내용이 나온다.

반체제 진영은 다양한 비폭력 전술을 쓰고, 집중과 분산 방법을 함께 쓰며, 비폭력 원칙을 충실하게 지킴으로써 자칫하면 반체제 운동의 기세를 꺾어놓을 수도 있었던 운동의 과열화를 회피케 하여 샤의 세력으로 하여금 균형을 잃게 만들었다. 곳곳에 분산돼 있는 울레마-바자리(상인) 네트워크와 전술의 혁신은 반체제 진영이 체제의 폭풍 같은 탄압을 견디면서 많은 시민의 참여를 촉진할 수 있게 해주었다.

결론

일반의 인식과 반대로 이란 혁명은 성공한 비폭력 운동의 본보기다. 샤에 반대하는 비폭력 시민운동은 수백만 명의 시민들을 운동에 끌어들였다. 시민들은 폭력을 쓰지 않음으로써 샤의 안보군에게 직접적인 위협을 가하지 않았다. 이런 시민 저항운동은 폭력을 쓴 페다인과 무자헤딘 운동과 비교되는데, 이들 폭력 운동은 소수의 운동으로만 남아 별다른 성과를 거두지 못한 채 쉽게 진압되고 말았다.

〈표 4-1〉은 비폭력 운동과 폭력적 운동의 메커니즘과 성과를 비교 요약한 것이다. 하지만 이란 혁명은 성공한 비폭력 시민운동이 민주주의가 아니라 억압적인 신정神政 국가로 끝남으로써 흥미로운 이론

<표 4-1> 이란의 비폭력 및 폭력적 운동 비교

	비폭력 운동	폭력적 운동
참여 인구(추정치)	약 2백만 명	최대 5만 명
주된 참여층	중산층	도시 남성 청년층
	진보적 지식인	마르크스주의자
	시아 이슬람교도	
	성직자	
	학생	
	여성	
	노조원	
	석유 노동자	
	전문 직업인	
	마르크스주의자	
보안군의 충성심 변동	그렇다	아니다
전술적 다양성	명확하다	불명확하다
외부 국가 지원	없다	없다
국제적 제재	없다	없다
체제 탄압의 효과	역효과	억제
결과	성공	실패

적 수수께끼를 남겼다. 이러한 결과는 시민들의 저항운동과 민주적 이행 간의 관계에 대한 일반적인 가정에 도전장을 내민다. 최근 들어 권위주의 정권을 무너뜨리고 정권을 바꾼 수많은 사례가 있었는데, 그가운데 대부분은 비폭력 시민운동에 의해 이룩된 것이다. 지난 30년 동안에 일어난 67건의 사례 가운데 50건이 비폭력 시민운동에 의한 것이었다. 비폭력 시민운동은 민주주의로 이행하는 과정에서도, 그 후에도 희생자(사망자)를 더 적게 내는 경향이 있다.

다만 1979년의 이란 혁명은 어느 모로 보나 그러한 추세에서 벗어난다. 샤의 지배를 끝내자는 목표 아래 하나로 뭉쳤던 정치 및 종교세력의 연합은 군주제가 붕괴된 뒤 약 1년 만에 폭력적으로 무너졌다. 종교적 온건파와 세속적 민족주의자들은 혁명이 끝나면 이슬람주의는 열외로 밀려날 것이라고 믿었지만 실상은 그렇지 않았다. 그 대신 급진적 성직자 집단이 권력을 잡고 반대 의견을 조금도 용납하지 않으면서 민주적 통치 원리를 거부했다.

혹자는 이런 결과를 다음과 같이 설명할지도 모르겠다. 비폭력 시민운동의 지배적인 이데올로기가 호메이니라는 단 한 사람에게 권력이 집중되어야 한다는 것을 강조했기 때문이라고. 이란의 반체제 세력은 강한 반샤 정서를 중심으로 뭉쳤지만, 샤 정권 이후 서로 공유할 비전을 중심으로 통합하는 데에는 실패했다. 더욱이 폭력적인 좌파의 존재는 이란의 새로운 체제에 세속 시민사회의 반대 목소리를 제거할 수 있는 구실을 주었다. 망명 중인 혁명지도부는 봉기에서 큰 역할을 담당했다. 그 결과 이란의 새 체제는 샤 이후 민주적 국가를 건설할 반체제 진영의 다양한 분파에서 나오는 지속적인 헌신에 의존하기보다는 호메이니의 카리스마를 중심으로 전개되었다. 그런 만큼 혁명은 샤 이후의 비전에 대해 논의할 기회를 거의 갖지 못했다. 온건한 이슬람주의자와 세속적 반대 세력은 바자르간을 뒷받침할 광범위한 기반을 가진 운동을 조직할 수 없었고, 그 결과 바자르간은 급진적 성직자들에게 곧바로 축출당했다. 1980년에 일어나 1989년까지 지속된 이란-이라크 전쟁은 아야톨라들의 권력을 더욱 강화시켜주었다.

이란 혁명운동의 이러한 성격은 승리를 거둔 후 저항운동의 이데올로기가 어떤 정치적, 사회적 환경을 빚어내는지를 보여줄 뿐만 아니라, 이행 이후 민주주의를 다지는 과정에서 폭력적 주변 집단의 문제가 무엇인지도 여실히 보여준다. 이란의 경우 혁명 후의 이행과정은 비폭력 저항운동의 복잡성이 어떤 것인지 보여주며, 시민 저항운동은 늘 민주주의의 강화로 이어진다는 인식에 이의를 제기하기도 한다. 때로 비폭력 혁명은 대중운동 전체의 이익을 대변한다고 볼 수 없는 집단이나 개인에게 힘을 실어주기도 한다.

그러나 8장에서 살펴보듯이 민주주의 정부는 대부분 비폭력 시민운동이 추구한 것을 따른다는 점에서 혁명 이후에 등장한 이란의 권위주의 체제는 예외적인 것일 뿐이다. 반샤 저항운동이 지니고 있었던 비민주주의 이데올로기와 조직은 신권 정치를 표방하는 독재 권력의 피비린내 나는 유혈사태와 권력 강화가 어떻게 가능했는지를 설명해준다. 이란 혁명의 이러한 특징은 일단 성공하긴 했으나 또다시 권위주의 체제에 자리를 내주고 만 시민 저항운동의 다른 사례들을 설명하는 데 도움이 될지도 모르겠다.

5장

1차 팔레스타인 인티파다, 1987~92

1987년 12월에 시작된 1차 인티파다INTIFADA는 요르단 강 서안West Bank

[요르단 강 서쪽에 있다 하여 요르단 서안 지역이라 불린다. 이스라엘이 많은 부분을 점

령하고 있다. 이 지역의 약 11%(A 지역)를 팔레스타인 자치정부가, 28%(B 지역)를 이스

라엘과 팔레스타인이 공동관리하고, 나머지 61%를 이스라엘이 관리하고 있다. 이 지역

에 팔레스타인인이 약 2백75만 명 살고 있다. 1974년 이곳에서 팔레스타인 해방기구가

결성되었다. 국제사회는 이 지역의 이스라엘 점령을 인정하지 않고 있다—옮긴이]과

가자지구, 동예루살렘에 대한 이스라엘의 점령에 항거하는 팔레스타

인의 대중 봉기였다. (말 그대로 '뒤흔든다'는 뜻의) 인티파다는 가자의 한 난

민 수용소에서 자발적으로 터져 나와 순식간에 점령지역 전역으로 확

산되었다. 1차 인티파다는 다양한 대중 참여와 그것이 미친 범위, 강

력함, 상대적인 비폭력성 때문에 팔레스타인 사회를 뒤흔들고 이스라엘과의 관계에까지 큰 영향을 준 이례적 사건으로 기록되었다. 인티파다의 처음 18개월은 매우 성공적이었다. 하지만 인민봉기는 결국 분파 갈등과 폭력에 발목이 잡혀 목표를 모두 달성하는 데에는 실패했다.

어떤 사람들은 1차 인티파다가—적어도 초기와 가장 활발했던 시기에—주로 비폭력적이었다는 점에 의문을 품을지도 모른다. 이 운동을 비판하는 사람들은 1차 인티파다 이전과 이후의 피비린내 나는 투쟁을 보고 이 운동 역시 폭력적인 운동이었다고 주장할지 모른다. 많은 사람들이 1차 인티파다 기간에 발생한 이스라엘 군대와 팔레스타인 시위대의 폭력적 대치뿐만 아니라 팔레스타인 젊은이들이 돌을 던지는 모습을 기억하고 있기 때문이다.

인티파다의 이런 이미지는 1차 인티파다 운동의 97% 이상이 비폭력적이었다는 이스라엘 방위군IDF의 보고서를 무색하게 한다. 즉 대중시위, 파업, 불매운동, 기타 저항 및 시민불복종운동 등에서 비폭력적이었다는 사실을 흐려놓고 있다는 것이다.

1990년 이후의 인티파다 운동에서는 팔레스타인인들이 이스라엘에 대해 (그리고 동족인 팔레스타인 사람들에 대해서도) 고립된 폭력을 사용한 것이 사실이지만, 1차 인티파다 운동의 주요 활동이 돌팔매질을 하는 투석 행위였다고 말하는 것은 정확한 것이 아니다. 하지만 대부분의 이스라엘 언론과 국제 미디어가 주로 관심을 가진 것은 이런 돌팔매질이었다.

1차 인티파다 운동에는 이 운동 전에 있었던 팔레스타인 해방기구Palestine Liberation Organization: PLO의 저항 형태와 비교할 때 무언가

〈표 5-1〉 서안과 가자지구에서 팔레스타인인들이 일으킨 소요

	비무장 시위 사건	총격 사건	화기가 동원된 사건 비율
1988	23,053	38	0.16%
1989	42,608	102	0.24%
1990	65,944	158	0.24%
1991	30,948	262	0.84%
1992	24,882	344	1.36%

출처 : 펄먼(2009 ; 14), 이스라엘 방위군 대변인실의 봉기 개시 이후 유대, 사마리아, 가자 지구의 사건 자료 (예루살렘, 1992년 12월 ; 6-7)에서 인용.

다른 점이 분명히 있었다. 즉 이러한 형태의 운동이 이스라엘의 진압을 어렵게 하고 팔레스타인 사람들로 하여금 일시적으로라도 도덕적으로나 전략적으로 유리한 고지에 서게 할 수 있는 더 강력하고 효과적인 저항운동이라는 것을 보여준 것이다.

많은 사람들은 이스라엘이 팔레스타인 인민들의 봉기를 가혹하게 진압하고 온건파 팔레스타인 지도자들의 설자리를 잃게 했으며, 인티파다를 마침내 폭력의 혼란 속으로 몰아넣었다고 비난한다. 하지만 인티파다 내에도 심각한 결함이 있었다. 젊은이들이 돌을 던지지 못하도록 확신시키지 못한 지도부의 무능력, 세속 분파와 이슬람주의 분파 간의 분열, 서로가 서로에게 가한 폭력, 그리고 PLO의 무모한 행동 등이 그것이었다. 인티파다가 결국 실패로 끝난 이유를 밝히는 것도 나름대로 의미가 크다는 점에서 이러한 결함들은 깊이 들여다볼 필요가 있다. 인티파다의 초기와 중기 운동은 대중과 인민이 다수 참가한 운동으로, 이 운동이 그 기간에 성공을 거둘 수 있었던 것은 팔레스타인

인민이 비폭력 전술을 압도적으로 신뢰했기 때문이었다. 이러한 형태의 운동은 적어도 18개월 동안은 이스라엘과 미국의 양보를 얻어낼 만큼 효과적인 것이었다.

이스라엘의 점령에 맞서는 저항의 기원(1967~87)

1967년 6일 전쟁 당시 이스라엘 군대는 요르단 강 서안과 가자지구를 점령했다. 이 지역은 팔레스타인인들이 많이 살고 있었지만 1948년 이래 요르단과 이집트가 각각 통치하던 곳이었다. 요르단 강 서안과 가자지구, 동예루살렘에 대한 이스라엘의 점령은 전면적인 것이었다. 점령된 지역들에서는 1,400건이 넘는 군사 명령이 집행되면서 팔레스타인인들의 삶의 거의 모든 면을 통제했다. 당시 이스라엘의 법은 모든 '테러리스트 활동'을 금지했는데, 이 법은 팔레스타인 사람들의 구호 쓰기, 낙서하기, 민요 부르기, 승리의 표시 해보이기, 팔레스타인기 내걸기, 돌 던지기, 타이어 태우기, 시위하기, 정치적 집회 열기 등 거의 모든 행동을 '테러리스트 활동'으로 규정했다. 이스라엘 당국은 1차 인티파다가 있기 전과 인티파다 기간에 이런 이유들로 50만에 가까운 팔레스타인인들을 체포하거나 구금했다. 점령지는 경제적으로 이스라엘에 완전히 종속되어 있었다. 팔레스타인 제품은 이스라엘 안으로 전혀 들어갈 수 없었고, 점령지로 수입되는 모든 제품의 90% 가까이가 이스라엘에서 왔다.

1977년, 이데올로기적으로 '더 위대한 이스라엘'을 고수하는 이츠하크 샤미르가 이끄는 이스라엘 우익 정당 리쿠드당이 정권을 잡자 이스라엘 주민 정착 확대 사업에 착수했다. 초정통파 이스라엘 유대 정착민 조직인 구쉬 에무님이 요르단 서안 대부분을 가로지르는 식민지 건설의 '긴 행렬'에 선봉으로 나섰다. 이러한 정책은 대부분의 팔레스타인인들에게 이스라엘의 점령은 잠정적인 성격을 넘어선 것으로, 이제 하나의 민족으로서의 존재 자체가 위협을 받게 되었다는 확신을 심어주었다.

점령지의 팔레스타인인들은 비폭력 직접 행동이라는 형태의 초창기 운동에 돌입했다. 이스라엘 당국이 요르단 서안 학교들에 이스라엘 커리큘럼을 부과하려고 하자 팔레스타인 학부모와 교사들은 무기한 파업에 들어갔다. 석 달 뒤 이스라엘 당국과 협상을 벌인 끝에 학교들은 다시 문을 열고 이전의 커리큘럼을 다시 쓰게 되었다. 한편, 이 시기에 팔레스타인인들은 학생조직과 직업인 단체, 사회적 및 문화적 협회 등 풀뿌리 조직을 만들었다. 이들 조직은 팔레스타인 민족주의를 고취하고 강화하는 한편 팔레스타인 밖에 있던 지도부인 팔레스타인 해방기구PLO를 지원했다. PLO는 팔레스타인의 범국민적 열망을 대표하는 유일한 기구였다.

PLO의 무장 투쟁

망명 중인 팔레스타인 지도부 PLO는 점령군에 맞서 무장 투쟁에 전념했다. 1964년에 창설된 PLO는 민족주의를 표방하는 준군사 정치조직으로 크게 4개의 정파, 즉 파타Fatah, 팔레스타인 해방 민주전선 Democratic Front for the Liberation Palestine: DFLP, 팔레스타인 해방 인민전선Popular Front for the Liberation Palestine: PFLP, 팔레스타인 공산당Palestine Communist Party: PCP으로 구성되어 있었다. 야세르 아라파트와 칼릴 알-와지르(아부 지하드)를 비롯해 파타의 핵심 인물들이 PLO를 지배했다. 4개 정파가 PLO라는 단일 조직 안에 통합되었지만 서로 다른 PLO 분파 사이에는 이데올로기의 차이뿐만 아니라 해방운동의 궁극적 목표와 전략을 둘러싸고 관점의 차이가 있었다.

인티파다 이전의 PLO가 이끄는 팔레스타인 망명정부는 다른 나라의 반식민투쟁, 그중에서도 특히 알제리의 독립투쟁을 팔레스타인 해방투쟁의 모델로 보았다. 따라서 초창기에는 "무장 투쟁이 운동을 이끄는 매우 중요한 교의tenet가 될 수밖에 없었다." 1968년 팔레스타인 민족평의회에서 초안한 팔레스타인 국민헌장 제9조는 팔레스타인 해방은 오로지 무장 투쟁만을 통해 달성될 수 있다고 명시했다. 이스라엘 군 역사가 쉬프Schiff와 야리Ya'ari는 아라파트와 아부 지하드에 대해 다음과 같이 썼다.

"1967년 이후 그들은 점령지 주민들이 팔레스타인 민족해방투쟁의 최전위가 될 수 없다는 가정에 따라 행동했다. 주민들이 이스라엘 당국과 심각한 대치 상황이 발생해 위험에 빠지는 것을 원치 않기 때문이라는 것이었다. 그들이 얼마나 엄청난 실수를 저질렀는지 깨닫기까지는 오랜 시간이 걸렸다."

가자지구 내에서뿐만 아니라 레바논, 요르단, 시리아 등의 기지에서 여러 종류의 게릴라 기습과 테러리스트 공격을 감행하여 팔레스타인을 점령한 이스라엘군과 대치했다. PLO는 1974년 UN의 승인을 받고 아랍연맹 회원국들로부터도 인정을 받는 등 더러 실질적인 승리를 거두기도 했지만, 이스라엘에 맞서 폭력을 행사하고 이웃 국가들의 무장 투쟁에 가담함으로써 갈등을 확대하고 이스라엘의 보복을 더욱 자극하는 결과를 가져왔을 뿐이었다.

1970년의 검은 구월단 사건으로 PLO는 요르단에서 쫓겨났으며, 그 뒤 레바논에 본부를 세우고 레바논의 내전에 뛰어들었다. 1991년의 마드리드회의 때까지 이스라엘과 미국은 PLO를 테러리스트 조직으로 간주했다. 그러다가 점령지에 사는 팔레스타인인들이 이끄는 다른 형태의 대중 투쟁이 등장하고 나서야 팔레스타인에 대한 외교적 승인이 다시 회복되었다. 그 후 PLO는 온건노선으로 입장을 바꾸고 위험risk을 회피하는 쪽으로 방향을 바꾸었다.

1차 인티파다

PLO는 레바논에서 여러 차례 참담한 패배를 당했다. 처음엔 레바논의 마론파 기독교 민병대와 싸우다가, 1982년엔 이스라엘과 싸우다가 패배했다. 당시 이스라엘은 6개월 동안 공세를 벌여 수천 명의 PLO 전사들을 도주하게 만들었다. 1982년, PLO는 튀니지아의 수도 튀니스로 근거지를 다시 옮겨야 했다. 레바논 난민수용소에 남아 있던 PLO 동조자들은 1988년까지 이어진 이른바 '난민촌 전쟁'에서 시리아가 지원하는 아말 민병대에 맞서 계속 싸웠다.

점령지에서 생활하는 팔레스타인인들은 아랍 군대도 PLO도 이스라엘의 점령으로부터 자신들을 해방시키지 못하리라는 점을 인식하기 시작했다. 1987년 11월 요르단 암만에서 열린 아랍 정상회담에서 아랍 지도자들은 PLO를 완전히 무시한 채 팔레스타인 문제를 주요 의제에서 빼버렸다. 그런 가운데 1988년까지 140곳이 넘는 유대인 정착촌이 14만 명 이상의 인구와 함께 점령지 안에 들어섰다.

봉기에 불을 지핀 결정적 사건은 1987년 12월 7일 가자지구의 제발리아 난민 수용소 근처에서 발생했다. 이스라엘군 차량이 이스라엘에서 일하는 팔레스타인 일용직 노동자들을 싣고 가는 차와 충돌하는 사고로 팔레스타인인 네 명이 숙고 여덟 명이 크게 다쳤다. 사고 소식은 가자와 요르단 강 서안의 난민 수용소에서 대중시위를 촉발시켰다. 자발적으로 봉기한 팔레스타인인들은 자신들의 깃발을 게양한 가운데 타이어를 불태우고 군인들과 집단적으로 대치했다. 봉기는 순식간에 서안과 가자의 다른 지역으로 번져 나갔다. 민중 동원이 이루어진 속도는 이스라엘 군대가 누가 항의운동을 선동하고 있고 또 언제 어디서 일어날지도 파악할 겨를도 없이 빨랐다. 이 인티파다 운동이 일어나고 일주일 뒤 이스라엘 고위 군 장교들은 팔레스타인인 지도자들을 만났다. 그 자리에서 팔레스타인 지도자들은 인민들의 봉기는 이미 자신들의 통제권에서 벗어나 대중의 손에 넘어가 있다고 주장했다.

깜짝 놀란 이스라엘과 팔레스타인 해방기구

이스라엘 정부와 군대는 봉기 소식에 아연실색했다. 이와 관련해 쉬프와 야리는 다음과 같이 썼다.

"저항을 통해 팔레스타인인들은 세 번째 전선을 만들어냈다.…… 이스라엘로서는 그저 속수무책일 수밖에 없었던 일종의 새로운 전쟁을 개시했다. 군대의 일반적인 진압 수단으로는 이런 종류의 저항을 다룰 수 없기에 이스라엘 방위군IDF은 전력 배치나 전투 수칙은 물론 심지어 기본 장비의 비축이라는 측면에서도 전혀 준비가 되어 있지 않았다. 그 결과 이스라엘은 하룻밤 사이에 자신의 약점을 모두 드러내고 말았다. 정말 놀라운 일이 아닐 수 없었다".

인민봉기의 힘과 강도에 PLO도 놀라기는 마찬가지였다. 튀니스의 PLO 지도부는 인티파다의 중요성을 깨닫고 인민봉기를 지휘하기 위해 재빨리 움직였다. 1988년 1월 아라파트의 부관으로 점령지에서 파타Fatah의 활동을 조율하던 아부 지하드는 전장戰場이 이미 바뀌었다는 점을 인정하지 않을 수 없었다. 인민봉기가 일어나고 나서 몇 주 동안 그는 점령지의 파타 추종 세력을 결집해 봉기에 합류시킴으로써 저항운동의 범위를 확대하는 일에 매달렸다. 그 뒤 이스라엘 특공대원들은 아부 지하드를 암살했는데, 그때까지 그는 대중적으로 가장 인기 있는 팔레스타인 지도자이자 인티파다 이후 몇 달 동안 팔레스타인의 안과 밖을 잇는 다리이기도 했다.

인티파다는 곧이어 인민대중에 기반을 둔 조직적 저항으로 옮겨 갔다. 여기에는 앞서 20년에 걸쳐 착실히 추진해온 정치적 조직화의 힘이 컸다. 전과는 다른 새로운 팔레스타인 지도부가 등장했다. 나이 든 세대에 비해 대학 교육을 받고 민족주의를 추구하면서도 민주주의 성향이 강한 새로운 팔레스타인 지도부가 힘의 중심이 되었다. 로빈슨Robinson은 1977년 이렇게 썼다.

"이 새로운 엘리트의 부상으로 권위가 사회의 아래쪽으로까지 확산되면서 기반이 전보다 훨씬 더 공고해졌다. 이는 매우 중요했다. 점령군과 대결하려는 초창기의 시도는 대개 실패로 끝났다. 그 이유는 팔레스타인 사회의 권위가 맨 꼭대기의 소수의 사람들에게 집중되어 있었기 때문이다. 상징적으로 말해 맹수의 대가리를 잘라내듯 이스라엘이 소수의 지도자들을 제거하면 반란은 쉽게 무너져버렸다. 초기의 반란이 그러했다. 그러나 인티파다 운동에서는 지도자 몇 명이 체포되면 그 즉시 또 다른 지도자들이 뛰어나왔다."

인티파다 운동이 시작된 후 전 지역을 망라한 주민위원회 네트워크가 만들어졌다. "주민들의 필요를 해결해주고 이스라엘과 그들이 임명한 사람들이 맡아왔던 서비스 일부를 제공하는 대안적 하부 조직들을 만들기 시작한 것이다. "가까운 이웃에서부터 시작해 마을, 지역, 그리고 모든 지역으로 조직을 확대해나갔다. 주민위원회에는 교육위원회, 의료구호위원회, (지역사회에 기반을 두고 갈등을 해결하는) 사회개혁위원회, 농업위원회, 상인위원회, 그리고 수비guard위원회 같은 것들이 있었다. 수비위원회는 이스라엘 군인과 주민들의 공격 동향을 미리 알려주고 경찰의 부재로 인한 법과 질서의 공백을 메꾸는 일을 맡게 돼 있었다.

1988년 봄까지 팔레스타인의 도시, 마을, 수용소마다 주민위원회가 설치되었다. 분파 노선에 따라 성격이 조금씩 달랐던 이들 위원회는 각각 PLO 4개 분파 중 하나와 느슨하게 연결되어 있었다. 이스라엘 교도소 안에서 유능한 조직가로 거듭난 정치범들은 석방된 뒤 이들

위원회에 지대한 영향을 미쳤다. 이에 이스라엘 정부는 주민위원회를 금지하고 거기에 참여할 경우엔 10년 징역형에 처한다는 처벌 조항을 만들었다. 그러나 탄압 앞에서도 불법적인 비슷한 조직들이 계속해서 활발하게 만들어졌다.

통합민족봉기지도부

인티파다가 시작된 지 한 달 만에 점령지 안의 PLO 4개 분파 비밀 지부들이 한자리에 모여 통합민족봉기지도부United National Leadership of the Uprising: UNLU를 결성했다. UNLU는 조직화된 저항운동의 지역 구심점이자 각 지역 주민위원회 지도자와 외부의 PLO를 연결하는 매개자이기도 했다. UNLU 핵심 지휘부는 PLO 4개 분파를 각각 대표하는 4인으로 구성되었다. PLO와의 접촉과 조율은 각 분파의 의사소통 통로를 통해 이루어졌다. 지휘권은 돌아가면서 맡았고, UNLU 지도자들은 체포나 강제 추방, 암살을 피해 점령지 안에서 장소를 옮겨 다녔다.

　　UNLU는 점령지의 팔레스타인인들에게 정기적으로 소식지를 배포함으로써 자신의 존재를 계속 드러냈다. 번호가 매겨진 짧은 소식지들은 2주에 한 번씩 요르단 서안과 가자지구의 거리 구석구석마다 배포되어 저항운동을 조율하고 구체적인 행동지침을 알려주었다. 여기엔 경제 파업, 이스라엘 제품에 대한 불매운동, 팔레스타인인들의 이스라엘 민간행정직 사임, 팔레스타인 정치범들의 처우에 대한 항의, 농업의 자급자족 증진 등에 대한 행동지침들이 포함되어 있었다. 이와 관련해 한 팔레스타인인은 처음 몇 달 동안의 인티파다 운동에 대해 이렇게 말했다. "요르단 서안과 가자지구에 사는 사람들은 이 소식지에 실린 말들을 단 한 마디도 빼놓지 않고, 마치 성스러운 글이라도 대하듯 그대로 따랐습니다."

UNLU는 1988년 1월 18일에 나온 3차 소식지에서 튀니스에 있는 PLO와의 직접적 관계를 분명히 밝혔다. 이후의 소식지들엔 모두 'PLO/UNLU 발행'이라고 적혀 있었다. PLO 4개 분파 지도자들이 만나 소식지의 내용을 논의하고 결정했지만 관할 지역의 소식지 원고를 작성하고 이를 배포하는 책임은 각 분파와 그 지도부가 졌다. 분파 간의 차이는 전술의 차이로 이어졌고, 더리 완전히 다른 소식지들이 발행되기도 했다. 튀니스의 PLO와 팔레스타인 현지 지도자들이 늘 의견을 같이했던 것은 아니다. 그중에서도 폭력을 사용하는 문제는 불협화음이 가장 심했던 분야 중 하나였다. PLO는 팔레스타인에서 사망자가 한 명 나오면 이스라엘에서도 똑같이 사망자가 한 명 나와야 한다고 촉구하는 소책자를 배포했지만 풀뿌리민중은 아무런 반응을 보이지 않았다. 인티파다 참여자들은 나중에 인터뷰에서 비폭력 수단이 더 큰 성공으로 이어졌다고 생각하며, 지도부가 권고하는 대로 비폭력 방법을 포기할 의사가 전혀 없었다고 말했다.

PCP(팔레스타인 공산당)는 지도부가 이스라엘 군과 마주칠 경우 비폭력 원칙을 지키라고 강조했다는 점에서 특별했다. 정치적으로 PCP는 처음부터 1967년 국경선을 기준으로 이스라엘 국가를 인정해야 한다고 주장했다. PLO 전체에서 이렇게 주장한 분파는 PCP밖에 없었다. PCP는 테러리즘과 거리를 두면서 인티파다의 확대를 주장하는 한편, 지역 개발과 대중 동원의 중요성을 강조했다. 팔레스타인 정파 가운데 유일하게 핵심 지도부가 점령지 안에 있었던 PCP는 1970년대 들어 자발적 근로위원회의 형태로 주민위원회의 모델을 제시하기도 했다. 이와 관련해 후사인 바르구티는 다음과 같이 지적했다. "자발적 근로위원회의 소박함, 능률, 융통성, 민주주의, 지도력의 분산화는 봉기 과정에서 주민위원회의 형성에 영감의 원천으로 작용해왔다."

이스라엘 분석가들도 이에 동의하는 듯 다음과 같이 말했다.

> 공산당은 점령지의 그 어떤 조직보다도 신속하게 대처했다. 일단 명령이 떨어지면 효율적으로 이행했다. 활동가들은 (가면 없이) 시위에 참여하되 자신들에게 관심이 쏠리게 해서는 안 되며, 시위가 폭력이 되지 않도록 선을 넘지 말라는 지시를 받았다. 무엇보다도 활동가 전원에게 혼란을 수습하고 주민들을 지도할 지역위원회 설치부터 서두르라는 지시가 떨어졌다.

하지만 PCP는 역사적인 디아스포라 저항 단체 중의 하나가 아니었고, 1974년에야 PLO에 가입했다. 이 단체의 공산주의 이데올로기는 수많은 팔레스타인 사람들, 그중에서도 특히 독실한 무슬림을 멀어지게 만들었다.

이스라엘 당국은 통행금지령을 내리고 UNLU의 주요 인사들과 주민위원회의 지도부, 불법화된 여론조사기관, 금지된 아랍어 신문사, 폐쇄된 자선단체 관계자들을 조직적으로 체포했다. 이스라엘 행정당국은 주민위원회가 발족시킨 사업들과 기반시설 대부분을 파괴하고 지상의 조직 활동을 거의 불가능하게 만들어버렸다.

이스라엘의 팔레스타인 시민들

이스라엘의 아랍 시민들, 즉 1948년 이후 이스라엘 시민이 된 팔레스타인인들(아랍-이스라엘인들)은 점령지의 팔레스타인 주민들에게 심정적으로 동조했지만 봉기에 연루됐다가 무슨 화라도 입을까봐 불안해했다. 인티파다 운동이 일어나자 아랍-이스라엘인들은 후원단체를 결성해 점령지에 식량과 의약품을 보냈다. 시간이 지나면서 그들은 인티파다와의 결속을 보여주기 위해 1987년 12월에 대규모 '평화의 날' 행진을 벌였고, 뒤이어 항의집회를 열었다. 하이파와 나자렛에서도 아랍-이스라엘인 수만 명이 시위를 벌였다. 그들은 기금을 모으고 헌혈운동을 벌였으며, 포위된 난민촌에서 생활하는 팔레스타인인들의 딱한 처지를 세상에 알리는 운동을 조직하기도 했다. 동예루살렘 상점가에서는 소책자들을 몰래 인쇄했고, 이스라엘의 몇몇 팔레스타인 시민들은 PLO에 돈을 송금하는 은행계좌를 개설하기도 했다.

이스라엘 정부는 점령지의 팔레스타인인들과 이스라엘 내 팔레스타인 시민들의 친교 같은 인티파다 운동의 여파가 이스라엘로 유입될까봐 두려워했다. 무산된 귀환선 사건은 이스라엘의 이런 불안을 여실히 보여준 것이었다. 1988년 2월 PLO는 1948년 이후 키프로스로 강제 추방된 팔레스타인인 130명을 하이파로 수송할(귀환시킬) 선박을 한 척(솔프리네호) 구입했다. 이 운동의 목적은 강제로 추방당한 팔레스타인 사람들의 비참한 상태에 대한 국제적인 관심을 높이려는 것이었다. 특히 이 시점은 1988년 1월 UN 안보리가 이스라엘에 대해 팔레스타인인들을 추방하기로 한 결정을 철회하라고 촉구하는 결의안을 채택하고 미국이 이를 지지한 때였다.

저명한 팔레스타인 출신 시장들, 대학교 총장들과 기타 팔레스타인 지역 유지들을 비롯해 많은 팔레스타인 사람들이 배에 탔다. 그리고 3백 명의 취재진과 미국의 유대인 사회 인사들, 미국 국회의원 한 명, 유대 및 아랍-이스라엘인 평화 활동가들을 비롯해 내외 귀빈 2백 명도 이 운동에 동참했다. PLO 집행위원회 위원이자 전 요르단 강 서안 시장이었고 1980년에 강제 추방당한 바 있던 모하메드 밀헴은 언론에 이렇게 선언했다. "우리는 총 없이, 폭탄 없이, 심지어는 돌멩이도 없이 (조국 땅으로) 돌아가기로 결정했습니다."

이스라엘 총리 이츠하크 샤미르는 이 항해를 '전쟁 선포'로 규정하면서 배에는 "살인자와 테러리스트 등 우리 모두를 죽이고 싶어 하는 사람들이 잔뜩 타고 있다"라며 무슨 수를 써서라도 배가 하이파 항에 들어오지 못하게 막겠다고 맹세했다. 솔프리네호가 키프로스를 출발하기로 한 날을 하루 앞두고 기뢰가 배 밑바닥에 구멍을 뚫어놓는 바람에 출항은 무산되었다. 이스라엘의 정보기관 모사드가 한 짓이었다. 이에 대해 쉬프와 야리는 다음과 같이 썼다. "인티파다 기간을 통틀어 몇 안 되는 승리 중 하나를 거두면서 이스라엘은 혼란을 조성하려는 PLO의 계획을 저지했을 뿐만 아니라 이스라엘의 아랍 시민들과 군대 및 경찰 사이에 발생했을 수도 있었을 폭력 충돌을 미리 차단했다. 그 뒤로 PLO는 이스라엘 내 팔레스타인 시민들의 적극적 참여를 필요로 하는 비폭력 운동은 두 번 다시 시도하지 않았다."

이슬람주의의 도전

인티파다 운동 초기에는 팔레스타인 민족주의 분파의 세력이 가장 강했지만 봉기가 진행되면서 이슬람 운동이 힘을 얻기 시작했다. 요르단 서안과 가자지구에서 제일 규모가 큰 이슬람 단체인 무슬림 형제단은 사회생활을 이슬람식으로 다시 바꾸어야 한다는 기치를 내걸고 여러 아랍 국가에서 채택한 세속적 국가 정책에 적극 반대하는 한편 서구의 식민주의와 시오니즘을 대놓고 거부했다.

무슬림 형제단과 그 하위 조직인 이슬람 지하드와 이슬람 저항운동(하마스)은 더 큰 이슬람 세계와의 연대 아래 이슬람 법(샤리아)이 통치하는 이슬람 팔레스타인 건설이라는 목표를 갖고 있었다. 이슬람운동이 표방하는 이데올로기와 가르침의 핵심은 팔레스타인은 심판의 날까지 무슬림에게 맡겨진 이슬람의 땅이라는 것이었다. 따라서 팔레스타인인이든 누구든 이 땅을 분할할 권리가 없으며, 그중 단 한 뼘도 이스라엘(이나 그 외 비무슬림 세력)에 양도되어서는 안 되었다.

인티파다 운동이 일어난 직후 이슬람 단체들은 자체적으로 소책자를 발행하기 시작했다. 1988년 2월 11일에 처음 나온 하마스 소식지는 PLO-UNLU의 소식지와 입장이 많이 달랐다. 특히 인티파다를 민족적 봉기가 아니라 '알-인티파다 알-이슬라미야 알-무바라카,' 즉 '축복받은 이슬람 봉기'로 규정했다는 점에서 그랬다. 1987년 12월 이전의 이슬람 지하드는 이스라엘 점령군에 대항하는 무장 투쟁을 촉구했다. 하지만 일단 인티파다가 시작되자 PLO 분파들과 마찬가지로 이슬람 지하드도 "총과 수류탄, 폭발물의 사용 포기를 약속하고 거리에서 부득이하게 이스라엘 군인들과 대치할 경우 활동 범위를 돌멩이와 화염병 전술로 제한하는 데 대체로 합의했다."

하마스나 이슬람 지하드나 공식적으로 UNLU에 속하진 않았지만 지역 차원에서 민족주의자와 이슬람 지도자들은 서로 협조했다. 하지만 세속적 민족주의자와 이슬람 단체 사이의 관계는 여전히 불편했고, 이스라엘은 그런 긴장을 이용했다. 1980년대 들어 이스라엘 군대는 이슬람주의 활동가들에게 무기를 공급하는가 하면 PLO의 대안으로 이슬람 단체들을 지원하기도 했다.

'힘, 권력, 일격' 정책, 역효과를 낳다

봉기 이후 처음 18개월 동안에 이스라엘 군대와 이스라엘 정착민들은 팔레스타인인 약 650여 명을 살해했다. 1987년 12월 22일 유엔 안보리는 팔레스타인 민간인을 대상으로 한 이런 이스라엘의 과도한 폭력 사용을 비난하는 결의안을 통과시켰다(이에 대해 미국은 거부권을 행사하지 않았다). 1988년 초, 이스라엘 국방부 장관 이츠하크 라빈은 '힘, 권력, 타격' 정책을 도입했다. 이는 한마디로 팔레스타인 저항자들에 대한 폭력을 확대하고 다양한 형태의 집단 처벌을 인가하는 정책이었다. 이스라엘 육군 참모총장 단 숌론은 이 정책을 다음과 같이 설명했다. "그들은 일하러 가지 못할 것이고 생계비를 벌지 못할 것이다. 평화가 우리에게만큼 저들에게도 매우 중요하다는 사실을 깨닫지 못하는 한 각종 인허가와 사업자 등록증도 받지 못할 것이다".

팔레스타인인들에 대한 이스라엘의 과도한 폭력 사용은 언론의 주목을 받다 결국 역효과를 낳았다. 1988년 2월 이스라엘 군인들이 돌멩이와 곤봉으로 팔레스타인 청년 네 명의 사지를 찢어놓는 모습을 보여주는 CBS 뉴스 화면은 전 세계의 공분을 불러일으켰다. 언론에서는 "팔레스타인 젊은이들이 생매장을 당하는 것"을 비롯해 다른 사건들도 중요하게 다뤘다. 미국 유대인 사회의 주요 인사들은 이런 사건들이 이스라엘의 국제적 이미지와 이스라엘에 대한 미국의 지원에 미칠 여파를 두려워해 이스라엘 정부의 행동을 비난했다. 이와 관련해 쉬프와 야리는 이렇게 썼다. "(팔레스타인 사람들이) 무방비 상태로 당하는 장면이 주는 충격은 이스라엘이 여론을 다루는 데 실패하면서 세계여론을 더욱 악화시켰으며, 군인들이 무장도 안 한 부녀자와 아이들에게 총격을 가하는 모습은 이스라엘의 입장을 곤란하게만 할 뿐이었다."

이스라엘 당국은 점령지 내부의 상황을 다루는 언론 보도를 제한하는 조치를 취함으로써 언론이 가져다주는 재앙에 신속히 대처했다. 이런 조치에는 극단적인 언론 검열, 팔레스타인 신문과 잡지의 폐간, 외국 기자들의 비자 취소 또는 취재 자격 중지, 군부대 봉쇄 선언, 점령지 출입 거부 등이 포함되어 있었다.

그럼에도 인티파다 운동은 이스라엘 사회의 양극화를 초래함으로써 팔레스타인인들과의 협상을 지지하는 쪽과 탄압 확대를 주장하는 쪽으로 갈라놓았다. 팔레스타인 인민의 봉기는 그 즉시 이스라엘 내부의 평화운동에 힘을 불어넣는 효과를 가져왔다. 인티파다 운동이 시작된 후 이스라엘의 평화 활동가들과 이스라엘 국회의원들은 이스라엘 시민이든 이스라엘 관리이든 또는 팔레스타인 주민이든 이유 여하를 불문하고 PLO 회원과 만나선 안 된다고 못 박은 이스라엘 법, 즉 테러 방지법에 반대하기 시작했다. 1988년 2월 중순 들어 이스라엘의 폭력적 봉기 진압에 항의하는 이스라엘 내부의 활동 단체는 30여 개 이상 있었다. 이 가운데 가장 규모가 큰 '피스 나우Peace Now'는 이스라엘–아랍의 갈등을 해결하기 위한 협상을 촉구하는 집회에 이스라엘 시민 수천 명을 동원했다. '다이 라키부쉬(점령을 종식하라)'와 '21년The Twenty-first Year', '예쉬 그불'(레바논 전쟁 때 생겨난 군대 거부자 단체) 같은 다른 단체들도 점령지에서의 이스라엘 철수를 촉구했다.

이스라엘 군대 내에서 일어난 시민 불복종운동 확산은 중요한 발전이었다. 1988년 6월 초엔 5백 명이 넘는 예비역 군인이 점령지에서의 복무를 거부하는 청원서에 서명했다. 군 복무를 성스러운 의무로 여기는 나라에서 군 복무를 거부하는 움직임은 논란의 여지가 많을 수밖에 없었다. 거부자들은 점령지에서 이루어지는 여러 형태의 군사 활동은 비도덕적일뿐더러 이스라엘의 안보를 증진하지도 못하며 이스라엘의 민주주의와 세계에서의 입지를 오히려 훼손할 뿐이라고 주장했다. 이름만 대면 알 만한 군 장교들이 '평화를 위한 땅land for peace'을 앞장서서 부르짖는 주창자가 되었다.

한편 소수의 몇몇 단체가 그린 라인(녹색선)을 넘어 이스라엘과 팔레스타인의 비폭력 활동가들을 하나로 묶었다. 이스라엘의 서안 소재 비르제이트 대학교 폐쇄에 항의하기 위해 1981년에 결성된 비르제이트연대위원회Birzeit Solidarity Committee: BSC는 활동 무대를 점령지로 옮긴 이스라엘 최초의 평화운동 단체였다.

"우리는 팔레스타인인들에게 이스라엘에도 구타와 최루탄의 위협을 기꺼이 감수하려는 사람들이 더러 있다는 사실을 보여주고 싶었다. 우리가 유대인이기 때문에 이스라엘 군대는 우리를 죽이지 못했을 것이다.…… 하지만 요르단 서안에서의 우리의 존재는 지역 주민들 사이에서 엄청난 열의를 불러일으켰다. 우리는 라발라, 헤브론, 데이

샤 난민 수용소 등 억압이 자행되는 곳이면 어디든 달려가 이스라엘이 아예 존재 자체를 숨기고 싶어 하는 점령지의 어두운 구석구석을 비추어 드러나게 해주었다."

1980년대 중반 BSC는 철권鐵拳반대위원회Committee Confronting the Iron Fist: CCIF라는 또 다른 위원회를 낳았다. 이에 대해 릭비는 다음과 같이 지적했다. "(위원회의) 이스라엘과 팔레스타인 회원들은 공동의 정강정책을 도출하는 데에는 실패했지만 깊이 있는 대화와 상호 이해를 도모하는 훈련의 일환으로 양쪽 모두 서로 힘을 합해 이스라엘의 점령에 항거할 준비가 되어 있었다."

비폭력 투쟁을 주창했던 팔레스타인의 대표적 인사이자 동예루살렘 주민이기도 했던 무바라크 아와드는 1980년대 후반을 이스라엘의 점령에 전면적으로 항거하는 '비무장 페다인'의 창설을 촉구하며 보냈다. 인티파다가 시작되자 무바라크 아와드와 그 추종자들은 통행금지령을 무릅쓰고 마을 3백여 곳을 돌며 인민들의 저항을 독려했다. 그들은 이스라엘 군인들에게도 동참을 호소했다. "운동이 널리 확산될수록 이스라엘이 우리를 처리하는 데 드는 시간과 돈이 늘어날 것이다.…… 우리는 우리가 먼저 그들에게 반응하기보다 이스라엘이 먼저 우리에게 반응하길 원했다. 이는 매우 중요했다."

이스라엘 내무장관은 아와드의 비자가 재발급되는 일은 없을 것이며, 그는 강제 추방될 것이라고 선언했다. 이에 아와드 본인도 이스라엘 고등법원에 항소를 제기하고 미국 외교관들도 그를 위해 개입했지만 모두 실패하고 그는 결국 미국으로 강제 추방당했다. 그럼에도

UNLU 소식지들은 아와드가 몇 년 동안 줄곧 주창했던 팔레스타인 인민들의 비폭력 저항을 촉구하는 내용으로 가득 채워졌다.

정치적 승리: 서안과의 관계를 단절한 요르단

인티파다가 시작된 지 18개월이 채 지나지 않아 팔레스타인은 예상 밖의 중요한 승리를 거두었다. 1988년 7월 31일, 요르단 국왕 후세인이 텔레비전에 나와 요르단은 서안과 행정적, 사법적 관계를 청산하기로 결정했다고 발표한 것이다. 후세인 왕은 대국민 담화에서 "요르단은 팔레스타인이 아니다"라고 선언한 뒤 "요르단은 서안에 대해 그 어떤 통치권도 갖지 아니한다. 서안은 팔레스타인인들의 소유다"라고 말했다. 후세인 왕은 PLO가 팔레스타인 주민들의 공식적 대표이니만큼 요르단은 어떤 평화회담에서도 팔레스타인-요르단 공동 대표로 참여하지 않을 것이라고 못 박았다. 그러면서 팔레스타인 독립국가를 만들어야 한다고 촉구했다.

후세인 왕의 갑작스러운 결정에 미국과 이스라엘 둘 다 경악했다. 이로써 두 나라 모두 PLO를 어떻게 처리해야 할지 방법이 없다는 사실을 인정할 수밖에 없었다. (요르단 국왕의 이런 선언으로) 이른바 '요르단의 선택'은 논의 테이블에서 사라지고 말았다. 요르단의 선택이란 요르단이 팔레스타인인들을 대신해 이스라엘과 협상을 하기는 하되 요르단은 서안 지역의 일부에 대해 통치권을 갖는다는 것이었다(인티파다 현지 지도자들은 거의 전원일치로 이 선택을 거부했었다).

후세인 왕의 결정은 PLO의 독립 선언에 길을 닦아주었다. 후세인이 문제의 성명을 발표한 날 저녁 이스라엘 경찰은 서안에서 활동하는 파타Fatah의 고위 인사 페이살 알-후세이니를 체포하고 그의 사무실에서 '독립선언 계획'이라는 제목의 문건을 압수했다. 후세이니 문건으로 알려지게 된 이 계획은 1947년의 분할 계획 당시 정한 국경선 내에서 팔레스타인 독립국을 만든다고 상정하고 있었다. 팔레스타인 독립국을 선포하기로 결의했을 뿐만 아니라 새로운 정부의 중심 역할을 지역의 지도부가 맡는다고 강조한 점에서도 이 계획은 특별했다.

독립 선언과 국제사회의 반응

1988년 11월 알제리의 알제에서 열린 팔레스타인 민족평의회Palestine National Council: PNC 특별회의에서 아라파트 PLO 의장은 팔레스타인 독립 선언문을 낭독했다. 그 뒤 3주 만에 50여 개국이 팔레스타인의 독립을 승인했다. 독립 선언은 PNC 대표단의 만장일치 지지를 받았으나 독립의 구체적 달성 방안을 놓고 팔레스타인인들은 의견이 갈렸다. 서로 경쟁하는 팔레스타인 지도자들과 정파들은 "후세인 왕이 마련한 공백을 십분 활용할 응집력 있는 통합 정치 프로그램을 추진할 만한 역량이 없었다. 일부에서는 여전히 무장 투쟁을 추구하겠다는 결의를 갖고 있었던 데 비해 또 다른 일부에서는 협상을 선호했다."

1988년 12월 14일 제네바에서 열린 UN총회 특별회기 중에 아라파트는 이스라엘의 존속권을 인정하고, 결의안 242호와 2국가 해법을 지지하는 한편, 모든 형태의 테러리즘에 반대한다는 의사를 표명했다. 역사적 팔레스타인 전토의 해방이라는 PLO의 오랜 목표가 인티파다로 인해 변경되었던 것이다. 아라파트는 3개 평화안을 제시하며, 유엔 감시하의 국제평화회의 설치, 점령지로부터 이스라엘의 철수를 지원하는 유엔 평화유지군의 활동, 유엔 결의안 242호와 338호에 기초한 포괄적인 평화 정착을 주장했다.

팔레스타인의 '거부파 전선rejectionist front' 회원들은 이를 맹렬히 비난했지만, 아라파트의 선언은 미국 외교정책에 중대한 변화를 가져왔다. 로널드 레이건 행정부의 조지 슐츠 국무장관이 13년에 걸친 PLO와의 직접 접촉 금지 정책이 이제 끝났으며, 조만간 PLO와 공식 대화에 들어가게 될 것이라고 선언한 것이다. 이 선언은 샤미르 총리의 이스라엘 정부를 충격에 빠뜨리며 이스라엘에 불안의 그림자를 드리웠다.

아라파트의 선언이 있고 나서 미국은 이스라엘 정부에 평화 계획을 추진하라고 압력을 가했다. 그리고 슐츠안으로 알려진 미국 최초의 구체적인 외교 계획안이 나왔다. 이 계획은 이스라엘과 협상할 지도자를 뽑는 점령지에서의 선거 실시, 국제회의 소집, 최종해결안에 대한 협상, 그에 뒤이은 이행 과정 전반에 대한 합의 등을 내용으로 담고 있었다. 하지만 샤미르는 여전히 팔레스타인 국가는 없을 것이며 PLO와의 어떤 대화도, 국제회의도 없을 것이라는 단호한 입장을 고수했다. 1990년 1월, 샤미르는 "(점령지로의) 대규모 유대인 이주는 거대한 이스라엘을 필요로 한다"라고 선언해 미국 행정부를 격노하게 만들었다.

레이건의 뒤를 이은 조지 H. W. 부시 대통령은 "점령지에서의 새로운 이스라엘 정착촌 건설을 본능적으로 반대했다." 새로 취임한 제임스 베이커 미국 국무장관은 미국－이스라엘공공문제위원회에 출석해 선보인 연설에서 이스라엘에 '더 위대한 이스라엘'의 꿈을 포기하라고, 정착촌 건설을 중단하라고, 팔레스타인인들에게 손을 내밀라고 촉구했다. 1990년 1월, 로버트 돌 상원의원은 이스라엘에 대한 미국의 해외원조가 '명목상의 프로그램'으로 전락되었다고 주장하며 이를 삭감할 것을 촉구했다. 이와 관련해 한 분석가는 미국계 유대인 지도자 대부분이 부시 대통령과 같은 정서를 공유한다고 지적했다.

계속되는 시민 저항과 폭력의 증가

정치인들이 다른 여러 평화 계획을 고려하는 사이에도 점령지 팔레스타인 주민의 저항은 계속되었다. 1989년, 베들레헴 근처의 요르단 서안에 있는 작은 마을 베이트 샤후르에서 이스라엘의 점령에 항거하는 6주간의 전면적인 시민 불복종운동이 시작되었다. 주민 대다수가 기독교를 믿는 팔레스타인 사람들이었다. 마을 주민 모두가 신분증을 불태우고 이스라엘 당국에 세금 납부를 거부했다. "(팔레스타인) 대표 없이 세금도 없다"라고 천명한 베이트 샤후르의 불복종운동에 대한 이스라엘군의 반응은 예상한 대로 신속하고 가혹했다. 이스라엘군은 마을을 포위한 뒤 통행금지령을 내리고 집과 가게들을 샅샅이 뒤지는가 하면 아무도 마을에 들어오거나 마을에서 나가지 못하게 막았다.

베이트 샤후르 주민들의 저항운동은 주요 언론의 관심을 끌었다. 남아프리카공화국의 데스먼드 투투 주교를 비롯해 전 세계 유명 인사들이 베이트 샤후르 주민들과의 연대를 표명했다. 이스라엘과 전 세계의 연대 활동가들이 저항운동에 합류하기 위해 검문소를 몰래 빠져나와 마을에 들어갔으며, 이스라엘 군대의 명령에도 떠나길 거부했다. 미국이 베이트 샤후르에 대한 이스라엘의 진압을 비난하는 유엔 결의안에 거부권을 행사했지만 6주 뒤 포위는 풀렸다.

그와 동시에 1990년 들어 인티파다는 추진력을 잃기 시작했다. 외교가 교착 상태에 빠진 가운데 점령지의 경제 상황은 악화되었고, 인티파다는 더 이상 국제사회의 관심을 끌지 못했다. 아울러 저항운동이 갈수록 폭력적으로 변하면서 참여도 줄어들었다. 1990년 5월, 팔레스타인 해방전선Palestine Liberation Front: PLF이 해상에서 텔아비브 해안에 극적인 기습 공격을 감행했다. 이스라엘은 그 즉시 테러리즘을 포기하기로 한 제네바협정을 어겼다며 아라파트를 비난하고 나섰다. 부시 대통령은 아라파트에게 기습 공격의 책임을 물어 PLF를 PLO에서 축출해야 한다고 요구했는데, 이를 거절하자 부시 대통령은 PLO와 대화를 중단하라고 지시했다.

팔레스타인 내부의 폭력도 저항운동에 큰 타격을 입혔다. 파타Fatah와 하마스Hamas 간에 합의를 이끌어내려는 시도가 있었음에도 불구하고 이들 단체 사이의 폭력 충돌 수위는 심해지기만 했다. "점령지의 팔레스타인인들이 이스라엘과 맞서 싸우는 저항운동에 참여하기보다 내부 권력 투쟁에 점점 깊이 빠져들게 되면서 인티파다 운동의 속도는 둔화되는 것처럼 보였다." 예를 들어 1990년 봄으로 접어들면서 이스라엘 군인에게 살해당하는 것보다 동료 팔레스타인인들에게 죽임을 당하는 팔레스타인 사람들이 점점 더 많아지는 일이 벌어진 것이다.

1990~91년 걸프전과 마드리드 회의

한 팔레스타인 활동가는 1990~91년 걸프전을 가리켜 '인티파다 운동의 종말의 시작'이라고 불렀다. 이라크의 쿠웨이트 철수를 이스라엘의 팔레스타인 점령지 철수로 연결시킨 사담 후세인 이라크 대통령에 대한 야세르 아라파트의 지지는 팔레스타인인들에게 재앙을 가져왔다. (이라크의 쿠웨이트 철수와 이스라엘의 점령지 철수를 연결시킨 이 소식을 듣고) 거리에서 '환호하는' 팔레스타인인들의 모습은 팔레스타인의 민족적 명분에 손상을 입혔으며, 평화운동을 해오던 이스라엘 사람들에게 배신감을 심어주었다. 그리고 아랍 국가들로부터의 지원금이 심각하게 줄어들면서 PLO에 재정 위기를 가져다주었다. 걸프전은 팔레스타인 지도자들이 지역 투쟁을 포기하고 갈등 해결책을 외부에서 찾도록 고무시켜주었다. 이에 대해 가싼 안도니Gahassan Andoni는 이렇게 말했다.

> (걸프전으로 인해) 초점이 지역 투쟁에서 멀어지자 팔레스타인 사람들은 외부에서 답을 찾기 시작했다. 팔레스타인 지도부는 힘의 균형이 바뀌었으며, 미국의 이익이 해결책을 좌우할 것이라는 결론에 이르렀다. 그들은 미국이 이스라엘을 압박해 점령지에서 철수하게 만들 것이라고 믿었다. 왜냐하면 이스라엘의 점령은 그들에게 너무 많은 부담이 되고 있을 뿐만 아니라 그 지역에서의 이익과 서로 충돌하고 있다고 보았기 때문이다. 하지만 이는 매우 근시안적인 생각이었던 것으로 드러났다.

걸프전에서의 승리로 미국의 위신과 지역적 입지가 강화되자 부시 행정부는 그 여세를 몰아 (팔레스타인) 지역 평화안을 밀어붙였다. 1991년 10월에 열린 마드리드 회의는 평화 과정의 공식적인 출발점이었다. 이스라엘과 팔레스타인 대표단은 쌍무 회담을 위해 처음으로 한자리에 모였다. 하지만 PLO는 마드리드 회의 참석이 허용되지 않았

2부 사례 연구

다. 그 대신 팔레스타인 대표단은 튀니스의 PLO와 관계를 갖고 있는 점령지의 지역 지도자들, 즉 하이데르 압델 샤피, 페이살 알-후세이니, 하난 아시와리가 이끌었다. 이스라엘 대표단은 샤미르 총리와 리쿠드 당원이자 외교부 차관인 벤야민 네타냐후가 이끌었다.

마드리드 회담은 8개월을 넘게 끌었으나 참석자들은 이스라엘-팔레스타인 갈등과 관련된 주요 문제 해결에서 거의 진전을 이루지 못했다. 점령지에서의 유대인 정착 문제가 회담을 교착 상태에 빠뜨렸던 것이다(나중에 오슬로 협정에서 이 문제는 완전히 제외되었다).

1992년 이츠하크 라빈의 당선

1992년 6월 총선에서 이스라엘 노동당 지도자 이츠하크 라빈은 현직 총리 샤미르에게 압승을 거두며 15년에 걸친 리쿠드당의 지배를 종식시켰다. 라빈은 미국이 추진하는 중동 평화 프로세스 참여를 지지하고(그는 평화계획의 진행을 가로막아온 샤미르의 교착화 전술을 비난했다), 이스라엘과 미국의 관계 개선을 추진하며, 점령지에 '정치적'으로 주택 단지를 건설하는 것을 중단하겠다고 공약했다. 라빈은 또 1년 안에 팔레스타인의 자치를 달성하고 5년 기한의 과도 정부를 거친 뒤 최종 지위를 둘러싼 회담을 열겠다고 선언했다.

《마리브Maariv》 신문이 은퇴한 이스라엘 장성들과 고위 정보 관료들을 대상으로 실시한 선거 전 여론조사 결과를 보면 응답자의 약 75%가 라빈을 지지하고 90% 이상이 이스라엘은 PLO와 협상해야 한다고 생각하는 것으로 나타났다. 오밸런스O'Ballance는 이렇게 말했다.

"샤미르가 선거에서 패배한 이유는 우리가 나서서 팔레스타인 문제에 대해 뭔가 조치를 취해야 한다는 믿음이 이스라엘 국민들 사이에 널리 퍼져 있었기 때문이다. 인티파다는 현상유지 상태를 뒤흔들어 놓았다. 그것이 인티파다의 가장 큰 성과였다."

1993년 오슬로 협정

1993년 이스라엘과 망명 중인 PLO 관리들 사이의 비밀협상 과정이 오슬로에서 시작되었다. 섬령지의 팔레스타인인들을 배제한 이 일련의 회담은 1993년 9월 이츠하크 라빈 이스라엘 총리와 야세르 아라파트 PLO 의장이 백악관 잔디밭에서 원칙선언Declaration of Principles: DOP에 서명하면서 막을 내렸다. DOP는 흔히 오슬로협정으로 알려진 일련의 합의를 이끌어준 선언이었다.

오슬로협정은 요르단 서안과 가자에 새롭고도 복잡한 정치적 현실을 가져다준 협정이었다. 오슬로협정은 튀니스의 PLO 지도부가 지배하는 팔레스타인 당국Palestine Authority: PA의 탄생을 가져왔다. PA는 가자와 요르단 서안 지역을 제한적으로 통치했다. 그러나 팔레스타인의 제한적 자치라는 이 과도 단계에서 팔레스타인 주민의 75%가 이스라엘의 지배 아래에서 살았다. 이스라엘은 여전히 점령지의 육지와 바다를 사실상 지배하고 점령지로 갈 수 있는 하늘길도 장악했다. 이와 관련해 글렌 로빈슨은 오슬로협정의 아이러니는 이 협정이 30년 가까이 그 지역에 발을 들여놓은 적이 한 번도 없는, 그리고 투쟁을 이끌기는커녕 점령에 맞서 일어난 인민들의 투쟁을 끝내겠다고 약속한 외부의 지도부에 권력을 안겨주었다는 점이었다고 쓰고 있다.

오슬로협정은 재정적으로 파산하고 정치적으로 죽어가던 튀니스의 PLO를 소생시켜 당시의 팔레스타인의 현실에서 크게 동떨어진 정치 엘리트에게 가자와 요르단 서안의 권력을 넘겨주었다.…… 오슬로협정 이후 팔레스타인에서 권력을 차지한 엘리트는 인티파다를 일으킨 정치 엘리트가 아니었다. 솔직히 말해 튀니스의 PLO는 혁명을 이끌었기 때문이 아니라 혁명의 종식을 약속했기 때문에 성공적으로 정권을 잡을 수 있었다. PA는 점령지에서 그들 자신의 정치적 기반을 구축하고 스스로의 권력을 강화해야만 했는데, 이는 요르단 서안과 가자지구에서 새로운 엘리트가 등장할 가능성을 축소시키는 것이었다.

오슬로협정 이후 유대인만이 다닐 수 있는 전용 도로와 불법적인 이스라엘 정착촌은 확대되었고, 이는 미래에 팔레스타인 국가가 될 땅을 접근할 수 없는 여러 고립지역들로 갈라놓았다. 이 시기에 유대인 정착촌의 숫자는 두 배로 늘어났다. 팔레스타인 거주지역에 대한 군사적 봉쇄와 (팔레스타인 사람들의 예루살렘 접근 금지 같은) 이동의 자유 제한이 더욱 강화되는 등 이스라엘의 강력한 점령정책이 계속되는 데다가 PA의 경제적 실책과 무능한 통치, 분할 지배 전술이 맞물리면서 오슬로 평화조약 기간 동안 점령지의 빈곤과 정치적 탄압은 더욱 가중되었다.

오슬로협정은 PA를 점령지로 데려와 PA로 하여금 이스라엘의 안보에 위협을 가하는 하마스와 그보다 더 급진적인 팔레스타인 단체들과 대치하게 했다. 아라파트는 이러한 목적을 이루기 위해 15개가 넘는 각기 다른 안보군을 창설했는데, 이는 그가 구사했던 분할과 지배 전략의 일환이기도 했다. 오슬로협정 이후 팔레스타인 여성들은 정치적 의사 결정 과정에서 대부분 배제되었다. 인티파다 당시의 주민위원회와 (심지어 UNLU와) 비폭력 운동을 맨 앞에서 이끌었던 팔레스타인 여성들은 점령지에 PA가 들어선 뒤 주변으로 밀려났다.

이 기간 팔레스타인 주민들과 이스라엘 시민 사이엔 접촉이 거의 없었다. 이스라엘 시민들의 팔레스타인 지역 출입을 금지하는 이스라엘의 법률이 시행되는 등 팔레스타인과 이스라엘 측 모두 이동의 자유를 제한받았기 때문이다. 오슬로협정 이후 팔레스타인인과 유대인 극단주의자들은 상대편 민간인들에게 폭력적 공격을 일삼으며 서로에 대한 불신과 적대감을 증폭시켰다. PA에 대해 팔레스타인인들이 실망하고 평화 프로세스가 진전되지 않는 가운데 2000년 9월에 아리엘 샤론이 하람 알-샤리프/템플 마운트를 방문하자 폭력사건이 일어나고 2차 알-아크사 인티파다 운동이 시작되었다.

몇몇 분석가들은 알-아크사 인티파다 운동 기간에 이스라엘이 요르단 서안과 가자지구에서 부분적으로 철수한 점을 들어 자살 폭탄 테러 운동이 성공했다고 여겨왔다. 하지만 자살 테러리즘 운동이 팔레스타인 인민들을 독립국가 건설이라는 목표에 더 가까이 다가가게 만들었다고 주장하기는 매우 어렵다. 오히려 그 반대로 이 운동은 협상 중단으로 이어졌고, 매파 이스라엘 정부의 거듭된 당선, 2009년 가자지구에서 발생한 이스라엘과 하마스의 전쟁으로 이어졌다. 따라서 알-아크사 인티파다 기간에 이루어진 이스라엘 군대의 잠정적 철수는 아직도 가라앉지 않은 양쪽의 폭넓은 갈등이라는 관점에서 바라보아야 한다. 알-아크사 인티파다 운동은 양쪽 모두 전략적으로 얻은 게 거의 없는 폭력적 저항운동의 강화를 의미했다.

분석

1차 인티파다 운동은 중간 수준의 중요한 정치적 목표를 여러 차례 달성하며 팔레스타인 사회를 바꿔놓았다. 이는 그보다 앞서 PLO가 이끈 수십 년 동안의 무장 투쟁과 비교해 현저한 대조를 이룬다. 그러나 팔레스타인 민간인들이 주도한 이 저항운동은 결국 폭력 때문에 무색해지고 말았다. 이 운동은 이스라엘의 점령 종식을 목표로 하는 PA의 정치 전략의 일환도 아니었다. 우리의 데이터 세트에서 1차 인티파다 운동은 부분적 성공이라는 범주에 들어간다. 하지만 이 운동은 폭력적 운동에 비해 훨씬 더 성공적이었다.

민간인 주도의 저항 참여

팔레스타인 활동가 가싼 안도니는 "1987년 인티파다 기간, 그중에서도 특히 처음 2년 동안 팔레스타인인들은 민간인 주도의 저항운동을 통해 점령군을 어떻게 물리칠 수 있는지 위대한 사례들을 보여주었다"라고 말했다. 팔레스타인 주민들은 사회의 전 부문에 걸쳐 팔레스타인 국기 제작, 텃밭 가꾸기, 통행금지령 거부, 낙서 쓰기, '불법적' 교실 설치, 신분증 파괴, 납세 거부, 점령 당국을 위한 일하기 거부, 이스라엘 제품 불매운동 등 여러 형태의 저항운동에 적극적으로 참여했다. 팔레스타인인들은 각종 자치 조직과 기구를 만들고 봉기를 지속시키기 위해 주민위원회라는 거대한 네트워크를 만들어 적극적으로 움직였다. 광범위한 사람들이 위원회에 참여함으로써 팔레스타인 사회는 대중 동원에 필요한 메커니즘을 제공하면서 팔레스타인 사회의 분열을 극복할 수 있게 해주었다.

1차 인티파다 운동의 독특한 성격을 대변하는 UNLU는 각기 입장이 다른 PLO의 여러 분파를 사상 유례 없는 방식으로 통합해내면서 인민들의 봉기에 지도력과 규율과 방향을 제시해주었다. 이와 관련해 당시 팔레스타인 여성연합의 한 지도자는 이렇게 말했다. "사람들이 UNLU를 따랐던 이유는 지도력이 단순히 위에서 내려오는 것이 아니라는 사실과 관계가 깊다. 따를지 말지를 결정하는 것은 사람들에게 내리는 명령이 아니다. 진정한 지도력은 사람들의 내부에서 나오며, 사람들의 열망을 반영한다."

1차 인티파다 기간에 팔레스타인 사람들이 폭력적인 행동과 비폭력에 대해 어떤 태도를 보였는가에 대한 당시의 자료는 거의 없다. 하지만 그 후의 몇몇 자료는 있다. 1차 인티파다가 끝나고 1994년에 실시한 한 여론조사를 보면 응답자의 33%만이 점령지의 이스라엘군에 맞서는 무장 투쟁을 지지한 것으로 나타났다. 좀 더 최근 들어 2002년의 한 연구를 보면 팔레스타인인들은 폭력적 행동보다 비폭력 대중 행동에 훨씬 더 많은 지지를 보내며 기꺼이 참여하려는 것으로 나타났다.

비폭력적 투쟁 방법은 도덕적 이유뿐만 아니라 낮은 참여 장벽 때문에도 다양한 참여자들을 끌어들였다. 인티파다에 참여했던 팔레스타인 여성 활동가 라나 나샤시비는 "여성이 전통적 역할을 무시하고 사람들 앞에 나가 민족을 위한 투쟁에 적극적으로 참여하기란 쉬운 일이 아니다"라고 말했다. 비폭력 투쟁 방법을 고수했던 UNLU의 입장은 여성들의 동원 장벽을 낮추는 데 기여했지만, 폭력적 행동을 요구했다면 수많은 여성들의 참여를 막았을 것이다.

팔레스타인 어린이들도 폭력을 꺼려하는 것으로 나타났다. 팔레스타인 어린이들을 대상으로 한 1990년의 한 연구 결과에 따르면 응답자의 2%만이 무장 투쟁에 찬성했던 데 비해 나머지는 장사를 하거나 교사나 간호사, 의사가 되고 싶다는 소망을 밝힌 것으로 나타났다.

이러한 사례들은 신체적, 도덕적, 정보 면에서의 낮은 장벽이 폭력적 운동에 참여하는 것보다 비폭력 운동에 참여하는 것을 더 용이하게 해주었다는 것을 말해주는 것이다.

이스라엘 사회와 지역에 미친 여파

인티파다 운동은 전쟁터를 이스라엘의 문턱으로 옮겨놓아 이스라엘이 별다른 저항 없이 요르단 서안과 가자지구를 합병할 수 있다는 사람들의 신화를 산산이 부숴놓았다. 인티파다는 그때까지와는 다른 저항운동이었다. 그리고 이스라엘은 이를 다룰 준비가 되어 있지 않았다. 이스라엘의 한 장군은 인티파다에 대해 이렇게 말했다. "대중에 기반을 둔 인티파다의 성격과 상대적인 비폭력성은 많은 이스라엘인들에게 저 반대쪽에도 파트너가 있다는 확신을 심어주었다. 우리는 그들과 함께 사업을 꾸려나갈 수 있다는 것을 알았다." 인티파다는 이스라엘인들로 하여금 전에 없던 방법으로 정부에 도전하도록 자극했다. 쉬프 Schiff와 야리Ya'ari는 1989년 이렇게 썼다.

> "(이스라엘 내부의 좌절은) 많은 이스라엘 사람들이 그 모든 정치적 설득에도 불구하고 팔레스타인인들과의 갈등에 관한 한 자신들의 조국이 거짓된 삶을 살고 있다고 느끼게 되었다는 사실에서 나온 것이다. 그들

은 이제 자신들의 지도자가 팔레스타인 사람들은 존재하지 않는다고 선언하면서 자신들을 속였다고 믿고 있다. 그리고 자신들의 정부가 점령지의 아랍인들은 지도자를 원하지 않는다고, PLO는 폭력과 협박을 일삼으며 팔레스타인인들을 못살게 군다고, 점령의 현 상태가 무한정 유지될 수 있다고 선언하면서 자신들을 속였다고 믿고 있다."

BSC(비르제이트연대위원회)와 CCIF(철권반대위원회) 같은 단체들은 정치적 목표가 늘 일치하지는 않았지만 그럼에도 점령 반대라는 면에서는 한목소리를 냈던 이스라엘인과 팔레스타인인들을 하나로 묶었다. '피스 나우Peace Now' 같은 주류 단체들은 대중을 거리로 내보내 이스라엘의 점령 정책, 그중에서도 특히 정착촌 건설에 도전하도록 이끌었다. 대중봉기에 대한 이스라엘의 강경한 대응 때문에 "인티파다는 유대계 미국인들의 한결같은 이스라엘 지원에 균열을 내기에 이르렀다. 과거 그 어느 때보다도 미국의 유대인 사회는 이스라엘의 대팔레스타인 정책을 비난하고 나섰다."

더 나아가 팔레스타인인들의 대중 봉기는 요르단이 팔레스타인을 대신해 협상을 추진할 수 있다는 생각을 산산조각 내는 한편 PLO가 정치적 입장을 완화할 수밖에 없도록 압박함으로써 결과적으로 PLO와 이스라엘이 직접적 협상에 이르는 길을 닦아놓았다. 요르단국이 요르단 서안 점령을 종식시킨 것, 그리고 이스라엘 정부와 PLO가 서로의 존재를 인정하게 만든 것은 인티파다가 달성한 주요 정치적 성공이었다. 이와 관련해 저명한 이스라엘 학자라비노비치는 이렇게 결론지었다. "이러한 변화가 몰고 온 파급효과를 이해하지 않고서는 '마드리드 틀Madrid framework'이나 1992년 총선에서 거둔 노동당의 승리를 이해할 수 없다."

팔레스타인의 민간인 주도 저항의 약점

그럼에도 대중 봉기는 이스라엘 군대의 철수나 점령지의 정착촌 건설 중단을 가져올 정도로까지 팔레스타인과 이스라엘 정부의 권력 관계를 바꿔놓지는 못했다. PA(팔레스타인 당국)을 창설한 것은 팔레스타인 인민들의 대중 저항운동을 확대시키기보다는 대중의 참여를 가로막는 장벽을 강화시키는 결과를 가져왔다. 외부 요인, 그중에서도 특히 미국의 외교 정책과 국내 정책은 1차 인티파다의 궤적과 성과에 상당한 영향을 미쳤다. 그와 동시에 팔레스타인 저항운동의 조직적, 전략적 약점, 그중에서도 특히 이스라엘의 여러 의존 관계를 제대로 활용하지 못했던 무능함은 대중 봉기를 약화시키는 결과를 가져오고 말았다.

이와 관련해 인티파다 때 UNLU(통합민족봉기지도부)의 지도부에 있었던 라드완 아부 아이야시는 당시를 이렇게 기억했다. "부족했던 것은 명확한 전략적 비전이 없었다는 것이다. 우리 팔레스타인인들은 미덕은 있지만 전략은 없었다." UNLU와 주민위원회 지도자 대부분은 인티파다를 팔레스타인인들의 목표를 달성하는 수단으로 간주하면서 (섣부른 협상으로 타협해서는 안 되는) 투쟁의 수준을 끌어올려야 할 필요성을 강조했다. 하지만 팔레스타인 공식기구의 지도자들은 "외교적 조정이 우선시되어야 한다고 믿으며 타협과 자제를 주장했다." 그와 동시에 팔레스타인인들이 하루 벌어 하루 먹고 살기도 어려웠던 시기에 파업과 작업 중지를 계속 요구했던 팔레스타인 지도부의 태도는 절망과 환멸감만 불러일으켰다. 가싼 안도니가 지적했듯이 오슬로 이후의 시기에 "사람들은 사기가 꺾인 채 자신들이 할 역할이 없다고 믿기에 이르렀다. 믿을 만한 지도부가 없었다. 주민들에 기반을 둔 저항운동에서 믿을 만한 지도부가 없다면 대중 동원은 불가능한 것이었다."

통합 달성의 실패

1차 인티파다 운동 기간의 팔레스타인 지도부는 공동의 정치적 비전과 전략을 중심으로 통합을 달성해내는 데 실패했다. PLO의 여러 분파들 사이에, 외부와 내부의 지도자들 사이에, 이슬람주의자들과 세속적 민족주의자들 사이에 기본적인 전략과 전술문제를 놓고 끊임없는 분열이 계속되었다. 이와 관련해 다자니Dajani는 이렇게 말했다.

> "팔레스타인인들이 속해 있는 공식적, 비공식적 단체가 난립했을 뿐만 아니라 저마다 대표라고 주장하는 단체와 조직들 사이에 분파주의와 경쟁의식이 일어나 끊임없이 문제를 일으켰다. 팔레스타인인들은 이러한 상황 때문에 저항운동의 진행 방향을 둘러싸고 합의에 이를 수 있는 힘을 잃었다."

당파를 초월하는 포괄적인 조직을 이끌어내는 데 실패한 데다가 팔레스타인 지도부의 무능함 때문에 인티파다는 이스라엘의 분리 지배 전술에 취약성을 드러낼 수밖에 없었다. 그런 가운데 PLO는 특정 정파(파타)가 지배했고, 따라서 팔레스타인 주민 전체를 대표한다는 PLO의 주장은 설득력이 떨어졌다. PCP(팔레스타인 공산당)를 제외한 PLO 분파들은 각기 다른 외부의 명령을 따랐다. 한 단체로서의 UNLU(통합민족봉기지도부)는 튀니스의 PLO 지도부와는 직접적인 관계를 맺지 않았다.

　　PLO 분파들과 '거부파 전선'의 고집은 중앙으로 집중되는 명령과 통제를 저해했다. 주요 이슬람주의 분파들과 이슬람 지하드, 그리고 하마스는 PLO의 명령 계통에 합류한 적이 한 번도 없었을 뿐만 아니라 PLO의 협상 전략에도 수수방관으로 일관했다. UNLU와 주민위원회를 비롯한 봉기 현장 지도부는 정책과 전략 문제에서 외부에 있는 PLO 지도부의 의견에 따랐다.

고삐 풀린 폭력

팔레스타인 내부의 폭력은 팔레스타인의 투쟁을 크게 약화시켰다. 인티파다 초창기만 해도 팔레스타인에 협력한 수많은 사람들이 이스라엘이 지급한 무기를 사원에 넘기고 팔레스타인의 독립이라는 대의에 충성을 바칠 것이라고 선언했다. 인티파다 운동이 진행되면서 팔레스타인의 내부 갈등을 비폭력적으로 해결하려는 움직임이 일어났다. 하지만 그 후 운동은 폭력과 처형에 길을 내주었다. 지역 팔레스타인 지도자들에 대한 강제 추방, 체포, 암살이라는 이스라엘의 정책은 이러한 분열을 더욱 악화시켰으며, 팔레스타인 저항운동의 방어 기반을 무너뜨렸다.

　　(이스라엘의) 폭력적 제재와 비폭력 제재의 혼용도 팔레스타인의 분열을 조장하고 대중 참여를 막음으로써 대중 봉기를 약화시켰다. 인티파다 초창기만 해도 UNLU와 하마스 모두 화기 사용을 분명히 금지

했다. 라드완 아부 아이야시는 이러한 접근법이 팔레스타인에게 이스라엘을 능가하는 전략적 우위를 제공했다면서 그 이유를 이렇게 설명했다. "우리는 무기로는 이스라엘을 무력화시킬 수 없다는 점을 잘 알고 있었다. 당시 우리는 무장하지 않은 팔레스타인인들을 공격하는 이스라엘인들의 모습을 보여줌으로써 언론 게임media game에서 승리했다. 이스라엘은 정치적으로 패배했다." 쉬프와 야리는 초창기 팔레스타인의 무기사용 금지가 지니는 전략적 이점을 다음과 같이 설명했다.

> "적개심과 분노를 품고 있었음에도 불구하고 팔레스타인인들은 무기에 의존하지 않았다. 이는 동정적 여론을 다투는 투쟁에서 그들에게 명백한 이점으로 작용했다. 팔레스타인인들이 점령지역에서 조심스럽게 무기를 수집한 적이 있었다. 그들은 이 소량의 무기로도 아무런 낌새를 채지 못하는 이스라엘 사람들, 특히 이스라엘 민간인들에게 보복을 가해 큰 혼란을 일으킬 수 있었다. 그러나 팔레스타인인들은 폭력을 자제하는 것이 자신들의 이익에 부합하며, 무기에 의존하는 것은 압도적인 화력을 무차별적으로 사용하는 이스라엘 방위군IDF의 행위를 정당화시켜줄 뿐이라는 것을 본능적으로 알아차리고 있었다. 그리고 그것이 팔레스타인 사람들에 대한 처벌을 불러와 손실을 초래할 뿐이라는 것을 알고 있었다."

그러나 동시에 팔레스타인인들 사이에서는 투쟁에서 폭력이 차지하는 역할을 둘러싸고 합의된 견해가 전혀 없었다. 파타-RC와 PFLP-GC 같은 분파와 하마스 같은 이슬람 단체는 비폭력 투쟁이 지

2부 사례 연구

니는 전략적 이유를 단 한 번도 받아들인 적이 없었다. 고삐 풀린 폭력이 결국엔 인티파다를 압도하고 말았다. 점령지의 준군사 조직은 행진을 벌이고, 도끼와 곤봉을 휘두르며, 캠프에 들어가 화염병 투척과 칼을 사용하는 백병전을 훈련받았다. 특히 각 마을에서 지역 민병대는 눈에 두드러진 붙박이 존재로 떠올랐다. 인티파다가 진행되는 동안 존경받는 지역 지도자 상당수가 투옥되거나 강제 추방되면서 청년층을 제어하기가 어려워졌다. 돌멩이나 화염병, 칼은 치명적인 타격을 준다는 점에서는 이스라엘의 무기와 비교도 되지 않았지만 그럼에도 그들은 때로 이스라엘 군인과 민간인들을 죽이며 이스라엘 내에 있는 잠재적 지지자들을 멀리 떼어놓았다.

비폭력 전장 확대의 실패

이스라엘 정부는 점령지를 유지하기 위해 전적으로 점령지의 팔레스타인인들에게만 의지했던 것이 아니다. 예컨대 이스라엘은 외부에서 값싼 노동력을 들여오는 방법으로 팔레스타인인들의 파업의 공백을 메울 수 있었다. 여기에 덧붙여 이스라엘은 미국으로부터 상당한 수준의 군사적, 경제적 지원을 받았다. 쇼크Schock는 이렇게 말했다.

> "팔레스타인인들이 이스라엘에 맞서 직접적 영향력을 증대시키려면 이스라엘 내의 정치적 분열을 자극해 팔레스타인의 명분에 대한 이스라엘 시민들의 지지를 끌어올리는 방법이 있었다. 또 한 가지 방법은 해외, 그중에서도 특히 이스라엘의 선택에 중요한 영향을 미치는 미국의 압력을 동원하는 것이다. 하지만 인티파다는 이스라엘 시민

이나 미국 정부 같은 제3자의 지지를 얻는 데 실패했다."

인티파다가 이스라엘 대중에게 미친 상당한 영향에도 불구하고 팔레스타인의 대외전략은 결함이 많았다. "대부분의 팔레스타인인들에게 이스라엘 대중과 정부는 부차적 전략 목표에 지나지 않았다. 인티파다의 압력을 통해 간접적으로 영향을 미쳤다면 모를까, 특별히 이들에게 영향을 미칠 목적으로 기안된 전략은 없었다"(다자니).

이스라엘의 평화활동가 애딤 켈러는 팔레스타인인들의 투쟁이 힘을 잃었다면 그 이유는 이스라엘인들이 점령지 안에서 일어나고 있는 일을 비폭력적이라고 인식하지 않았기 때문이라고 말했다. 팔레스타인 시민들의 저항운동은 대부분 점령지의 도시와 마을에서 일어났다. 대부분의 이스라엘인들 눈에는 이러한 운동이 거의 보이지 않았다. 켈러는 이렇게 덧붙였다. "대부분의 이스라엘인들은 돌팔매질을 비폭력적이라고 여기지 않았으며, 이것이 그들 모두가 그때까지 주로 봤던 장면이다."

무바라크 아와드는 PLO가 이스라엘 내의 팔레스타인 시민들을 독려해 이스라엘 내에서의 동등한 시민권 획득을 위한 비폭력 운동을 전개하게 함으로써 점령지의 자결권을 위해 싸우는 팔레스타인들을 지원할 수도 있었다고 주장한다.

"나는 인티파다를 이스라엘로 확대해야 한다는 입장을 지지했다. 이스라엘 내에서는 팔레스타인인들이 시민권과 인권과 평등을 획득하기 위해 싸우고 있었다. 그러나 PLO는 일거에 "안 된다"라고 거절했다. 나는 PLO에 화가 났다. 우리에게 여기저기 곳곳에 인티파다가 있다면 이스라엘에 큰 압력을 가할 수 있었기 때문이다. 하지만 PLO 는 '안 된다'고 했다.…… 이는 전략적으로 엄청난 실책이었다. 바로 여기서 이스라엘의 내부 문제에는 개입하지 말아야 한다고 믿었던 PLO의 근시안이 극명하게 드러났다."

팔레스타인인이면서 이스라엘 국회의원을 지내기도 한 아즈미 비샤라는 1차 인티파다 기간에 UNLU와 아랍-이스라엘인 지역사회 사이의 협조는 없었다고 말했다. PLO와 아랍-이스라엘인 지도자들 사이의 협조가 돋보였던 하나의 중요한 비폭력 운동이 있었다면 그것 은 곧 무산된 '귀환선Ship of Return' 사건이었다. 이 사건은 팔레스타인 인들로 이루어진 두 인구 집단이 기능적 동맹을 맺었을 때의 잠재력을 입증해 보인 것이다.

중력의 중심으로서의 미국

인티파다 운동 초창기에 이스라엘 탱크 부대와 정면으로 맞서는 이스 라엘 어린이들의 모습은 미국을 비롯한 국제사회의 팔레스타인 지지 여론에 불을 지폈다. 봉기 초창기에 미국은 이스라엘의 과도한 폭력 사 용과 강제 추방정책을 비난하는 결의안에 두 차례 찬성표를 던졌다. 미 국에 본부를 둔 SUSTAINStop US Tax-Funded Aid to Israel Now, 미국의 세금으 로 이스라엘 돕기를 당장 중지하라이라는 단체에서 활동했던 마크 랜스 박사 는 인티파다가 미국 시민사회 단체에 심대한 영향을 미쳤다고 말했다.

"인티파다 운동은 팔레스타인인들이 미국 내에서 처음으로 폭력적인 공격을 받는 피해자로 인식되었다는 점에서 매우 성공적이었다. 미국의 언론은 인티파다를 팔레스타인이 테러리즘에서 벗어나 비폭력 저항운동으로 옮겨가는 긍정적 변화로 보았다. 베트남전에 반대했던 단체를 비롯해 미국의 진보적 평화 단체들은 더 큰 평화운동이라는 관점에서 이스라엘의 점령문제를 논의하기 시작했다. 이런 움직임이 일어나기는 그때가 처음이었다. 언론 보도는 미국 내에서 풀뿌리 운동이 활발하게 일어나게 하는 데 기여했다. 아랍-무슬림 단체들과 소규모 유대인 단체들, 평화와 정의를 위한 운동 단체들의 연합은 (팔레스타인과 이스라엘의) 2국가 해법을 중심으로 하나의 연합을 구축하기 시작했다."

그러나 미국 내의 수많은 연대 활동가들은 아라파트와 PLO 지도부에 큰 좌절감을 느꼈다. 왜냐하면 팔레스타인인들의 권리를 지원하는 범세계적 풀뿌리 운동을 전략적 우선순위에 올려놓은 적이 단한 번도 없었기 때문이다. 랜스가 간단명료하게 지적했듯이 "PLO는 ANC African National Congress(아프리카 민족회의, 남아공의 흑인해방조직—옮긴이)가 아니었던 것이다."

오슬로협정의 서명이 있는 뒤 가싼 안도니는 이렇게 말했다. "PLO가 돌아왔다. 그러나 팔레스타인 주민들은 정착촌과 예루살렘 문제 같은 구체적인 사항에 대해서는 관심을 기울이지 않았다. 토지 몰수가 계속되었지만 PLO는 이는 협상 과정에서 일어날 수 있는 일시적으로 '늘어나는 고통'일 뿐이라며 사람들을 안심시켰다." 점령지의 팔레스타인인들과 이스라엘 정부 사이에서 여전히 존재하는 힘의 불균형으로 인해 팔레스타인인들이 이끄는 시민 저항은 조속히 막을 내리고 참여가 줄어든 저항 형태로 바뀌었다.

결론

1차 인티파다는 다양한 층의 수많은 사람이 운동에 참여함으로써 상대방에게 지렛대 작용을 하는 여러 운동 메커니즘을 어떻게 활성화시킬 수 있는가를 보여준다.

수십만 명에 이르는 다양한 참여자들의 적극적 참여에 힘입어 팔레스타인인들의 비폭력 운동은 이스라엘에 상당한 수준의 정치적, 경제적 압력을 가할 수 있었다. 그리고 이스라엘 안팎에서 동정 여론을 얻을 수 있었다. 이는 폭력적 운동과 현격한 대조를 이룬다. 그러나 비폭력 운동은 이스라엘 안팎에서 변화를 가져올 수 있는 잠재적 지렛대(수단)들과 연결돼 있지 않았다. 비폭력 활동가들에게 가해진 탄압은 국내외에서 분노를 일으켰다. 하지만 다른 한편에서 벌어진 폭력사태를 지켜본 같은 관객들은 폭력적 운동에 대한 탄압을 합법적인 것으로 받아들였다.

인티파다는 이 운동이 왜 완전한 성공을 거두지 못했는지, 그 무능력을 설명해주는 유익한 운동역학을 제공해주기도 한다. 특히 비폭력 운동과 폭력적 운동이 동시에 존재했다는 사실과 내부 통합을 달성하지 못한 무능력 또한 운동의 성공을 그르쳐놓은 요소였음을 보여

〈표 5-2〉 팔레스타인의 비폭력 운동과 폭력적 운동 비교, 1987~92

	비폭력 운동	폭력적 운동
참여 인구(추정치)	수십만 명	수만 명
주된 참여층	중산층	남성 청년층
	학생과 지식인	PLO와 이슬람
	노조원	극단주의 단체
	사업가	
	빈곤층	
	여성 단체	
	이슬람 단체	
	마르크스주의자	
	팔레스타인 난민	
보안군의 충성심 변동	있다	없다
전술적 다양성	명확하다	불명확하다
외부 국가 지원	없다	있다
국제적 제재	있다	있다
체제 탄압의 효과	역효과	진압
성과	부분적 성공	실패

준다. 이러한 사실은 비폭력 운동에서의 규율 유지야말로 성공의 전제 조건일 수도 있다는 우리의 초기 명제에 힘을 실어준다. 인티파다 운동의 실패는 이스라엘이 이 운동에 효율적으로 대응했기 때문이라고도 볼 수 없고, 원래 이 운동은 실패할 수밖에 없는 어떤 선행조건을 갖고 있었다고 볼 수도 없을 것이다. 그보다는 저항운동을 잘못 운영했기 때문이라고 말하는 것이 이 운동의 결과에 대한 더 좋은 설명이 될지 모른다.

2부 사례 연구

6장

필리핀 피플 파워 운동, 1983~86

1986년 2월, 대중봉기가 시작되고 2년이 채 지나지 않아 필리핀 독재자 페르디난드 마르코스는 권좌에서 쫓겨났다. 당시 학자들은 마르코스 체제가 공산주의 반란 세력이나 군사 쿠데타에 의해 전복될 것으로 예측했었다. 그러나 정권을 무너뜨린 것은 마르코스의 무장 수비대를 비롯해 사회의 거의 모든 부문이 참여한 대중봉기였다. 정치적 암살과 도둑맞은 선거에 뒤이은 대규모 시민 저항은 독재자의 가장 중요한 국내외 권력 기반을 약화시키며 비교적 평화로운 민주화 과정을 이루어 냈다. 1986년 이후의 민주화 이행 과정이 아무 문제 없이 이루어진 것은 아니지만, 필리핀의 피플 파워 운동은 효과적인 비폭력 저항운동의 인상적인 본보기로 우뚝 서 있다.

페르디난드 마르코스의 통치와 최후

페르디난드 마르코스는 식민지배가 끝나고 독립을 달성한 이후의 필리핀에서 관료들이 지주 엘리트들을 제치고 지배적인 정치적, 경제적 권력체로 부상하기 시작하는 시기에 권좌에 올랐다. 1965년에 처음으로 대통령에 당선된 뒤 마르코스는 국가 기관을 중앙집권화하고, 군대를 재편하며, 정실 인사를 제도화함으로써 권력을 강화했다. 제일 먼저 그는 국가 방위 계획 일체를 넘겨받은 뒤 산만했던 군대의 구조를 뜯어고쳐 지역통합사령부Regional Unified Commands를 만듦으로써 지방 지주들에게 향하던 군인들의 충성심을 자신과 국가로 향하게 했다. 이어 1967년에는 경찰 병력과 경찰대를 필리핀군Armed Forces of Philippines: AFP 아래 편입한 가운데 대통령 안보군Presidential Security Force을 확대해 폭동 진압 전담반을 창설하고, 그 지휘권을 사촌인 파비안 베르에게 맡겼다. 나중에 베르는 AFP 전체를 지휘하게 된다.

진급, 임금 인상, 기타 특전 등을 적절히 섞어 사용하는 방법으로 마르코스는 '필리핀 사회에서 광범위한 권력과 실질적인 자치권을 지닌' 충성스러운 안보군을 만들어냈다. 미국의 지원 아래 마르코스는 행정권을 강화하는 한편, 중앙집권화와 국가의 독점 및 후원 사업, 해외로부터의 원조, 국제 금융기관에서 들여온 차관 등을 통해 엄청난 부를 축적했다.

초창기의 함의 활동

마르코스 체제에 맞서는 저항운동은 1960년대 후반에 시작되었다. 당시 학생과 노동자와 농민들은 정부의 여러 정책들을 표적으로 삼아 상징적 의미의, 그리고 당시의 특정 문제를 다루는 항의운동을 주로 벌였다. 당시의 학생운동은 급격히 늘어나고 있던 '대학 벨트university belt' 캠퍼스들의 도움을 받았다. 이 대학 벨트는 젊은이들을 지방에서 도시로 데려와 이들을 날로 팽창하고 있던 도시 노동자들과 연결시켜주는 역할을 해주었다. 1968년 '필리핀의 공산당Partido Komunistang Pilipinas: PKP'에서 갈라져 나온 마오이스트 분파가 필리핀공산당 Communist Party of the Philippines: CPP을 만들었는데, 이 당의 청년 조직은 마르코스 정권의 낭비를 폭로하는 항의운동에 적극적으로 나섰다. 그리고 CPP는 마르코스 정권에 맞서는 지하 저항조직의 결성을 뒤에서 조종하는 주요 세력으로 떠올랐다. 그와 동시에 교회가 지원하는 자유농연합과 자유노동자연합 같은 단체들이 마르코스 정권의 농업 정책에 도전하는 항의와 연좌농성을 조직했다.

1970년대 초반에 등장한 다른 형태의 저항운동은 권력의 집중화를 꾀하는 마르코스의 움직임에 이의를 제기했다. 1971년, 공정한 헌법위원회 설치를 촉구하며 일어난 시위는 마르코스 체제를 맹렬히 비난하는 성토장으로 바뀌었다. 1971년 1월, 말라카낭 궁 밖에서 벌어진 학생과 경찰의 충돌로 시위자 여섯 명이 사망했다. 2월로 접어들면서 대학교 캠퍼스마다 시위로 들끓는 가운데 공공 광장은 새로운 활동가 조직들의 토론장으로 바뀌었다. 3월에는 운송 노동자들이 파업에 들어갔고, 뒤이어 학생과 노동자들이 연합해 벌인 '민중행진People's March'은 결국 폭력으로 막을 내렸다. 이 '일사분기의 폭풍'은 '국민의 통합된 요구를 담은 필리핀 최초의 도시 저항운동'이었다.

1972년 9월, 마르코스가 계엄령을 선포하기 직전까지 사법부는 독립을 유지하면서 필리핀 경제에 대한 미국의 영향력을 줄이는 취지의 판결을 내리기까지 했다. 그리고 그해 제헌회의 대표들은 마르코스와 그 부인의 행정권 장악을 금지하는 새로운 의회제도에 찬성할 조짐을 보였다. 그러자 마르코스는 이 제도의 초안에 영향을 미칠 목적으로 대표들에게 뇌물을 주고 압력을 행사했다고 언론이 비난했다. 같은 해 마르코스의 국민당은 국회의원 선거에서 자유당에 패배했다. 정적들이 권력을 잡으려 하자 마르코스는 '전 세계가 접근할 수 있는 언어'를 동원하고, (자신을) '공산주의에 반대하는 권위주의자'로 자처하여 스스로를 좌익 반도들과 생사가 걸린 투쟁을 벌이는 인물로 포장했다. 마르코스 정권은 그해 후반기에 있은 계엄령 선포에 대한 국내외의 지지를 끌어낼 목적으로 관료들을 대상으로 거짓 공격을 가하는가 하면 마닐라 주변에서 폭탄을 터뜨리기까지 했다.

체제에 항거하는 무장 도전

필리핀 북부에 결집한 좌익 무장 반군과 필리핀 남부 민다나오 섬에 결집한 무슬림 반군이 마르코스 체제에 무장 도전을 해왔다. 좌익 쪽부터 살펴보면 1969년 초반에 창설된 신인민군New People's Army: NPA은 1968년 12월에 결성된 필리핀공산당CPP 산하의 무장 조직이었다. CPP가 마르크스-레닌주의-마오주의 사상에 기반을 두고 있었다면 NPA는 마오이스트 게릴라 원칙을 견지했다. 1970년대 초반만 해도 CPP와 NPA는 상대적으로 취약했지만 1972년에 마르코스가 계엄령을 선포한 뒤로는 영향력이 확대되었다. 사태가 이렇게 전개되자 마르코스 정권에 반대하는 사람들이 사용할 수 있는 합법적인 통로는 막혀 버렸다. 버마에서와 마찬가지로 교육받은 필리핀 젊은이 수백 명이 농촌 지역으로 쫓겨나 그곳에서 무장 게릴라 운동에 투신했다. 그러나 1970년대 초반까지만 해도 NPA는 한 지방에만 근거지를 두고 (중국) 옌안延安식의 붙박이 기지전략을 채택했다. 이들 '반군의 군사력은 과대평가'되고 있었다. 7천 명 가까이 되는 군대를 북부 지방에 집중 배치했던 마르코스 정권의 대반란 작전으로 인해 1972년 2,500명이었던 NPA 세력(이 가운데 5백 명은 무장 게릴라였고, 2천 명은 민간인 동조자들이었다)은 1974년 전투원과 지지자들을 합쳐 약 5백 명으로 줄어들었다.

그와 때를 같이해 마르코스 정권은 1971년부터 필리핀 남부의 민다나오 섬에 결집한 무슬림 반군의 저항에 직면했다. CPP나 NPA와 달리 무슬림 반군은 (모로민족해방운동의 전신인) 민다나오 독립운동을 벌였다. 이 독립운동은 리비아와 말레이시아로부터 어느 정도 지원을 받았을 뿐만 아니라 마을 차원에서도 강력한 지지를 받았다. 그러나 이 이슬람 분리주의 운동은 공산주의 내란 세력보다 강력했지만 지방에서 전투를 벌일 뿐이었다. 이 전투로 인해 그들의 국가 건설계획은 혼란을 겪었다. 하지만 이로 인해 계획 자체가 망가진 것은 아니었다. 무슬림 반군과 반마르코스 가톨릭교도들은 서로 간의 차이 때문에 긴밀한 동맹관계에 이르지 못했다. 하지만 1980년대 들어와서는 둘 사이에 어느 정도 합의를 이룰 수 있었다. 무슬림 반군이 마르코스 정권으로부터 정치적 양보를 받아내는 데 성공했다는 증거는 거의 없다. 그런데 부드로Boudreau는 "남부 지방에서 벌인 무슬림 반군의 무장 공격으로 인해 훨씬 더 많은 필리핀 정부군이 그곳에 묶여 있을 수밖에 없었고, 그 덕분에 북부의 NPA는 살아남을 수 있었다"라고 지적한다.

계엄령

1969년에 대통령에 재선된 직후 마르코스는 1972년 9월 21일에 마침내 계엄령을 선포할 때까지 자신의 권력을 제한하는 헌법 요소를 체계적으로 제거해갔다. 계엄령을 방어하기 위해 마르코스는 무장 반군의 위협이 강화되고 있다는 구실과 부패를 척결하며 토지개혁을 추진할 필요가 있다는 구실을 내세웠다. 그해 7월, 마르코스 정부는 북한이 NPA(신인민군)에 보내려고 선적한 무기를 중간에서 가로챘다. 그리고 여름 들어 마닐라에서 폭발물 사고 건수가 증가한 가운데 국방장관 후안 폰세 엔릴레를 암살하려는 기도가 있었다는 주장이 나왔다. 이러한 주장은 계엄령을 정당화하기 위해 마르코스가 사용한 최후의 조치였던 것으로 밝혀졌다. 이와 관련해 학자들은 좀 더 현실적인 측면에서 "계엄령은 마르코스가 베니그노 아키노에게 패배할 게 뻔한 대통령 선거를 막고 마르코스의 재산증식을 용이하게 하려는 목적으로 선포되었다"라고 지적한다.

계엄령 아래서 마르코스는 일방적인 대통령 포고령에 의존해 통치했다. 그는 대법원과 입법부를 잠정 해산하는 한편 헌법위원회와 주요 언론기관을 폐쇄했다. 전국 곳곳에 군인들이 배치되어 활동가들을 체포하고 시위를 봉쇄했다. 마르코스 정권은 국회 내의 정적, 학생운동 활동가, 노조 지도자, 상원의원 베니그노 아키노를 비롯한 야당 지도자들을 투옥했다. 아키노는 1980년까지 감옥에 갇혀 지냈다.

그러나 계엄령은 반대 진영 활동가들을 없애기는커녕 오히려 늘

2부 사례 연구

리는 효과를 가져왔다. 마찬가지로 NPA에 대한 정권의 진압 활동 또한 무장 좌익 세력의 확산을 자극하여 1980년대 들어서는 그 세력이 전국 방방곡곡에 확대되기에 이르렀다. CPP(필리핀공산당)는 마르코스 정권의 대반란 진압 작전에 대응하여 정치 활동에 좀 더 집중하기 시작했다.

개혁주의자와 지하로 숨어든 반대운동

1970년대 초반 마르코스는 정적들로부터 약간의 저항에 부딪치기는 했지만 이 시기의 주요 반대파 지도자들은 주로 침묵을 지키거나 정권에 흡수되었으며, 야당은 혼란에 휩싸여 있었다. 계엄령 선포 이후 처음 6년 동안 개혁주의적인 반대파는 무능했고, 대부분의 반대파 지도자들은 투옥되거나 망명 중이거나 정권에 협조했다. 마르코스는 개혁주의 성향의 정치적 반대 세력이 하나로 통합되거나 대중을 동원하지 않는 한 관대하게 대했다.

농촌 지역에서 세력을 확대해나가고 있던 CPP는 도시 근거지도 마련하기 시작했다. 1974년 CPP는 민족민주전선National Democratic Front: NDF의 설립을 선언했다. 운동의 광범위한 확산을 목표로 삼았던 NDF는 계엄령 아래 숨죽여 지내던 시민단체들을 아울렀고, 도시 빈민, 농민, 대학생을 대표하는 단체들을 품 안에 끌어안았다. NDF가 벌인 일부 활동 가운데는 비폭력 저항운동도 들어 있었는데, 노동자들의 파업을 금지하는 마르코스의 1975년 11월 대통령 포고령을 맹렬히 비난하면서 벌인 학생, 노동자, 도시 빈민 등 4천여 명이 참가한 시위 같은 것이 그것이다. 그러나 CPP는 지하 네트워크를 "주로 무장 투쟁에 필요한 작전 기지 겸 신병 모집 기지"로 인식했다. 개혁주의 반대 세력과 달리 CPP와 혁명적 반대 세력은 "정권을 획득하려면 명백하게 인정받고 있는 확실한 전략, 즉 무장 반란밖에 없다"라고 생각했다. CPP는 여성, 농민, 도시 빈민 단체를 조직하기 시작했지만 "그럼에도 당 차원의 전략은 여전히 무장 투쟁을 강조했으며, 개혁 과정에 대해서는 그 어떤 희망이나 애착도 품지 않았다. 그보다 CPP 지도자들은 이런 단체들을 지원함으로써 마르코스 정권이 폭력에 호소할 경우 정치적 온건파를 급진화시켜 신병으로 모집할 수 있기를 바랐다.

1970년대 중반까지 도시의 항의운동과 농촌의 반란은 동시에 또는 각기 따로 재도약하면서 활발하게 전개되었다. NPA는 비사얀의 새로운 기지 지역으로 세력을 확대했고, 민다나오에 있는 이슬람 반군 세력과의 연합 가능성을 타진하기 시작했다. 마르코스 정권이 대반란 진압 작전에 사용했던 마을 소개 전략은 국제 인권 단체들의 비난을 샀다. 이와 관련해 새로운 카터 행정부 아래서 작성된 미 국무부 보고서에는 마르코스 정권의 인권 문제를 비난하는 내용이 들어 있었다. 그럼에도 마르코스는 계속해서 신문을 폐간하고, 학생과 노동운동 조직가들을 탄압하며 정치적 반대자들을 투옥했다.

가톨릭교회와 풀뿌리의 조직화

피플 파워 운동에서 중요한 역할을 맡게 되는 가톨릭교회는 마르코스 집권 기간에 독립성과 합법성을 유지했던 마지막 국민 기구였다. 계엄령 초기만 해도 마르코스 정권에 대한 입장을 '비판적 협력관계'로 설정했던 교회가 이제는 정치적 반대의 주된 창구로 떠올랐다. 교회 일각에서는 처음부터 독재 정권에 반대했는데, 개혁주의에 참가한 사람들도 있고, 혁명적, 진보적 운동에 가담한 사람도 있었다. 교회 위계질서에서 가장 중요한 인물은 하이메 신 추기경이었다. 신 추기경은 1974년 초에 이미 계엄령을 대놓고 비난했다. 당시 그는 밤샘 기도회를 이끌며 마르코스 정권의 군대가 한 신학대학을 급습해 수십 명을 체포한 사건을 맹렬히 비난했다. 5천 명이 넘는 사람들이 기도회에 참석했는데, 당시 이는 계엄령에 항의하는 가장 큰 규모의 집회였다. 신 추기경은 1980년대까지 계속해서 고문과 기타 인권 유린을 일삼는 정권의 만행을 비난했지만, 그와 동시에 정권에 맞서되 폭력을 사용하는 것 또한 거부했다. 그 뒤 가톨릭교회의 일부가 급진주의로 나아가고 NPA(신인민군)가 부상하자 불안을 느낀 신 추기경은 반대 진영의 다양한 분파들을 하나로 묶는 데 주력했다. 그리고 이러한 노력은 결국 1980년대에 들어와 대통합으로 이어졌다. 이는 대중봉기 기간에 폭력을 옹호하는 급진파가 비폭력 운동을 침해하지 못하도록 막았다는 점에서 중요한 의미를 지니는 것이었다.

혁명적 반대 세력과 엘리트가 지배하는 정당들 사이에서 진보적 성향의 풀뿌리 운동은 계엄령 아래서도 그 뿌리를 넓혀 나갔다. 풀뿌리운동 단체 활동가들과 가톨릭교회는 인구의 주변부를 동원하는 데 주력했고, 이는 노동자, 농민, 여성, 학생, 도시 빈민과 관련된 문제에 관심이 많은 분야별 조직 네트워크의 탄생으로 이어졌다. 가톨릭교회 중에서 좀 더 진보적이고 급진적인 일부 운동가들은 농촌 지역에 기독교기초공동체Basic Christian Communities를 조직해 정치의식을 일깨우고 지역의 고충을 해결하는 데 주력했다. 성직자 출신 활동가와 농부들 사이의 끈끈한 유대관계는 교회에 기반을 둔 대중동원을 더 쉽게 해주기도 했지만, 게릴라 저항운동 세력이 새 참여자들을 끌어들이지 못하도록 차단시켜주기도 했다. 1980년 노동자 연합 단체가 정부의 지배를 받는 필리핀노조회의Trade Union Congress of the Philippines에서 탈퇴해 '노동절운동Kilusang Mayo Uno/First of May Movement: KMU'을 설립하면서 비공산주의 좌파 세력은 더욱 강화되었다. 독립된 노조 연합의 탄생은 1980년대 중반부터 본격적으로 시작된 대중 동원 과정에서 중요한 역할을 맡게 된다.

1978년 선거

1970년대 후반 카터 행정부가 가하는 국내외의 압력에 직면해 마르코스는 중도 개혁에 동의하고 1978년 임시국회Interim Batasang Pambansa/Interim National Legislature: IBP 의원 선거를 실시하겠다고 발표했다. 반대 진영은 IBP 선거 참여를 둘러싸고 의견이 갈렸다. 선거에는 보나마나 폭력과 사기행위가 수반될 게 확실했지만 그럼에도 일부 반대 진영은 민주적 외피外皮, facade를 활용해 동원과 조직 작업에 착수했다. 베니그노 아키노는 새로 창당한 국민의힘당Lakas ng Bayan/Strength of the Nation: LABAN 의장인 상원의원 타나다와 함께 그 당 후보로 감옥에서 선거전에 나섰다. 예수회가 지원하는 필리핀사회민주당을 비롯해 저명한 반대 진영 인사들과 정파들이 LABAN을 지지했다. 그러나 반정부 단체 모두가 선거에 참여한 것은 아니었다. CPP는 자유당과 손잡고 선거 보이콧을 이끌었다.

예상했던 대로 마르코스가 이끄는 신사회운동Kilusang Bagong

Lipunan/New Society Movement: KBL이 표 절도와 협박을 통해 선거에서 승리를 선언했고, 이는 조직화된 항의 운동으로 이어졌다. 선거 당일 밤 투표용지 도난 소식이 전해지자 성난 유권자들이 세 시간 동안 솥과 냄비를 두드리고, 경적을 울리며, 폭죽을 터뜨렸다. 그 뒤로도 시위가 며칠 넘게 이어지자 마르코스 정권은 탄압에 나섰다. 4월 9일, 시위자 561명이 체포되고 신학교 사무실이 급습당했다. 계엄령에도 불구하고 학생들은 '촛불' 집회와 행진과 시위를 포함한 다양한 항의운동을 벌였는데, 이런 항의운동은 그 뒤로도 정기적으로 계속되었다. 마르코스가 선거에 끌어들이고자 했던 중도파들조차 "사기를 당한 후 급진적으로 돌변해" 정파를 초월하는 광범위한 기반을 가진 운동 조직을 염두에 두기 시작했다.

폭력으로 돌아선 중도파

1978년의 국회의원 선거에서 보여준 유권자들의 엄청난 투표율은 정권 반대 진영의 일부 사람들에게 미래의 선거에 대비할 힘과 용기를 주기도 했다. 하지만 또 다른 일부에서는 선거 결과에 좌절한 나머지 1978년 후반에 시작된 무장 투쟁으로 점차 돌아섰다. 사회민주당Social Democratic: SD 산하에 몇몇 무장 조직이 결성되었다. 1979년 7월 마르코스 정부군 병사들은 그전까지 온건파였던 무장 반군 1백여 명이 코타바토 북부에서 비밀리에 군사훈련을 받는 현장을 급습했다.

폭력으로 돌아선 온건파의 가장 극명한 사례는 1977년 등장한 불지피자운동Light a Fire Movement: LAFM과 4월6일해방운동April 6 Liberation Movement: A6LM이라는 두 테러리스트 단체였다. 1977년 초 아키노와 노선을 같이했던 한 소규모 단체가 반란 전략을 논의하기 시작했으며, 국회 내의 반마르코스 세력 또한 필리핀공산당 지도부와 손을 잡고 선거 이외의 활동을 벌이는 방안을 고려했다. 한편 사회민주당 활동가들은 "정치운동과 선거전에 무장 투쟁을 능력껏 결합할 것"을 촉구했다.

LAFM은 소규모의 모반 단체로 계속 남아 있으면서 (1979년 마닐라의 몇몇 건물에 불을 지르는 등) 대중시위보다 방화와 파괴 활동에 주력했다. 이 단체는 지도자 중 한 사람인 벤 림이 폭발물을 몰래 반입하다 세관원들에게 적발되면서 무너졌다. 구금되어 있는 동안 벤 림은 단체 회원들의 이름을 줄줄이 폭로해 이 단체에 큰 타격을 주었다. LAFM 회원이면서 미국에 기반을 둔 개인들로 구성된 A6LM과 SD가 조직한 필리핀수호자조직Organization of Defenders of the Philippines 또한 1979년 10월, 미주여행업자협회American Society of Travel Agents 회의장을 공격하는 등 방화와 파괴에 주력했다.

경제 위기와 엘리트의 분열

1980년대 초반 마르코스 정권은 극심한 경기 침체에 시달렸다. 1979년 오일 쇼크가 몰고 온 경제 위기로 필리핀의 교역조건은 40%나 하락세를 보이며 심각한 경제적 어려움을 겪어야 했다. 국제통화기금 International Monetary Fund: IMF이 중요한 수입 신용장을 보류하고 나서면서 필리핀 경제는 더욱 악화되었다. 이 무렵 필리핀 기업가들은 공격적 반체제 입장을 채택하기 시작했다. 정치와 연고가 없는 자본가들을 주축으로 1981년에 설립된 마카티비즈니스클럽을 비롯한 기업가 단체들은 국가의 부패, 그중에서도 특히 정치 패거리들에게 뒷돈을 대느라 눈덩이처럼 불어난 공공부채를 대놓고 비난하기 시작했다. 경제 위기는 대중의 불만을 마르코스 정권의 고질적 부패와 후한 씀씀이에 집중시켰다. 실제로 마르코스 정권은 문화센터를 비롯해 결국 불행하게 끝나고 만 핵발전소 건립 사업에 흥청망청 돈을 쓰는가 하면, 루손 북부에 마르코스 흉상을 세우는 데만도 8백만 달러를 지출했다. 가톨릭교회는 풀뿌리 단체와 노조와 더불어 마르코스 정권을 훨씬 더 대놓고 비난했다.

미국과 IMF 같은 국제 경제기관의 압력이 날로 커져가고 국내의 반대운동이 고조되자 마르코스는 1981년 1월 17일에 '정상화' 계획을 발표하고 계엄령을 해제했다. 계엄령이 해제된 후 공개적인 억압 수위는 내려가고 체포자 수도 줄어들었지만 사법 절차를 거치지 않는 은밀한 살해 건수는 오히려 늘어났다. 그리고 마르코스 정권의 반란 진압 전략의 일환으로 농촌 지역 주민 1백만여 명이 강제 소개되었다. 파업을 금지하는 새로운 규제 조치가 시행되는 가운데 마르코스는 계속해서 대통령 포고령을 통해 통치했다.

계엄령이 해제되기 전 만들어진 개혁주의 분파들 간의 광범위한 연합은 민주야당연합United Democratic Opposition(나중에 민족민주단체연합 United Nationalist Democratic Organization: UNIDO으로 발전)의 탄생으로 이어졌다. 마르코스의 동맹자였던 호세 라우렐과 살바도르 라우렐도 이때 반대 진영으로 돌아섰다. UNIDO의 개혁주의 분파는 1981년 7월로 예정되어 있던 국민투표와 6월로 예정되어 있던 대통령 선거에 불참하기로 결정했다. 선거가 끝나면서 마르코스는 6년 동안 대통령직에 더 있을 수 있게 되었다. 이 시기에 개혁주의 분파들은 서로 간의 협력을 꾀했지만 "대중의 지지나 경제 엘리트의 적극적인 지지는 그다지 많이 끌어내지 못했다."

1983년까지도 마르코스의 정상화 정책은 별다른 성과를 보이지 못하고 있었다. 쇼크가 지적한 대로 "개혁주의 반대 세력을 끌어들이려는 노력은 실패로 끝났고, 개혁주의 세력의 각 분파들은 좌익과 협력하기 시작했다. 엘리트 계층의 분열이 갈수록 두드러지는 가운데 가톨릭교회는 마르코스에 대한 비난의 목소리를 높여 나갔다."

베니그노 아키노의 암살

마르코스의 건강 악화로 대통령직 승계를 놓고 이런저런 문제들이 제기되자 1980년 망명한 뒤로 미국에 살고 있던 야당 지도자 베니그노 아키노는 1983년 조국으로 돌아가기로 결심했다. 망명 기간 중 아키노는 미국 정부를 상대로 마르코스에 대한 지지를 철회하도록 로비 활동을 벌이는 동시에 필리핀 국내의 마르코스 반대 세력과도 계속 접촉하며 지냈다. (아키노는) 자신의 화려한 (마르코스) 반대운동 스타일에 온건한 정치 노선을 결합시켰다. 그는 변화를 바라는 사람들의 희망의 상징이었다. 그는 우연의 일치인지 대통령이 힘을 잃고 경제 엘리트들은 좌절에 빠진 정치적 길조의 시기에 조국으로 돌아왔다. 그는 마르코스와 권력 이양을 협상할 희망에 부풀어 있었을지도 모른다. 그러나 현실은 그렇지 못했다. 8월 21일 마닐라 국제공항에 도착한 직후 아키노는 군 호위부대원에게 암살당했다.

야당 지도자의 살해는 필리핀 국내외에서 큰 공분을 불러일으켰다. 마르코스가 아키노 장례식의 텔레비전 보도를 금지하자 사회·경제 전 분야를 망라하는 필리핀 국민 2백여만 명이 그의 장례식에 모습을 드러내며 장례 행렬을 독재자에게 항거하는 11시간 동안의 시위 현장으로 바꿔놓았다. 아키노의 암살을 둘러싼 최초의 충격과 분노가 휩쓸고 지나간 뒤 반마르코스 세력은 동원에 박차를 가했고, 반대 진영의 다양한 분파들이 모여들었다.

아키노 암살은 필리핀 중산층과 기업가 계층뿐만 아니라 가톨릭 교회의 주류까지 수동적 수용에서 적극적 저항으로 정치적 입장을 돌려놓은 기폭제가 되었다. 1983년 9월 14일, 마카티의 기업가들은 마닐라 마카티 상업 지구에서 주마다 열리는 반마르코스 시위의 최초의 집회를 조직했다. 항의자들이 주변 고층 건물에서 잘게 분쇄한 노란색 전화번호부 조각을 흩뿌리는 가운데 1만여 명에 가까운 사무직 노동자들이 거리를 행진했다. 주마다 열리는 이 '색종이 조각 시위'는 날로 늘어가는 반마르코스 정서를 가장 극명하게 보여주는 것 중의 하나였다. 처음에는 이런 시위를 조율하는 활동가 조직이 전혀 없었지만 지역사회의 기업가들이 나서서 사무실 문을 닫고, 재정적 자원을 제공하고, 시위에 참여할 노동자들을 모집하는 등 시위를 적극 지원했다. 1984년 2월엔 중산층 항의자들이 아키노의 고향 집에서 마닐라 공항까지 75마일에 이르는 '타를락에서 타르막'까지 달리는 행사를 조직했는데, 50만 명이 행사에 참여한 것으로 집계되었다.

아키노의 죽음이 갖는 상징성은 필리핀의 독실한 가톨릭 인구에 깊은 공감대를 만들어주었다. 신 추기경은 아키노 암살을 누구보다도 강경한 어조로 비난하며 살해당한 지도자를 국민의 순교자로 선포했다. 그런 가운데 필리핀 군 장교 다수가 아키노의 미망인 코라손

(코리) 아키노에게 애도를 표했고 국방장관 후안 폰세 엔릴레도 유족들을 찾아갔다. 1983년 10월과 1985년 2월 사이에 165건이 넘는 집회, 행진, 기타 시위가 일어났다. 마르코스 반대 진영 분파들 사이의 광범위한 연합이 시위를 조율했다. 그 과정에서 사회민주당은 '아키노를 위한 정의'와 '모두를 위한 정의'라는 이름의 단체들과, 그리고 나중에는 '자유정의민주주의국민운동' 같은 좌파 성향의 진보적 단체들과도 손을 잡았다.

마르코스 정권은 항의의 물결에 맞서 탄압의 수위를 높였다. 1983년 9월 21일 국민투표 실시 후 마르코스의 안보군이 마닐라의 시위대를 향해 발포하는 바람에 열한 명의 활동가가 목숨을 잃고 수십 명이 다쳤다. 1984년 중반 들어 정권의 안보군은 곤봉, 최루탄, 실탄을 사용해 시위대를 해산시키기 시작했다. 항의운동에 참여하는 주류 인구가 점점 많아지면서 정권의 진압도 충격의 수위를 점점 높여갔다.

1984년 선거

1984년 5월의 국회의원 선거는 반대 진영에 또 다른 국민동원의 기회를 열어주었다. 비민주주의 국가에서 종종 볼 수 있듯이 반대 진영은 선거 참여를 둘러싸고 의견이 갈렸다. 살바도르 라우렐과 베니그노 아키노의 미망인 코라손 아키노가 이끄는 민주주의 전선 UNIDO와 LABAN과 연합한 필리핀민주당, 자유당에서 갈라져 나온 한 분파가 선거에 참여했다. 자유당의 다른 주요 분파와 필리핀공산당 등 선거에 불참한 반대 단체들은 '민주주의 회복을 위한 조직연합Coalition of Organizations for the Restoration of Democracy: CORD'이라는 반선거운동 연

〈표 6-1〉 필리핀의 비폭력 운동과 폭력적 운동 비교

	비폭력 운동	폭력적 운동
참여 인원(추정치)	2백만 명	수천 명
주된 참여층	좌파 세력	지역 공산주의자
	가톨릭교회	남성 청년층
	학생	
	노동자와 노조	
	몇몇 이슬람 단체	
	여성 단체	
	사업가 단체	
	농부 연합	
	도시 빈민	
	NGO와 풀뿌리 단체	
보안군의 충성심 변동	있다	없다
전술적 다양성	명확하다	불명확하다
외부 국가 지원	없다	있다
국제적 제재	없다	없다
체제 탄압의 효과	역효과	진압
성과	성공	실패

합을 결성했다.

폭력, 정부의 광범위한 부정행위, 제한된 언론 노출에도 불구하고 코라손 아키노의 활약에 힘입어 반대 진영 후보들은 총 183개의 의석 중 60개 의석과 마닐라의 21석 중 15석을 확보했다. 선거가 자유롭고 공정하게 치러졌더라면 반대 진영이 분명히 다수 의석을 차지했을 테지만, 어쨌든 도시 지역에서는 새로 설립된 자유선거국민운동 National Movement for Free Election: NAMFREL이라는 독립적 선거 감시기구가 나서서 부정행위 단속을 도왔다. 그와 동시에 전체 유권자의 90%

라는 사상 초유의 높은 투표율은 대부분의 야당 세력에게 미래 선거에 참여할 만하겠다는 확신을 심어주었다. 필리핀공산당만이 계속 선거 불참을 주장하면서 홀로 외롭게 무장 투쟁을 고집했다.

반대 진영 지도부와 좌파가 정치적 생존력을 높여가는 가운데 필리핀의 시민 저항운동도 세력 범위와 강도, 다양성을 늘려가고 있었다. 독립적인 노동 단체, 농민 조직, 학생과 교사 연합, 여성 단체, 인권 단체, 도시 빈민 단체들이 한마음 한뜻으로 연좌농성과 시위에 참여했다. 1984년 선거를 보이콧하고 나서 반선거운동 연합조직인 CORD는 무게 중심을 옮겨 다른 형태의 비협조, 그중에서도 특히 '웰강 바얀(국민 파업)'을 조직하기 시작했다. 웰강 바얀 기간 동안 노동자들은 총파업에 들어갔으며, 가게는 문을 닫고 대중교통이 멈추었으며, 개인 차량도 멈춰 섰다. 다보 시에서 맨 처음 모습을 드러낸 웰강 바얀은 곧이어 다른 도시들로 확산되었다. 1984년 말에 이르러선 교통 파업이 마닐라 일부 지역과 루손 중부뿐만 아니라 다보, 부투안, 카가얀데 오로, 바콜로드, 세부 같은 도시들을 마비시켰다. 1984년 12월 바탄에서 일어난 파업으로 그 지역 운송의 80%가 멈춰 섰다. 파업 효과가 95%에 이르는 지역들도 있었다.

1985년 5월, CORD에서 갈라져 나온 대규모 반독재 전선 BAYAN Bagong Alyansang Makabayan/New Nationalist Alliance이 결성되었다. 필리핀농민운동 Kilusang Magbubukid ng Pilipinas: KMP과 마르코스 정권에 맞서 비협조 전략을 전개했던 KMP 산하 독립적 노동 단체를 비롯해 진보적 단체를 아우르는 우산(산하) 조직이 만들어진 것이다. BAYAN은 5월 초 민다나오 전역을 휩쓴 대규모 웨글란 바얀에 이어 6월에는 바탄 주의 핵발전소에 1만 명을 집결시키는 파업을 조직했다. BAYAN 내부의 불협화음은 대안적 반마르코스 전선 BANDILA^{Bansang Nagkaisa sa Diwa at Layunin/정신과 목적에서 하나 된 국민}의 탄생으로 이어졌다. 하지만 이 두 전선은 한 노조 지도자가 살해된 후 187개에 이르는 노동조합 소속의 노동자 14만 명이 참가한 2월 총파업을 일으켰다. 이들은 1985년을 뒤덮었던 항의의 물결에 자신들이 보유하고 있던 조직과 자원을 아낌없이 쏟아 부었다. 같은 달엔 루손 중부의 농민 7,500여 명이 마닐라까지 행진해 와서 농무부 앞에서 9일간의 연좌농성을 벌이기도 했다.

1986년으로 접어들면서 BAYAN은 KMU 회원 6천 명과 KMP 회원 10만 명, 5백 개가 넘는 풀뿌리 단체의 회원 등을 합쳐 전국에서 2백만 명에 이르는 회원 수를 자랑했다. 종교 단체들도 항의 운동에 열심히 나섰다. 4월 들어 한 이탈리아의 사제가 마르코스의 안보군인들에게 살해되는 사건이 일어나자 3백 명이 넘는 수녀와 사제들이 메트로 마닐라 캠프 크레인 밖에서 시위를 벌였다. 9월과 10월에도 정권의 무리한 진압으로 시위대에서 사망자가 발생하자 "대규모 반정부 시위가 촉발되었으며, 반독재운동에 대한 엘리트의 지지도 높아졌다."

조기 선거

외부의 지원은 많은 경우 비폭력 운동에서 성공의 주된 요소가 아니라고 우리는 보고 있지만, 마르코스 정권에 대한 미국의 지원 감소는 마르코스의 선택의 폭을 제한했을 가능성이 높다. 미국의 지원은 어느 정도는 마르코스의 확고한 반공산주의에서 비롯된 것이지만 아키노 암살사건 이후 계속 줄어들었다. 1985년 말, 미국의 지원이 줄어들어 국내에서의 합법성이 심각하게 흔들리자 필리핀의 독재자는 조기 선거를 요구하고 나섰다. 앞으로 있을 선거가 반대 진영을 또다시 갈라놓을 것으로 자신했든, 아니면 이전 선거처럼 이번에도 선거를 성공적으로 조작할 수 있다고 믿었든, 어쨌거나 마르코스는 미국의 텔레비전에 출연해 1986년 2월 선거를 실시하겠다고 선언했다.

CPP와 BAYAN은 1986년 선거 보이콧을 주장했지만 개혁주의 반대 세력은 코라손 아키노를 대통령 후보로, 살바도르 라우렐을 부통령 후보로 내세우고 UNIDO의 기치 아래 단결했다. 선거를 앞두고 아키노는 비폭력 원칙을 지키자고 촉구하며 폭력적 공격은 용납하지 않을 것이라고 분명히 밝혔다. 교회 지도자들도 비폭력 원칙을 강조했다. NAMFREL, 가톨릭교회, 필리핀 기업계는 물론 군대개혁운동 Reform the Armed Forces Movement: RAM까지도 아키노를 지지했다.

마르코스가 언론을 통제했지만 교회 소유의 라디오 방송국(라디오 베리타스)과 신문 《베리타스Veritas》가 UNIDO의 선거운동을 집중 보도했다. 아키노-라우렐 티켓을 준비하고 개혁주의 세력의 통합을 이끌어내는 데 중요한 역할을 담당했던 신 추기경은 교구민들에게 '정직하고 존경받는' 후보자에게 투표할 것을 당부하는 사목교서를 발행해 마르코스 거부 의사를 에둘러 표명했다. 필리핀 가톨릭 주교단은 교구민들에게 선거를 도둑맞더라도 비폭력 저항운동을 해야 한다고 당부했다. 가톨릭교회와 밀접하게 연결되어 있던 NAMFREL은 전국 선거구의 약 90%를 차지하는 지역에서 자원봉사자 50만 명을 모집해 선거 감시와 관련한 업무 교육을 실시했다. 필리핀의 가톨릭교회와 이란의 광범위한 사원 네트워크처럼 지역사회에 기반을 둔 동원 조직의 존재는 성공 가능성을 높이는 또 다른 요소일 수 있다는 것을 보여주었다.

1986년 선거는 광범위한 부정행위, 투개표 진행 요원을 공격하는 정권의 폭력배들의 방해와 투표용지 바꿔치기 등으로 얼룩졌다. NAMFREL은 정부가 좌지우지하는 선거위원회Commission on Elections: COMELEC의 투표 결과 발표가 얼마나 엉터리인지를 폭로했다. 개표가 끝나기가 무섭게 항의가 시작되었다. NAMFREL이 집계한 투표 결과와 COMELEC이 집계한 결과 사이에 차이가 크게 벌어지자 NAMFREL에서 파견한 개표원들은 COMELEC 본부에 틀어박혀 나오려 하지 않았다. 2월 9일 개표 집계 업무를 맡은 COMELEC 측 진행 요원 30명이 뻔뻔하게 자행되는 부정행위에 항의해 업무를 거부하는 일도 벌어졌다. 2월 15일 KBL에 끌려다니던 국회가 COMELEC이 발표한 선거 결과를 공식적으로 인정하며 마르코스의 승리를 선언했다.

필리핀에서의 선거 부정행위는 1986년 이전에도 있었으나 대중 동원과 운동 조직의 확산은 활동가들에게 이 사건을 훨씬 더 대대적으로 활용할 수 있는 기회를 마련해주었다. 2월 16일 코라손 아키노는 2백만여 명의 군중이 모인 마닐라의 한 집회에서 이 선거는 자신과 '국민'의 승리라고 선언했다. 마르코스를 비난하는 가운데 코라손 아키노는 (마르코스의 취임 예정일 하루 뒤인) 2월 26일 총파업에 들어갈 것, (마르코스 정권의) 족벌이 경영하는 은행에 맡긴 예금을 대량 인출할 것, 국영 언론에 대한 보이콧과 산미겔 같은 족벌 기업체에 대한 불매운동, 야간에 일제히 소음을 낼 것, 그리고 그 밖의 비폭력 행동 등 비폭력 시민 불복종을 골자로 하는 7개 항목의 '국민 승리' 프로그램을 발표했다. 집회에서 아키노는 이렇게 선언했다. "골리앗이 굴복하기를 거부한다면 우리는 계속해서 비폭력이라는 무기를 꺼내들고 폭력 없는 투쟁을 확대해나갈 것입니다."

피플 파워의 승리

'국민 승리' 운동이 시작되기 전 4일 동안에 EDSA^{Epifanino de los Santos} Avenue 혁명이 폭풍처럼 일어나 마르코스의 퇴진을 이끌었다. EDSA 혁명은 군대의 반란으로 시작되었다. 국방장관 후안 폰세 엔릴레와 부참모총장 피델 라모스가 RAM(군대개혁운동) 소속의 장교들과 함께 말라카낭 궁(대통령 관저)을 공격할 계획을 세웠다. 이 계획이 베르 장군에게 발각되자 엔릴레는 2월 23일 반란에 동조하는 군인 4백여 명과 함께 마닐라 외곽의 주요 군사 기지인 캠프 크레인과 캠프 아기날도에서 바리케이드를 쳤다. 라모스 장군은 반란군에 대한 지지를 선언하고 군대에 동참할 것을 호소했다. 라모스와 엔릴레는 기자 회견을 열어 선거 기간에 있었던 대규모 부정행위 증거들을 폭로하며 마르코스 정권과의 결별을 선언했다. 그러자 장교들이 코라손 아키노가 공화국의 정당한 대통령이라고 선언했다. 그 뒤 엔릴레는 미국 대사 스티븐 보스워스와 신 추기경에게 전화를 걸어 지지를 호소했다.

그날 밤, 마르코스는 텔레비전 기자회견을 열고 개혁운동을 하는 사람들이 자신을 암살하려던 음모를 적발해냈다고 주장하며 반란 세력에 항복하라고 명령했다. 그보다 두 시간 전 신 추기경은 라디오 베리타스를 통해 국민들에게 '우리의 좋은 두 친구'를 지지해달라고 호소했다. 이에 수만 명의 일반 시민들이 추기경의 호소를 듣고 자정 무렵부터 23일 아침까지 군인들에게 줄 빵과 보급품을 들고 반란군이 장악한 EDSA 고속도로변의 기지 밖에 모여들었다. 흰색 성직자 옷차림의 수녀, 사제, 성직자들을 비롯해 항의자들은 기지 정문 밖에 서 인간 바리케이드를 치고 혹시라도 있을 무장 공격에 대비했다. 독립된 언론이 마르코스의 검열 주장을 무시하는 가운데 필리핀 국민들은 정부가 선포한 통행금지령과 군사 기지 주변 지역에서 물러나라는 명령을 거부했다. 대규모 저항에 대응해 일단의 AFP(필리핀 육군) 군인들이 라디오 베리타스의 송신탑을 파괴하고 마닐라의 반란 소식이 지방으로 확산되지 못하게 막았다.

2월 23일, 엔릴레와 라모스는 반란군에 대한 지지를 선언한 기업가, 장교, 정치인들과 만났다. 건강 악화로 대통령직 수행이 어려워지고 있다는 비난에 마르코스는 "나는 대통령직을 계속 유지할 것이며 필요하다면 내가 사용할 수 있는 무력을 모두 동원해 이 자리를 지킬 것"이라고 못 박았다. 한편 군 반란자들은 정권에 충성하는 군대의 공격에 대비했다. 라모스가 캠프 크레인 밖에 모여 있는 지지자들을 향해 '국민의 혁명'을 촉구하는 동안에 엔릴레는 라디오 베리타스에 출연해 위대한 시민의 힘을 보여주자고 호소했다. 그는 지역 군 사령관의 90% 이상이 반란군을 지지하고 있으며, 마르코스 정권에 항거하는 국민들도 지지할 것이라고 선언했다.

그 후 사흘에 걸쳐 남녀노소 할 것 없이 수많은 인파가 EDSA 거리거리를 가득 채운 채 국방부를 에워싸고 반란군에 대한 지지를 외쳤다. 정권에 충성하는 군인들이 실탄을 장전하고 대규모 집회를 해산시키기 위해 북쪽에서 오고 있다는 소문이 있었음에도 불구하고 시위대는 한 걸음도 물러서지 않았다. 시위대는 탱크의 진입을 저지하기 위해 거리를 봉쇄하고, 나무를 잘라 넘어뜨리고, 교차로에 버스를 세워놓았다. 온 가족이 마닐라 거리로 나와 야영 아닌 야영을 했으며, 대규모 시위대는 이들과 함께 노래하고, 춤추고, 밤샘 기도회를 열면서 축제 같은 분위기를 만들었다.

마르코스는 캠프 크레인을 공격하기 위해 탱크와 무장 병력으로 이루어진 대규모 해병대를 배치했다. 하지만 정문을 1마일 앞두고 수만 명에 이르는 인간 벽이 정권에 충성하는 군대를 막아섰다. 지휘관 한 명이 군중을 향해 해산하지 않으면 발포하겠다고 위협했지만 비폭력 행동을 하도록 훈련받은 사람들이 다수 참여하고 있던 시위대는 꿈쩍도 하지 않았다. 그 대신 시민 시위대는 탱크 앞에 주저앉아 AFP 군인들에게 꽃과 초콜릿과 기타 평화의 상징물을 건네주면서 군인들이 대열에서 이탈해 시위에 동참하라고 호소했다. 기도를 바치기도 했다. 탱크는 포 한 번 쏘아보지 못하고 철수했다.

정부군은 결국 퇴각했고 전국을 강타한 사병과 장교들의 반란은 텔레비전을 통해 전 세계에 알려졌다. 전투기 조종사들은 반란군이 장악하고 있던 군사 기지 두 곳을 공격하라는 명령을 받았지만 이를 거부했다. 그렇게 할 경우 수많은 민간인 사상자가 나오리라는 것을 알았기 때문이다. 점점 더 많은 군인들이 반마르코스 시위대 편을 들기 시작하면서 "열광적인 대중 축제가 벌어졌다." 라모스는 '새로운 군대'를 '새로 구성된 당국', 즉 아키노와 라우렐의 지휘 아래 두겠다고 약속했다. 한편 마르코스는 사퇴를 거부하며 배신자들을 맹렬히 비난했다. "저들이 내가 아프다고 생각한다면 내가 직접 군대를 이끌고 엔릴레와 라모스를 쓸어버릴지도 모른다. 나는 화약 냄새를 맡으면 맡을수록 더 강해지는 늙은 전투마와 같다"라고 했다(《로스앤젤레스 타임스Los Angeles Times》의 1986년 2월 24일 자 기사 "마르코스 비상사태를 선포하며 반군을 '쓸어버리겠다'고 다짐하다"에서 인용).

대통령 취임식 예정일 하루 전인 2월 24일, 마르코스는 국가 비상사태를 선포했다. 그날 밤 정권에 충성하는 파비안 베르 장군이 자신의 군대는 배신자들을 '말살할 준비'가 되어 있다고 선언하자, 반란군은 정부가 통제하는 텔레비전 방송국 채널 4를 공격해 마르코스가 나오는 생방송 송신을 차단했다. 그리고 예전의 정부 방송국은 반대 진영의 동향을 전하는 프로그램을 내보내기 시작했다. 뒤이어 정권 충성파와 반란군 사이에 총격전이 벌어졌고 수만 명의 민간인이 혹시 있을 충성파 군대의 반격에 대비해 채널 4 방송국을 에워쌌다. 시민들은 충성파 군인들의 손을 붙잡고 흔들며 군대에 햄버거와 도넛, 오렌지 주스를 건네주었다. 잠시 뒤 군대의 지휘관은 철수에 동의했다.

24일 오후, 코라손 아키노는 가족과 함께 반란군이 장악한 기지 근처의 바리케이드를 방문해 승리를 선언하고 군중과 함께 〈아베 마리아〉를 불렀다. 그날 저녁 마르코스 정권의 주요 권력 기반이었던 레이건 행정부가 유혈사태를 막으려면 마르코스가 사퇴해야 한다는 내용의 공식 성명을 발표했다. 그러자 마르코스는 사퇴는 없으며 '마지막 피 한 방울까지' 싸울 것이라고 선언했다. EDSA에 운집한 군중이 수십만 명으로 불어나자 이튿날 아침 아키노는 조각 계획을 발표했다.

그 이튿날 아침, 아키노와 살바도르 라우렐은 대법원의 한 판사 앞에서 대통령직과 부통령직의 성실한 수행을 다짐했고, 이로써 (아야톨라 호메이니가 이란에서 복수 정부를 세웠을 때와 마찬가지로) 복수 정부가 탄생했다. 엔릴레는 국방장관에, 라모스는 군 참모총장에 임명되었다. 그로부터 두 시간 뒤 마르코스는 말라카냥 궁에서 취임 선서를 했다. 그 뒤 반대파 군인들이 그때까지 남아 있던 정부 통제의 텔레비전 방송국들을 인수했다. 마우스피스도 없이, 미국 정부의 지원도 없이 군대 이탈자가 점점 늘어나기만 하자 마르코스는 결국 권력을 움켜쥔 손을 내려놓을 수밖에 없었다. 권력을 공유하자는 제안을 엔릴레가 거부하자 독재자는 그에게 자신과 가족의 안전한 피신을 보장해달라고 부탁했다.

마르코스와 아키노, 미국 대사 보스워스 사이의 협상이 끝난 뒤 미군 헬리콥터가 마르코스와 그 가족 및 수행원 30명을 근처 미군 공군 기지로 실어 날랐고, 거기서 마르코스 일행은 하와이행 제트기를 탔다. 독재자의 출국 소식이 알려지자 필리핀 군중은 말라카냥 궁으로 모여들었다. 불꽃놀이, 거리 춤 공연, 밤샘 기도회가 열리는 가운데 필리핀 국민들은 그날을 해방의 날로, 환희의 날로 만들었다. 궁 정문이 열리는 순간 아키노 지지자들과 마르코스 충성파 사이에 약간의 충돌이 일어나긴 했으나 약탈은 아주 미미한 수준에 그쳤고 사상자도 없었다. 그날 밤늦게 필리핀의 수도는 다시 잠잠해졌다.

한 논객은 필리핀 혁명의 성격을 곰곰이 되짚으면서 다음과 같이 썼다. "폭력 혁명이 끝나고 나면 해결해야 할 문제들이 많고 풀어야 할 원한, 본때를 보여줘야 할 대상이 많아 폭력의 악순환이 계속되기 마련이다. 그러나 필리핀 국민들은 큰 폭력 없이 중요한 정치적 변화를 성취해냈으며, 그 때문에 국민적 화해를 훨씬 더 쉽게 이루어낼 수 있었다."

분석

필리핀의 비폭력 운동이 성공한 이유는 충분한 수의 참여자들을 흡수함으로써 마르코스 정권을 권력에서 몰아내는 데 결정적인 역할을 했던 일련의 메커니즘을 활성화할 수 있었기 때문이다. 혁명이 진행되면서 적극적 참여자가 20만을 넘어서는 가운데 2백만에 이르는 사람들이 집회와 기타 행사에 동참했다. 이 운동에서 나타나는 참여의 특징은 비폭력 행동일수록 참여 장벽이 매우 낮았다는 점이다. 이와 관련해 크리스티나 제이미 몬티얼은 다음과 같이 지적한다.

> "피플 파워에 참여한 사람 모두가 이상적인 동기와 신념을 지녔던 것은 아니다. 인터뷰에 응한 필리핀 사람들은 대중운동에 참여한 이유를 각기 다르게 설명했다. 물론 그중 몇몇은 민주주의를 위해 싸우고 독재 정권을 평화로운 방법으로 무너뜨리겠다는 명확한 목표를 염두에 두고 있었다. 그런가 하면 목표가 뚜렷하지는 않지만 호기심에서 또는 거리 운동에 참여하는 친구나 직장 동료, 가족의 권유로 동참한 사람들도 있었다."

이런 형태의 운동이란 사람들이 어떤 형식에 얽매이지 않고 마음 내키는 대로 참여하는 것인데, 이는 사람들의 참여 장벽을 낮추려면 운동이 비폭력이어야 한다는 것을 말해주는 것이다. 이는 필리핀에서 계속되었던 폭력적 반란과 현저하게 대비된다. 폭력적 반란의 경우엔 처음부터 투쟁을 강조함으로써 사람들의 자발적인 참여를 아예 생각조차 하지 않았다.

대중의 비폭력 저항운동은 마르코스 반대 진영에서 '급진적'이라는 꼬리표를 떼어내고 마르코스의 권력 기반을 제거할 수 있게 해주었다. 당시 AFP^Agence France Press 통신의 필리핀 지국장이었던 테오도로 베니그노는 필리핀 대중 봉기의 성격을 다음과 같이 기억했다.

> "처음으로 중산층이 나왔다. 이는 내게 매우 중요한 의미로 다가왔다. 하나같이 평범한 누군가의 남편, 어머니, 아이들, 십대들이었고, 변호사, 의사, 기술자 등 전문 직업인들도 모두 나왔다. 마지막으로 마카티 (기업계) 사람들이 동참했다. 사상 유례가 없는 일이었다. 필리핀의 가장 보수적인 사람들이 시위에 모습을 드러냈던 것이다."

1979년의 이란 혁명과 부분적으로 성공을 거둔 팔레스타인의 1차 인티파다 운동과 마찬가지로 필리핀의 저항운동이 성공을 거둘 수 있었던 주요 이유는 급진적인 입장을 버리고 좀 더 온건한 중도주의 분파들을 아우를 수 있었기 때문이다. 부드로는 이를 다음과 같이 설명한다. "필리핀 당국은 반정부 인사들을 공산주의자로 몰아세우는 데 너무 열중한 나머지 보통 사람들(기업가, 주부, 성직자)이 반대 진영으로 넘어가는 것을 제대로 막지 못했으며, 그 때문에 지지기반을 잃고 말았다. 마르코스가 바라던 정치적 양극화가 해소됨으로써 중도파 저항 세력은 급진적 반군 세력보다 체제에 훨씬 더 위협적인 존재가 되었다."

비폭력 운동에 다양한 사람들이 참여한 것은 몇 가지 중요한 이점을 가져다주었다. 이는 비폭력 저항운동으로 하여금 농촌 지역을 고집했던 폭력적 반군 세력보다 좀 더 효과적으로 움직이게 할 수 있게 해주었다. 첫째, 저항운동은 마르코스 안보군의 충성심에 변동을 일으키는 데 성공했는데, 앞에서 살펴보았듯이 이는 운동의 성공에 매우 중요한 것이었다. 저항운동이 지닌 대중적인 성격은 안보군을 비롯해 그전까지 정권을 지지했던 자들이 이탈하는 데 정당성을 부여해주었다. 중도주의 노선을 지향하는 좀 더 온건한 지도자들이 반대운동에 합류하고, 항의운동이 조직적인 데다 높은 수준의 비폭력 규율을 입증해 보이자 마르코스 정권에 불만을 품은 엘리트들이 편을 바꾸는 것을 고려하기 시작했다. 그전까지 정권을 지지했던 자들이 정권이 바뀐 이후에도 교수형을 당하거나 재산을 몰수당할 위험이 없다는 확신을 갖게 되자 이러한 분위기는 더욱 고조되었다. 부드로는 이렇게 말했다.

> "온건한 운동 지도자들은 경제 위기, 부정부패, 정치적 양극화, 대통령직 승계 등을 염려하는 정권 구성원들에게 믿을 만하고 또 친숙하게 보였다. 더욱이 저항운동이 강력한 엘리트 기반을 갖고 있고, 사회적 기반을 갖춘 기존 기관들이 운동을 지지함으로써 잠재적인 정권 이탈자들과 아직 마음을 정하지 못한 엘리트들은 당시의 민주적 과정이 (그들이 우려하는) 사회적 재분배라는 요괴를 계속 병에 가둬둘 것이라는 확신을 가질 수 있었다. 민주적 시위가 조직된 덕분에 저항운동은 필리핀 육군AFP의 분파 같은 데에 지원을 호소할 필요도 없이 스스로를 체제의 대안으로 내세울 수 있었다."

필리핀 군대 내부의 극적인 분열에 뒤이어 기업계와 경제계에서도 충성심 변동이 일어났다. 엔릴레 장군과 라모스 장군이 시작한 군대이탈운동은 신 추기경의 지지를 얻고 라디오 베리타스에 접근할 수 있게 되면서 급물살을 탔다. 수녀와 성직자를 비롯한 민간인 수십만 명이 탈영병들이 피신해 있던 병영 주변에 인간 방패를 형성한 가운데 진격해오는 탱크 부대 앞에 무릎을 꿇은 채 기도를 올리면서 마르코스에 충성하는 군인들과 탈영병들 사이의 역학은 완전히 뒤바뀌었다.

코라손 아키노 지지자들은 충성파 군대에게 돌멩이나 화염병을 던지는 대신 음식을 건네주고 동포애에 호소하면서 민주주의 운동에 동참하도록 격려했다. 이러한 비폭력 규율은 정권과 결별한 장성들을 포함한 반대운동의 맨 꼭대기에서 요청해온 것이기도 했다. 반대운동이 보여준 비폭력 규율이 없었더라도 과연 군인들의 대규모 탈영이 일어났을지는 상상하기 어렵다. 이와 대조적으로 마르코스 충성파 군인들은 엄청난 화력을 보유한 무장 반군과 대치할 때는 그 어떤 망설임도 보이지 않았으며, 대반란 진압 작전 기간에 군대 내부에서 이를 두고 분열이 있었다는 증거는 어디에도 없다.

마르코스 정권의 전복을 목표로 삼았던 게릴라 투쟁은 오히려 광범위한 지지를 얻는 데도 실패하고 마르코스 안보군의 이탈을 유도하는 데도 실패했다. 신체적 안전이 보장되지 않는 상태에서 안보군이 NPA(신인민군)나 민다나오의 이슬람 반군 같은 폭력적 운동에 동조할 리는 없었다. 마르코스는 안보군에 그런 운동을 진압하라는 명령을 내리는 데 성공했으며, 그 결과 인근 마을들의 게릴라와 민간인들을 상대로 인권 침해 사건이 일어났다는 사실은 하나도 놀라움을 주지 못했다. 엔릴레와 라모스를 비롯해 군사 쿠데타를 기도했던 장군들은 처음에는 아키노가 대통령이 되는 것을 지지하지 않았다. 하지만 1백만 명에 가까운 사람들이 거리로 나와 아키노의 대통령 취임을 요구하며 그런 노력에 기여한 군대 탈영병들을 칭찬하자 "미래의 군 통수권자들은 진정제를 꿀꺽 삼키고 아키노의 대통령직 취임을 공식 지지하며 새 정부가 제안하는 자리를 수락했다."

둘째, 피플 파워 운동을 억누르려던 정권의 시도는 오히려 역효과를 낳아 훨씬 더 많은 동원으로 이어졌다. 그러나 1970년대와 1980년대 초 공산주의자들과 이슬람 반군 세력은 정권의 탄압을 고스란히 감수해야 하면서도 대중의 지지를 끌어내지도, 정권을 압박할 만한 압력을 조성하지도 못했다. 마르코스는 이들 단체가 가해오는 위협을 계엄령과 일체의 반대 활동에 대한 탄압을 정당화하는 데 사용했다. 몇몇 학자들은 무장 투쟁과 비폭력 저항운동이 마르코스에 맞서는 투쟁에서 서로를 보완했다고 주장하기도 하지만, 반마르코스 운동이 정권에 중요한 도전을 하기 시작한 것은 필리핀 사회의 온건 중도주의 분파를 비롯해 광범위한 단체들이 통합된 지지를 보내면서부터였다. 앞서 말한 두 무장 반군 단체는 광범위한 대중적 기반을 갖춘 마르코스 정권의 대안이 될 만한 역량이 없었다. 그나마 NPA는 교회 내에 지지자(특히 직급이 낮은 사제들 사이에서)들을 갖고 있었고, 때로 개혁주의 정파와 연합도 하면서 그들을 따르는 사람들을 꽤 갖고 있었다. 하지만 CPP(필리핀공산당)는 무장 투쟁을 고수하고 이데올로기적 편협성을 벗어나지 못하며 당의 지배를 강조하면서 선거에 불참하기로 결정했기 때문에 결국 주변으로 밀려나고 말았다.

무엇보다도 마르코스 정권에 맞선 대중의 항의운동은 약탈이나 폭동으로 변질된 적이 한 번도 없었다. 정권에 봉사하는 공무원이나 (중국 상인 같은) 2차적 대상을 상대로 폭력을 행사한 적도 없었다. 반대운동이 보여준 비폭력 규율은 효과적인 지도력과 운동 내부의 강력한 네트워크 때문에 가능했으며, 민주화운동 내부에서 굳건하게 계급동맹이 이루어졌기 때문에 가능했던 것이다. 교회 지도자들, 그중에서도 특히 신 추기경과 코라손 아키노와 살바도르 라우렐 같은 야당 지도자들이 비폭력 규율을 강조함으로써 운동의 비폭력적 성격은 강화되었으며, 이는 그전까지 정권을 지지했던 사람들을 끌어들이는 데 중요한 역할을 했다. 이에 대해 부드로는 이렇게 지적한다. "반대운동은 비폭력적이고 민주적인 대안을 분명히 제시해 보임으로써 마르코스 지지자들을 정권으로부터 이탈하도록 촉발하고, 국제적인 연대 움직임을 마르코스를 무너뜨리는 방향으로 돌려놓았다."

결국 마르코스의 주된 동맹자였던 레이건 행정부마저 정권 지원을 중단하겠다고 선언하기에 이르렀다. 이것은 게릴라 단체에 대한 이전의 진압 성과가 무색해졌음을 뜻하는 것이다. 마르코스 정권은 반군 진압 과정에서 수많은 인권 침해를 자행했는데도, 폭력적 운동단체는 이런 인권유린 행위를 반정부운동에 이용하지 못하고 자신의 고립만 가져왔을 뿐이다. 폭력적 단체들은 이런 무자비한 탄압을 마르코스 정권을 뒷받침하는 국내외 지지기반을 와해시키는 데로 돌려놓을 능력이 없었다.

셋째, 학계의 또 다른 일각에서는 운동에 참여한 사람들의 다양성이 운동에 전술적 혁신을 가져왔다는 점에 주목하고 있다. 즉 참여자의 다양성이 저항운동으로 하여금 체제의 억압 장치를 교묘히 빠져

나갈 수 있도록 도와주었다는 것이다. 부드로의 지적대로 사회의 다양한 분야를 아우르는 조직적, 전술적 네트워크는 마르코스 당국이 저항운동에 필요한 시민적 공간을 제거하지 못하도록 막았을 뿐만 아니라, 보수적인 운동 단체들이 더 진보적인 형태의 주장을 하도록 고무시켜주었고, 더욱 광범위한 기관들이 반독재투쟁에 지지를 보내도록 이끌어주었다는 것이다.

넷째, 마르코스 정권에 공식적으로 제재를 가한 국가는 없었지만, 미국 정부가 마르코스 정권의 권력을 지탱해주는 대규모의 군사적, 경제적 지원을 더 이상 하지 않을 것이라는 점을 분명히 밝히고 나서야 마르코스는 비로소 권력 이양에 동의했다. 이는 비폭력 운동이 어떻게 외국으로부터 효과적인 제재를 끌어낼 수 있는지를 보여주는 (비록 그러한 제재가 미국이나 기타 국제기구의 공식적인 문건에 수록되지는 않았지만) 중요한 사례다. 하지만 마르코스 정권에 대한 미국의 지원 중단이 독재자가 큰 유혈사태 없이 떠나는 데 중요한 요소로 작용했을지 몰라도, 필리핀 사회에서 일어난 실질적인 권력 이동은 미국의 이러한 입장 변화 이전에 나타난 사실을 주목해야 한다. 이는 1986년 도둑맞은 선거 뒤에 가장 두드러졌다. 이러한 일련의 역학에 대한 요약은 〈표 6-1〉에 나와 있다.

폭력적 반군 세력의 존재는 비폭력 운동에 득이 되었을까, 아니면 해가 되었을까?

우리는 비폭력 운동이 마르코스를 권좌에서 몰아내는 데 꼭 필요했을 뿐만 아니라 성공적이기도 했다고 말해왔지만, 이러한 해석에 이의를 제기한 학자들도 있었다. 특히 몇몇 분석가들은 비폭력 운동과 폭력적 운동의 동시 존재가 마르코스 체제의 붕괴에 불을 당겼으며, 무장한 협력자들이 없었다면 비폭력 운동은 효과를 거두지 못했을 것이라고 주장한다. 이는 '급진적 분파의 긍정적 효과'를 말해주는 것으로, 즉 광범위한 사회운동 속의 무장 분파가 비폭력 운동에 힘을 실어준다는 소리로 들린다. 참고로 사회운동을 연구하는 학자들은 남아프리카공화국의 반아파르트헤이트 운동, 미국과 엘살바도르의 인권운동 같은 경우에서 급진적 분파가 만들어낸 효과를 찾아내기도 한다.

필리핀의 경우 부드로는 반마르코스 투쟁에서 폭력적 저항과 비폭력 저항은 서로를 보완했다고 주장한다. 하지만 그런 주장에도 불구하고 폭력적 급진파의 영향력이란 그때그때마다 일시적인 것이어서 여전히 명확한 것이 못 된다. 폭력적 반란 행위는 어떤 정권이 다른 정권으로 바뀌는 정권 이행기에 적극성을 보여주는데, 이것만을 가지고 그들의 존재가 궁극적인 성과를 끌어낸 (이차적 동인은커녕) 일차적 동인이었다고 보기는 어렵다. 필리핀에서 일어난 변화의 메커니즘, 특히 마르코스 정권의 안보군에 왜 충성심의 변동이 일어났느냐를 가장 잘 설명해주는 것은 비폭력 운동이 존재했고 그것이 성장했다는 것이며, 마르코스가 실책을 범했다는 것이다. 주된 반대운동이 폭력성을 띠었다면 마르코스의 군인들은 갈등이 최고조에 달한 마지막 단계에서 정권의 명령을 따랐을 것이다. 부드로가 인정하듯이 EDSA 시위대가 폭력으로 위협해왔다면 안보군은 이들에 대한 발포명령을 실행했을지도 모른다. 하지만 "마르코스 정권 자체가 심각하게 고립되어 있었기 때문에 군인들은 EDSA 시위대에 발포하라는 명령에 따르기를 거부했다."

더욱이 필리핀의 역사와 갈등의 진화 과정을 보면 비폭력 대중운동이 등장하고 나서야 비로소 변화가 일어났다는 점이 명확해진다. 좌파와 이슬람주의자의 폭력은 오히려 정권의 대담성을 키워 더욱 강력하게 권력을 장악하게 했을 뿐이다. 하지만 비폭력 운동이 등장하면서 체제의 지지 기반은 무너지기 시작했다. 따라서 이 경우 비폭력 운동은 필요했을 뿐만 아니라 정권의 지지기반을 약화시키는 데 분명히 영향을 미쳤다고 자신 있게 말할 수 있다. 다시 말해 비폭력 운동과 동시에 존재했던 폭력적 반군 세력이 궁극적 판세에 눈에 띄는 영향을 미쳤다고 주장하기는 어렵다.

결론

필리핀은 이미 정권 이행 이후의 시대를 맞고 있다. 하지만 이 나라가 최소한의 희생만으로 독재정권에서 민주주의 통치로 이행했다는 사실은 민주적으로 지도자를 선출한 운동의 형태 때문으로 설명될 수 있다. 이와 관련해 부드로는 다음과 같이 설명한다.

"엄청난 위력을 발휘하는 조직체가 있었기에 필리핀의 민주화운동은 권력을 장악할 수 있었다. 그것은 낡은 체제로부터도 지원을 끌어들일 만큼 믿음직스러웠다.…… 운동 자체는 새로운 정권을 충분히 오래 지탱해줄 수 있었고, 또 아키노 정부가 공고해지도록 힘을 실어줄 수 있을 만큼 열의도 충분했다. 새로운 정부는 권력이 공고화되기까지 운동의 시발점에서 꽤 먼 길을 걸어가야 했다. 그리고 운동은 1986년 이후 파편처럼 조각나버렸다. 하지만 초창기 민주화운동가들이 지닌 힘은 구정권에서 이탈한 사람들에 비해서도, 필리핀 사회에 비해서도 권력의 이행을 안정화시키는 역할을 더 많이 한 것으로 보인다. 비록 그 사회적 성과를 민주화하지는 못했더라도 말이다."

필리핀 군대가 마르코스의 축출로 이어지는 일련의 사건에서 중요한 역할을 담당하긴 했지만 독재자는 군사적으로 패배한 것이 아니었다. 이에 대해 쇼크는 다음과 같이 주장한다. "피플 파워 운동의 성공은 군대가 일으킨 반란의 결과가 아니었다. 좀 더 정확히 말해 실은 그 반대였다. 즉 군 반란의 성공은 피플 파워 운동의 결과였다." 군대 이탈운동보다 몇 달 앞서, 정권이 무너지기 바로 직전까지 온건한 개혁가, 기업가, 종교 지도자, 그리고 정권 지지자 등 필리핀 사회의 거의 전 분야를 아우를 만큼 성장한 엄청난 대중 동원이 있었고, 비폭력 저항운동이 있었던 것이다.

독재 체제에 맞서 일어난 운동에서 EDSA 혁명(부대에서 이탈한 군대의 반란혁명)의 성공은 무장 투쟁과 비교해 비폭력 운동의 전략적 이점을 주목하게 한다. 필리핀 사회의 다양한 부문에서 많은 사람들을 적극 참여시킴으로써, 그리하여 체제에 대한 압력과 영향력을 대대적으로 증폭시킴으로써 비폭력 저항운동은 마르코스 정권을 지탱시켜주었던 국내외의 중요한 권력의 기둥들을 효과적으로 제거할 수 있었다. 그와 동시에 충분한 조직과 대중의 지지를 확보함으로써 기존 정권의 현실적 대안으로 자신 있게 나설 수 있었으며, 이는 무혈 정권 이행을 용이하게 했다. "참여 기회(즉, 선거)를 십분 활용했던 온건한 저항 세력이 없었던들, 불만을 품은 공직자들state actors에게 신뢰를 준 강력한 운동 조직이 없었던들, 마르코스 정권의 쇠퇴는 필리핀 사회를 양극화시켜 정부당국과 무장 좌파 사이로 갈라놓았을 것이고, 관리들은 저항운동에 맞서 결속을 강화했을 것이 분명하다."

몇 년 동안 마르코스 정권은 양극화된 필리핀 사회와 무장단체가 제기하는 위협에 기대어 권력을 유지했다. 그러나 정권의 분할통치 전략은 결국 역효과를 가져왔고, 베니그노 아키노의 암살로 그 과정은 더욱 가속화되었다. 이에 조직화된 반대 세력 연합은 마르코스의 통치권을 무력화하는 가운데 UNIDO와 코라손 아키노로 대표되는 현실적 정치 대안을 중심으로 힘을 합쳤다. 필리핀 국민들이 이 나라의 주요 분야, 즉 사회, 경제, 종교, 심지어는 군사 조직에서까지 마르코스 정권에 대한 지지와 협력을 철회한 것이야말로 마르코스를 축출한 가장 강력하고 날카로운 힘이었다.

7장

시민 저항운동이 때로 실패하는 이유

: 버마의 봉기, 1988~90

1988년에 있었던 버마의 대중 봉기는 그 나라의 군사독재정권에 대한 유례없는 도전이었다. 경찰의 폭력에 맞서 학생들이 랑군에서 벌인 항의는 민족적으로나 언어적으로 다양성을 띤 버마 인구 상당수를 아우르며 순식간에 전국 차원의 운동으로 번져나가 군사정부를 송두리째 뒤흔들었다. 1988년의 민중봉기는 잠시 군부 통치를 민간인 통치로 바꾸고, 1990년의 다당제 선거에서 군사정부에 반대하는 민주주의를 위한 국민연맹National League for Democracy: NLD에게 승리를 가져다주는 등 몇 가지 소득이 있었지만, 이 봉기는 결국 실패한 운동으로 규정된다. 새로운 군부독재가 선거 결과를 깡그리 무시한 채 민주주의 세력에 그 어떤 양보도 하지 않고 권력을 장악, 유지했기 때문이다.

막 싹이 트기 시작한 민주주의에서 독재 정권으로

버마는 미얀마 족(민족적으로 다수 집단), 몬 족, 샨 족, 라카잉 족(아르카네 세 족), 카렌 족, 카레니 족, 친 족, 카친 족, 팔라웅 족, 파오 족, 카양 족, 와 족, 루 족 등 다양한 민족 집단이 거주하는 나라이다. 버마는 여러 왕조들이 통치하다 1885년 대영제국의 일부가 되었다. 이 나라는 역사적으로 외국의 점령과 지배에 맞서 저항했으며, 비록 일시적이긴 하지만 버마의 다양한 민족 집단을 하나로 통합해왔다. 1885년 이후 바 모Ba Maw와 아웅 산Aung San 장군이 이끄는 버마의 민족주의운동은 영국의 식민지배에 도전했다. 2차 세계대전 기간엔 일본의 침략을 받아 점령된 바 있고, 일본 파시스트 정부 아래서 명목상의 독립을 인정받기도 했다.

버마는 다양한 민족과 언어 때문에 깊은 분열을 겪고, 민족자결 요구가 해결되지 못했을 뿐만 아니라, 각기 다른 민족성을 띠는 민병대들마저 있어 국가 발전에 큰 도전을 받아왔다. 버마의 소수민족들은 다수 민족인 미얀마 족의 의도를 의심스럽게 바라보며 독립도 하기 전에 저마다 민족적 권리를 주장하기 시작했다. 1947년 2월 유명한 반식민주의 지도자(버마 족 출신의) 아웅 산 장군은 팡롱에서 샨 족, 카친 족, 친 족 지도자들과 만나 팡롱 협정으로 알려지게 되는 조약에 서명했다. 협정은 국경 근처 민족들의 연방 내 자치권을 인정하고 민주적 권리와 연방 자원을 배분할 때 차별하지 않기로 약속했다. 소수민족 지도자들은 1947년 버마의 새 헌법에서 버마의 모든 민족 집단에게 평등과 자결권을 인정해야 하며, 분리독립의 권리를 명시해야 한다고 제안했다. 독립운동을 이끈 것은 버마의 독립과 (여러 민족의) 연합을 지지했던 반파시스트인민자유동맹Anti-Fascist People's Freedom League: AFPLF이었다. AFPLF는 처음에는 사회주의자, 버마공산당Burmest Communist Party(BCP, 1939년에 결성)과 버마의공산당Communist Party of Burm, '적기(red flag)' 공산주의자, 인민자원자조직People's Volunteer Organization을 모두 끌어안았다. 하지만 1947년 7월 통합의 중심축이었던 아웅 산이 암살되면서 연합은 붕괴했다. 아웅 산이 암살된 후 BCP가 AFPLF에서 떨어져 나왔고 그 밖의 수많은 군사단체가 발퇴했다. 1948년 1월 영국이 버마를 떠난 뒤 권력을 잡은 AFPLF는 사분오열로 갈라진 채 국내의 수많은 도전에 직면했다.

독립 이후 새 정부와 그 군대는 공산주의자뿐만 아니라 민족에 기반을 둔 여러 집단의 반란에 직면했다. 버마의 군대는 1948년 공산주의자와 카렌 족, 카친 족 군대가 일으킨 반란으로 힘이 약화되었다. 1949년 들어 이라와디 삼각주와 랑군 교외의 많은 땅이 BCP 아니면 카렌 족 군대의 수중에 떨어졌다. AFPLF 안에서 사회당은 지역 민병대 지도자들에게 총과 지역 자치권 확대라는 약속을 내밀며 영향력을 대폭 강화했다. 하지만 새로운 버마 정부는 팡롱 원칙을 대부분 무시한 채 종족민족주의의 요구에 무관심으로 일관하며 엉터리 연방을 만들어 주로 랑군을 통치하는 데만 몰두했다.

새로운 국가 수립 이후 소수민족 집단들의 무장 투장이 뒤따랐다. 1948년에 결성된 카렌국민연합Karen National Union: KNU은 버마 정부로부터의 독립을 추구하는 소수민족 반군 집단 중 최대 규모를 자랑했다. KNU는 수천 명이 넘는 전투원들을 거느리고 정부군을 상대로 주로 기습공격을 감행했다. 그 밖에 독립 이후 결성된 주요 소수민족 반군 단체로는 샨주군대Shan State Army: SSA와 카레니 국민진보당Karenni National Progressive Party: KNPP 등이 있었다.

1950년대 중반으로 접어들면서 군부가 등장해 국가 기관을 제외한 버마의 1차 중앙집권화를 시도하면서 약화된 민간인 지도부에 도전하기 시작했다. 1958년 우 누U Nu가 이끄는 사회주의 정부가 몰락하자 우 누는 잠시 수상직에서 물러나 네 윈Ne Win 장군이 이끄는 군사 과도정부에 권력을 이양했다. 네 윈과 군부 엘리트는 우 누가 버마의 소수민족 집단들로 확대했던 자치권 양보에 분개했다. 그 대신 그들은 무정파無政派 정책과 반란 진압 작전을 강조했다. 1948년부터 1989년에 이르는 시기의 소수민족 반군 단체의 회원 수에 관한 자료는 거의 존재하지 않지만, 2006년을 보면 17개의 주요 단체가 도합 4만이 채 안 되는 회원 수를 유지하고 있었다. 각각의 무장단체가 정확히 언제 결성되었는지 알 수 있는 자료도 존재하지 않거니와 각기 다른 민족에 기반을 둔 단체들의 정파와 무장 분파를 구분하는 일 역시 쉽지가 않다.

군사 쿠데타와 계엄령

민간 지도부의 당파 중심 정책뿐만 아니라 무능과 부패에 분개한 군부는 정부 장악을 기도했다. 1962년 3월 2일 네 윈은 군사 쿠데타를 일으키고 혁명위원회를 설치한 뒤 새로운 군사 정부에서 권력을 휘둘렀다. 그는 계엄령을 선포하고 정치를 중앙집권화 하는가 하면 정부, 관료화된 행정기관, 경제 분야에서 군부의 역할을 확대하기 시작했다. 군부가 은행, 산업, 대규모 기업을 국유화하면서 군 인사들이 사업과 공무원의 행정을 넘겨받았다.

1962년 네 윈이 창당한 버마사회주의정책당Burma Socialist Program Party: BSPP은 독립된 노조와 정당을 금지했다. 대학은 정권의 손아귀에 들어갔고 언론사들은 강제로 문을 닫았다. 그와 동시에 BSPP는 BCP버마공산당 지지자들을 탄압하는 한편 BSPP와 연결된 학생조직을 만들고, 국민연합전선 산하 단체들 및 마을 조직 위원회들을 동원하여 대중의 지지를 얻고사 했다. 많은 좌익 활동가들이 처음에는 이런 식의 풀뿌리 사회주의 운동에 열광했다.

하지만 쿠데타가 성공을 거두고 몇 달 뒤 사회주의 체제에 대한 대중의 지지는 줄어들기 시작했다. 1962년 7월 7일, 군부는 랑군 대학교를 에워쌌다. 대학교에서는 대부분 버마공산당을 지지하는 학생들이 군부 통치에 항의해 시위를 벌이고 있었다. 학생들이 군인들에게 큰 소리로 욕설을 퍼붓자 군대는 시위대를 향해 총을 쏘아댔다. 그러고 나서 군인들은 다이너마이트로 학생회 건물을 폭파했다. 이 사고로 건물에 피신해 있던 학생 수천 명이 사망했다.

학생회관 학살의 충격은 버마 사회 곳곳을 들쑤셔놓았다. 네 윈 정권은 계속해서 반란 진압 노력에 박차를 가했지만 조직화된 도시 항의운동의 가능성은 훨씬 더 큰 위협으로 다가왔다. (사태가 여기에 이르자) 군사정부 당국은 반군 세력과 주기적으로 타협을 해나갔는데, 이는 도시의 항의운동에 대응하는 전략으로는 꿈에도 생각해보지 못한 것이었다. 도시에서 항의운동을 벌이던 단체들은 뿔뿔이 흩어져 있었고 이들과 농촌 지역의 게릴라 사이에는 그 어떤 연대도 없었다.

그러나 대학교 캠퍼스에 대한 BSPP의 탄압과 감시가 날로 강화되자 학생들은 시골로 탈출해 좌익 게릴라들과 합류하기 시작했다. 하지만 "주로 캠퍼스 안에서 활동하던 학생들은 밀림전戰을 수행할 준비가 되어 있지 않아 반군에게 방해만 될 뿐이었다." 학생들은 폭력적인 반란에 참여하지 않았을 때 치르는 대가가 참여했을 때 치르는 대가보다 더 크다고 생각했던 것 같다. 하지만 나중에 대규모 비폭력 저항 참여가 선택의 하나로 떠오르면서 학생들의 선택 폭은 훨씬 넓어진다.

1960년대의 저항운동은 매우 한정적인 성격을 띠었다. 1965년 군사정권이 불교 승가회(수도승들의 조직)에 간섭을 해오자 2천여 명의 승려들이 이에 항의해 시위를 벌였다. 군사정권은 1백여 명이 넘는 승려들을 체포하고 승가회에 제재를 가하는 것으로 이에 대응했다. 또 심각한 쌀 부족 사태가 노동자와 농민들의 폭동을 촉발했다. 아라칸의 식량 폭동 당시 안보군은 대규모 체포와 살상으로 이에 대응했는데, 이때 주민 270명이 목숨을 잃었다.

그런 가운데 1960년대 후반 들어 버마의 무장 반군 세력은 외부로부터 중요한 지원을 받기 시작했다. 식량 폭동 당시 중국 상인과 교사, 학교, 중국 대사관을 표적으로 삼은 폭력사태가 일어난 바 있는데, 그 후 중국은 버마의 공산주의 게릴라들에게 버마-중국 국경 지대의 중국 땅을 피난처로 삼을 수 있도록 허용하는 한편 BCP에 더 많은 돈과 무기를 제공했다. 중국에서 흘러나오는 새로운 자원은 "BCP를 고무해 국가에 맞서 좀 더 배타적인 반란 노선을 채택하게 했다." 좌익 반군 세력에 대한 외부 지원은 여러 가지로 복잡한 결과를 낳았다.

"중국의 무기와 병참 지원에 힘입어 BCP는 그 후 5년 넘게 광범위한 지역을 장악했으나 버마 공산주의가 도시 정치에서 권위를 회복한 적은 한 번도 없었으며, 활동 근거지를 멀리 떨어진 곳으로 옮김으로써 도시 지역과는 조직적으로 사실상 완전히 분리되어 있었다"(부드로 Boudreau).

공산주의 반군 세력은 광범위한 지지를 흡수, 동원하는 데 실패하면서 내부 권력 투쟁의 희생자로 전락했다. 중국에서 문화혁명이 맹위를 떨치자 1967년 BCP 내부에서도 숙청 바람이 불어 학생 출신 신규 회원 대부분과 당의 가장 활동적인 조직가 및 지도자 중 일부가 목숨을 잃었다. 이러한 내부 권력 투쟁은 고도로 조직화된 군부에 비해 버마 좌익 세력의 영향력을 심각하게 약화시켰다.

1970년대 들어 경제적 불만이 버마의 항의 물결을 이끌었다. 1974년 5월 차우크에서 시작된 석유 노동자들의 파업과 공장 연좌농성이 랑군으로까지 확산되었다. 노동자들은 신중하게도 네 윈 정부에 대한 비난을 삼가는 대신 임금 인상과 노동 환경 개선을 요구했다. 그러나 6월 들어 군사정부의 군인들이 노동자들이 파업을 벌이는 공장을 포위하고 노동자들을 향해 발포하는 바람에 적게는 28명에서 많게는 100명이 사망했다. 군부는 또 대학교 캠퍼스로 쳐들어가 동조자로 의심되는 학생들을 체포하고 학생운동 지도자들을 대량으로 살해했다.

그해 말 유엔 사무총장을 지낸 우 탄트의 사망 이후 또 한 번의 대중 동원 기회가 찾아왔다. 버마인들 사이에서 그는 널리 존경받는 정치가였다. 고국에서의 예를 갖춘 장례식이 거부당하자 성난 학생들

2부 사례 연구

과 승려 수천 명이 우 탄트의 시신을 탈취해 시내 곳곳을 행진했다. 학생들은 결국 랑군 대학교의 한때 학생회 건물이 서 있던 곳 근처에 우 탄트의 시신을 묻었다. 우 탄트의 장례식이 끝난 뒤 탱크 부대가 대학교 안으로 밀고 들어와 전 유엔 사무총장의 시신을 파내고 다른 공동묘지로 가져가 묻었다. 최소한 열여섯 명의 학생이 우 탄트의 관을 빼앗기지 않으려고 온몸으로 막다가 군인들에게 살해당했다. 그러자 수도 전역에서 폭동이 일어나 4천5백여 명이 체포되었다. 로버트 테일러가 지적한 대로 군부는 항의에 대응해 "최소한의 인원과 최대한의 화력으로 가능한 한 신속하게 불만의 확산을 막고 일벌백계의 본보기로 삼겠다는 의지를 일관되게 내보였다."

그럼에도 우 탄트의 장례식으로 촉발된 시위는 초창기의 그 어떤 항의운동보다 규모가 큰 조직을 자랑하며 활동가 지도자들의 새로운 중심을 만들어냈다. 1974~75년 들어 대학교의 반체제 운동이 더욱 가속화되는 가운데 총파업위원회가 정치범 석방을 요구하며 인세인교도소로 행진을 벌였다. 그러나 BCP버마공산당는 도시 지역의 이런 상황을 무시하고 농촌 지역의 반군 세력을 중심으로 정부와의 전쟁에 계속 전념했다.

민족민주전선

1976년 5월 비非버마계 소수민족의 무장 반군 단체들이 연합해서 인종 평등과 민족 자결권을 인정하는 연방의 설립을 기치로 내걸고 민족주전선National Democratic Front: NDF을 결성했다. 민족민주전선에는 KNU, 샨주남부군Shan State Army-South: SSA-South, KNPP, 아라칸자유당Arakan Liberation Party, 카친독립당Kachin Independence Party, 라후민족통합당Lahu National Unity Party, 파오국민조직연합Union Pa-O National Organization, 팔라웅주해방조직Palaung State Liberation Organization, 카얀신토지당Kayan New Land Party 등이 참가했다. 하지만 무장단체들 사이의 지리적 거리가 멀고, 이 소수민족들이 살고 있는 지역을 정부군이 모두 장악하고 있어서 이들 단체 사이의 군사적 협조는 사실상 불가능한 것으로 드러났다.

몇몇 반군 단체가 민족민주전선의 깃발 아래 힘을 규합하는 동안 도시 지역에서는 비폭력 항의운동이 계속되었다. 3월 23일, 2천 명이 넘는 학생들이 랑군 대학교에서 버마의 유명한 시인 타킨 코드 흐미네의 무덤까지 행진하며 정부가 주도하는 흐미네의 추모식에 항의했다. 그 러자 군 요원들이 주요 학생 지도자들을 체포하고 그중 잘 알려진 지도자 틴 마웅 우를 처형한 데 이어 그 가족을 감옥으로 보냈다. 군사정권의 극단적인 잔인성, 외부 세계로부터 고립되어 있는 버마의 특수한 상황, 그리고 소수민족들이 동시에 요구한 자결권 갈등 등을 들어 군사정권에 반대하는 비폭력 운동이 왜 버마에서는 그렇게 어려웠는지를 설명할 수 있을지 모른다. 그런데 1980년대 후반 들어 다양한 민족 집단을 아우르는 대중 봉기가 마침내 터졌다. 우리는 정권의 잔인성만으로는 그 운동의 궁극적 실패를 온전히 설명해낼 수 없다고 주장한다.

1987년 사태의 발단

버마는 사회주의적 고립 노선을 몇십 년 넘게 고수한 결과 1987년 들어 심각한 재정 위기에 봉착하기 시작했다. 그해 9월 네 원이 화폐 통용 금지 정책을 도입해 수많은 버마 가구의 예금을 바닥내는 바람에 그렇지 않아도 절망적인 경제 상황은 더욱 악화되었다. 군사정권의 이러한 경제정책은 계속되는 탄압에 대한 분노와 맞물리면서 대학교 캠퍼스에서 대규모 시위를 촉발했다. 항의 시위는 이듬해 말까지 이어졌다.

1988년 3월 13일 랑군과학기술대학Rangoon Institute of Technology: RIT 밖에서 시위를 벌이던 학생들이 군부와 충돌하는 과정에서 포 모 Phoe Maw라는 학생이 총에 맞아 사망하는 사건이 벌어졌다. 학생이 죽었는데도 처벌받은 사람이 아무도 없자 시위는 더욱 확대되었고, 정권의 탄압은 더 가혹해졌다. 랑군과학기술대학과 랑군 대학교 학생들은 서로 연합해 정부에 반대하고 민주주의를 요구하는 성향의 시위를 매일 벌였다. 3월 18일, 폭동 진압 경찰이 랑군 대학교에서 출발해 인야 호 근처의 랑군과학기술대학까지 행진 중이던 학생들에게 발포해 수십 명의 사망자가 발생하고, 1천 명이 넘는 활동가들이 체포됐다. 나중에 버마 관리들은 이 총격으로 학생 41명이 사망했다고 시인했지만 다른 소식통들은 2백 명 이상이 죽었다고 주장했다.

이 이른바 피의 금요일 학살 이후 정부군이 랑군 대학교 캠퍼스를 점령하고 1천여 명이 넘는 학생들을 체포하자 남아 있던 활동가들은 도피 길에 올랐다. 시위가 랑군 전역으로 확산되면서 인근 노동자들이 도피 중인 학생들과 합류했고, 쉐다공 탑과 술래 탑 같은 곳이 저항 세력의 집결지가 되었다. 돌멩이와 화염병을 던지는 고등학생들과 안보군이 충돌하면서 활동가 수십 명이 죽거나 다쳤다.

그러자 네 윈 정부는 여러 학교들과 대학 캠퍼스들을 폐쇄하고 학생들을 시골의 고향으로 돌려보냈다. 고향으로 내려간 학생들은 도시에서 벌어진 잔학 행위에 대해 이야기했다. 항의운동을 조율하고 있던 버마의 지하 세포조직들은 이때까지도 정당조직이나 운동조직과 이렇다 할 만한 연결을 갖고 있지 못했다. 하지만 1988년 3월에 정권이 학교를 폐쇄한 뒤로는 활동가들과 지하 세포 사이의 상호작용이 활발해졌다.

5월 말, 대학교들이 다시 문을 열자 학생들의 시위도 다시 시작되었다. 학생들은 체포된 학우들의 석방, 강제 퇴학당한 학생 수백 명의 복학, 독립적 학생회를 조직할 수 있는 권리 등을 요구했다. 이번에는 모임meetings과 조직을 강조하는 새로운 청년 지도부가 꾸려져 시위를 이끌며 정치색이 짙은 요구 사항을 내걸었다. 학생운동은 유례없는 조직과 정치화를 보여주었고, 감옥에서 함께 시간을 보낸 활동가들이 새로운 네트워크를 만들어 나갔다. 학생 지도자들은 캠퍼스 간 연합을 강화하는 가운데 소책자를 배포하고 기습 파업을 조직했다.

6월 21일, 랑군 대학교를 폐쇄하기로 결정했다는 정부의 발표가 있자 랑군 전역에서 대규모 시위가 일어났다. 불교 승려들과 근처 공장의 노동자들을 비롯해 불만을 품은 도시 빈민과 실업자들이 수천 명의 학생 시위 행렬에 합류했다. 시위 행렬이 랑군 시내에 이를 때쯤엔 시위 인원이 수만 명으로 불어나 있었다. 무장하지 않은 시위대는 또다시 폭동 진압 경찰의 폭력과 마주쳤고, 80명에서 100명에 이르는 사람들이 죽임을 당했다. 정권은 통행금지령을 선포했고 대학교는 다시 폐쇄되었다. 그런 가운데 페구, 프롬, 물메인, 만달라이 같은 랑군 외곽의 도시와 마을들에서도 시위가 터졌다.

6월의 시위는 순전히 비폭력적이지만은 않았다. 몇몇 반정부 활동가들이 '짤랑이(뾰족하게 갈아 독극물을 묻힌 다음 새총으로 쏘아 날리는 자전거 바퀴살)'를 사용해 폭동 진압 경찰들을 살해했다. 1988년 6월의 충돌 과정에서 (안보군 20여 명을 비롯해) 100여 명 이상이 사망했다. 경찰은 활동가 수백 명을 체포해 인세인 교도소로 보냈다. 거기서 군사정권에 반대하는 사람들은 더욱 견고한 유대관계를 형성했고 다양한 분파들 사이에 다리를 놓았다

날로 증가하는 항의운동에 대응해서 군사정권은 다음 달에 BSPP버마사회주의정책당 특별 회의를 열 예정이라고 발표했다. 7월 23일에 열린 회의에서 네 윈은 구속 중인 학생들의 석방을 약속하는 한편 3월과 6월의 발포 사건에 대한 책임을 인정했고, '버마 식 사회주의'를 유보하겠다고 다시 한번 천명했다. 그 뒤 네 윈은 당 총재직을 사임하고, 국가 위기를 완화하는 방안으로 다당제 민주주의에 대한 국민투표를 의회의 회기 중 실시하겠다고 제안했다. 하지만 BSPP 총회는 국민투표 실시를 거부했다. 네 윈은 자신의 후계자로 6월 학살에 가장 큰 책임이 있고 국민들로부터 지탄을 받던 경찰총장 세인 르윈 장군을 지명했다. 이 독재자는 또 "군대가 발포할 때는 표적을 맞추기 위해 쏘는 것"이라며 시위대를 향해 경고성 발언도 서슴지 않았다. 전면적인 민주화와 세인 르윈의 축출은 다음 달에 시작된 대규모 대중 봉기의 중심 구호가 된다.

8-8-88

저항운동 지도자들은 점성술에서 상서로운 날이라고 얘기하는 1988년 8월 8일(8-8-88)을 전국 차원의 총파업일로 잡았다. 지난 1년 사이에 조직력이 몰라보게 향상된 버마의 재야 세력은 총파업으로 이어지는 전국 차원의 시위에 들어갔다. 시위 개시를 알리는 포스터와 팸플릿들이 랑군 시내에 등장하기 시작했는데, 이 포스터엔 지하 단체인 버마 전국학생연합All-Burma Students' Union의 상징 '싸우는 공작새'가 그려져 있었다. 전국적으로 조직된 파업위원회가 반대 세력을 동원하고 시위를 조율했다.

전국의 거의 모든 도시와 마을들에서 파업위원회가 주도하는 시위가 벌어졌다. 시위 때마다 약속이나 한 듯 행진과 연설이 전국에서 동시에 진행되었으며, 싸우는 공작새를 그린 깃발과 현수막이 펄럭이고, 반정부 유인물들이 어김없이 배포되었다. 학생 활동가들은 정부를 비난하며 민주화를 요구하는 시위를 확대하자고 촉구했다. 승려들도 군인들한테서는 시주를 받지 않겠다는 의미로 탁발을 거꾸로 들고 다니며 학생들과 합류했다. 파업위원회는 마을 앞에 바리케이드를 치는가 하면, 외곽 지역의 시위 참가자들을 중앙의 시위대로 보내기도 하고, 집회를 계속 열기 위해 기부금을 모았다.

8-8-88 당일 BBC와 VOA미국의 소리 방송를 통해 버마 국민들에게 랑군으로 모일 것을 호소하는 인터뷰 방송이 나가면서 시위는 절정에 달했다. 비폭력 대중 동원에서 언론과 커뮤니케이션이 얼마나 중요한지를 새삼 실감나게 하는 순간이었다. 학생, 승려, 노동자, 공무원, 실업자, 전문 직업인, 출신 배경이 제각각 다른 소수민족 구성원 등 수

십만의 인파가 민주주의를 촉구하는 상징물과 현수막을 들고 행진했다. 행진은 9월 19일까지 매일 이어졌다. 도시 출신의 학생과 활동가들은 고향으로 돌아가 파업위원회를 결성하고 대중 동원 노력을 주도하며 시위 활동을 조율했다. 사가잉, 만달라이, 타웅지, 프롬, 핀마나, 몰멘, 타보이, 바세인 등지에서도 대규모 시위가 벌어졌다.

운동 지도부는 군대의 충성심 이동을 조성하는 전략을 구사하지 않았지만 학생들은 안보군에게 호소하며 혹시나 있을 공격으로부터 시위대를 보호하기 위해 군인들과 경찰을 에워쌌다. 8-8-88 밤 군인들은 비무장 시위 군중을 향해 자동화기들을 쏘아대기 시작했고, 랑군 종합병원을 향해서도 총격을 가했다. 그 때문에 그 안에 있던 간호사와 의사 수십 명이 목숨을 잃었다. 8월 12일까지 시위대에서 최소한 2천 명이 살해당했다. 폭력은 순전히 일방적이지만은 않았다. 시위대 가운데 일부가 짤랑이와 돌, 화염병으로 군인들에게 맞섰기 때문이다.

시위가 거세지자 8월 12일, 세인 르윈이 사퇴를 발표했다. 이는 비무장 봉기가 가져다준 직접적 성과였다. 일주일 뒤인 8월 19일, BSPP의 온건파인 민간인 마웅 마웅 박사Dr. Maung Maung가 새로운 버마 대통령으로 지명되었다. 다음 날 수천 명의 시위대가 마웅을 대통령으로 지명한 것을 비난하며 일당 지배의 종식을 촉구했다. 반대 진영은 8월 22일 하루 동안 국민파업을 선언하고 전국적인 파업 지도부를 설치했다. 많은 노동자들이 과도정부가 수립될 때까지 일터로 돌아가길 거부했다.

8월 24일, 마웅 마웅 박사는 반대 진영에 대한 양보의 일환으로 계엄령 해제를 발표했다. 그는 정부군에게 철수를 지시했고, 실제로 몇몇 지역에서는 군대가 완전히 자취를 감추었다. 두려움이 어느 정도 누그러지면서 1백만 명이 넘는 인파가 랑군의 항의 시위에 참여한 가운데 다른 도시들에서도 수십만 명이 시위에 동참했다. 그다음 3주는 버마 민주화 운동의 절정으로 일컬어진다. 전국에서 사람들은 BSPP를 탈퇴하고 BSPP 당원증을 불태웠다. 정부의 공무원, 승려, 군부의 몇몇 구성원, 세관원, 교사, 병원 직원을 비롯해 각계각층의 버마 시민들이 시위에 참여했다.

아웅 산 수 치의 등장

비폭력 저항이 절정에 이르렀던 이 시기에 버마 독립운동 영웅의 딸 아웅 산 수 치는 대중의 지지를 받는 민주화운동의 인물로 떠올랐다. 얼마 전 병든 어머니를 돌보기 위해 버마로 돌아와 있던 아웅 산 수 치는 1988년 8월 26일 쉐다공 탑에 운집한 최소한 50만 명의 군중 앞에서 연설에 나섰다. 다당제 민주주의, 국민 통합, 비폭력 행동, 비폭력 규율을 촉구했다. 국내에서 강력한 지지 기반을 쌓은 아웅 산 수 치는 국제적으로도 버마 재야 세력의 얼굴로 널리 인정받았다.

그러나 아웅 산 수 치를 비롯해 틴 우, 아웅 지, 우 누 같은 유력한 야권 정치인들은 주로 단독 행보를 계속하면서 학생이나 기타 풀뿌리 반대 단체와의 연대에 마음 내켜하지 않았다. 국민 총파업 기간에 야권 지도자들을 단일 지도 체계로 묶어내려던 학생들의 시도는 대부분 실패했다. 무엇보다도 엘리트 지도부와 대중 사이의 유대관계가 취약했을 뿐만 아니라 지도부 자체도 내부적으로 분열되어 있었기 때문이다. 8월 26일, 우 누가 자신이 합법적인 수상이라고 자처하며 그림자 정부를 구성할 사람들을 지명하면서 분열은 더욱 가속화되었다. 이 사건은 저항운동 지도부 사이의 미미한 응집력마저 완전히 짓밟아버리며 운동 내부의 활동가들을 혼란에 빠뜨렸다.

그럼에도 8월 총파업은 정권을 심각하게 약화시켰고, 많은 사람들이 정부가 곧 무너질 것으로 생각했다. 하지만 9월 중반 들어 군인들과 시위대의 충돌이 점점 잦아지면서 항의 시위는 걷잡을 수 없이 폭력적으로 변했다. 군대가 사주하는 선동가와 파괴 공작원들이 정부가 감옥에서 풀어놓은 범죄자들과 함께 방화, 약탈, 폭력 등 불안을 조성하는 활동에 뛰어들었다. 성난 버마인들은 정부 앞잡이나 파괴 공작원으로 의심되는 군 정보 요원 다수를 살해했다.

항의 시위와 총파업은 국가를 사실상 마비시켰다. 마웅 마웅 대통령이 반대 진영에 양보안을 제시하려 했지만 (학생들이 주를 이루는) 반대 세력은 정권을 즉각 임시 과도정부로 넘겨야 한다고 주장하며 그의 제안을 일거에 묵살해버렸다. 반대 진영 지도부는 내분이 너무 심해 통일된 전략을 가지고 정권에 접근할 역량이 없었다.

9월 18일 국가법질서회복평의회 쿠데타

혼란의 와중에서 반대 진영 지도부가 내분으로 심각한 갈등을 겪자 네윈이 조직하고 소 마웅, 킨 뉸, 탄 슈웨 장군 등이 이끄는 일단의 장성들이 9월 18일 쿠데타를 일으키고 국가법질서회복평의회State Law and Order Restoration Council: SLORC를 설치했다. SLORC는 평의회의 목적이 법과 질서를 회복하고 민주적 선거를 준비하는 것이라고 말했다. SLORC는 곧바로 정부를 해산한 뒤 계엄령을 다시 선포해 5명 이상이 만나는 집회를 금지하고 통행금지를 강화했다. SLORC나 군대를 비방하는 행위는 불법으로 간주되었다. 주로 승려와 학생들로 이루어진 최소한 3천 명의 버마 시위자들이 그날 랑군과 기타 도시들에서 SLORC 군대가 쏜 총에 맞아 사망했다(BBC 뉴스, 2007).

SLORC는 전국의 파업위원회를 짓뭉개며 나라 곳곳의 거리와 마을마다 모습을 드러냈다. 버마 노동자들은 식량도 돈도 떨어져 빈털터리가 되자 일터로 복귀하여 총파업이 맥없이 끝나버리고 말았다. SLORC의 폭력이 날이 갈수록 격렬해지자 학생 수천 명이 소수민족 반군들이 지배하는 국경 지역으로 달아나 독재 정권에 대항해 무기를 들었다.

필리핀 독재자 마르코스의 전술을 그대로 답습해 SLORC는 선거 일정을 1990년으로 잡고 국내외의 압력을 무마해 합법성을 달성하는 한편 외국 원조를 확보하고자 했다. 전버마학생회연합All Burma Federation of Student Unions: ABFSU, 버마민주동맹Democratic Alliance of Burma: DAB, 그리고 (정당으로 등록한) NLD민주주의를 위한 국민연맹 등 주요 반대 단체들은 선거 동원령을 내렸다. 아웅 산 수 치는 NLD의 사무총장이 되고 나서 1988년 11월부터 1989년 7월까지 전국 순회에 나서 정권을 비판하는 문건을 배포하며 민주주의 '정신의 혁명'을 촉구했다. 정신의 혁명은 민주주의의 발전을 도모하는 일종의 비폭력 저항운동이었다. SLORC의 엄혹한 탄압에도 불구하고 NLD 지도자 아웅 산 수 치는 엄청난 군중을 불러 모았다.

1989년 중반까지 SLORC는 아웅 산 수 치와 NLD를 상대로 협박의 수위를 높였다. 1989년 4월, ABFSU의 부의장 아웅 딘을 비롯한 지도자들이 체포, 투옥되었다. 1989년 7월 20일 군사정권은 아웅 산 수 치를 가택연금하고 NLD 집행위원회 구성원 대부분을 투옥했다. 1989년 11월 들어 6천 명이 넘는 정치범들이 버마 교도소 곳곳에 투옥되어 고초를 겪었다.

1989년 5월 초, SLORC는 국경 지역의 반군 단체들과 정전협정에 서명했다. 나중에 버마의 소수민족 반군 단체 대부분으로 확대된 이러한 조치는 반군들에게 자기 지역 안에서의 자치권을 허용했으며, 이를 통해 "군부는 국경 지방의 평화를 확보함으로써 버마 심장부의 민주주의 운동과 좀 더 좋은 조건에서 거래할 수 있는 여지를 마련했다". 상당수의 무장단체가 군부와 손잡고 정전협정에 서명하지 않은 다른 소수민족의 반군들과 싸웠다. 군사정권은 BCP^{버마공산당} 출신 전사들(BCP는 1988년 사실상 와해되었다)이 주를 이루었던 와 주^{Wa State} 연합군과 미얀마민족민주연합군 같은 무장단체들을 관대하게 봐주었다. 나중에 SLORC는 와 주 반군 단체들을 대리 군軍으로 내세워 타이 국경 지역의 몽타이 군 같은 게릴라 단체들을 억제했다.

1990년 5월 27일, 국회의원을 뽑는 다당제 선거가 실시되었다. 선거운동에 대한 가혹한 탄압과 수천 명에 이르는 반대 진영 지도자들에 대한 체포로 정권은 선거에서의 승리를 예상했으나 결과는 충격으로 나타났다. 총 485개의 의석 가운데 NLD가 392석을 차지하고 '민주주의를 위한 연합민족동맹United Nationalities League for Democracy: UNLD'이 65석을 차지했다. SLORC가 미는 국민통합당National Unity Party은 겨우 10석을 차지했을 뿐이었다. SLORC는 NLD가 의석의 80%를 확보했다는 사실에 경악을 감추지 못했다. 그러나 승리하는 정당에 권력을 넘기겠다는 약속을 지키지 않았다.

약속을 지키기는커녕 정권은 NLD와 UNLD 지도자들을 체포, 투옥했다. 1990년 7월, NLD 의장 아웅 산 수 치가 자택에 연금된 가운데 젊은 NLD 활동가 다수가 살해되거나 체포되었다. 한편 국경 지역의 게릴라 저항은 답보 상태에 머물러 있었다. 사실 SLORC와 정전협정에 서명한 뒤로 한때 소수민족 게릴라 군대가 장악했던 무장 지대는 크게 줄어들었고, 소수민족 반군 단체 대부분이 완전히 해체된 상태나 다름없었다.

하지만 필리핀에서와 달리 반대 세력은 거의 해체된 상태라 비협조 운동이나 기타 형태의 대중 저항운동을 통해 도둑맞은 선거에 저항할 처지가 못 되었다. 1988년 버마 봉기를 이끌었던 한 지도자가 나중에 지적했듯이 반대 세력은 '종반전'에서 뛰어보지도 못한 채 심각한 분열 상태에 빠져 도둑맞은 선거가 내주는 기회를 붙잡을 힘이 없었다. 그 결과 2년이 넘는 저항 끝에 반대 진영은 세인 르윈을 권좌에서 몰아내고 정부를 압박해 다당제 선거 실시를 얻어내는 데는 성공했으나 군사 체제를 무너뜨리는 데에는 결국 실패했다.

분석

이 책에서 우리는 더 많은 참여자들을 끌어들이고 기존 체제의 주된 권력 기반을 제거하는 다양한 메커니즘을 활성화시킨다는 점에서 볼 때 비폭력 운동이 폭력적 운동보다 유리하다고 말해왔다. 하지만 버마

<표 7-1> 버마의 비폭력 운동과 폭력적 운동 비교

	비폭력 운동	폭력적 운동
참여 인원(추정치)	1백만 명	수천 명
주된 참여층	학생	도시 공산주의자
	진보적 지식인	남성 청년층
	불교 승려	다양한 소수 민족
	노조	
	변호사	
보안군의 충성심 변동	없다	없다
전술적 다양성	불명확하다	불명확하다
외부 국가 지원	없다	있다*
국제적 제재	없다	없다
체제 탄압의 효과	진압	진압
성과	실패	실패

*BCP는 중국으로부터 지원을 받았지만 NAVCO 데이터 세트에서 BCP는 독립된 반군 단체로 등록되어 있지 않다.

의 경우 비폭력 운동은 권력의 이동에 필요한 지지를 얻어내지도, 그렇다고 스스로 나서서 필요한 변화를 만들어내지도 못했다.

우리는 버마 봉기의 실패 원인을 상황적 요인뿐만 아니라 두 가지 중대한 전략적 결함 때문이었다고 설명한다. 첫째, 저항운동은 다양한 참여자들을 가진 강력하고도 응집력 있는 네트워크를 만들거나 유지하지 못했다. 운동 세력 내부의 분열과 여러 무장 분파들은 특히 1990년 도둑맞은 선거 이후 저항운동을 약화시켰다. 둘째, 그 결과 반체제 항쟁은 체제(정권) 내에서 충성심의 변동을 일으켜 체제를 그 권력 기반과 떨어뜨리지 못했다.

셋째, 국제적으로 역할을 할 수 있는 사람들이 버마의 군사정권에 대해 민주화운동의 요구를 들어주라는 압력을 강력하게 가하지 않았다. 버마가 처해 있던 극단적인 고립은 (폭력적 운동이든 비폭력 운동이든) 반체제 저항운동의 성공을 매우 어렵게 만든 요인일 수 있다. 저항운동에 대한 외교적 지원이나 그전까지 정권이 받아왔던 물질적 지원에 대한 중단은 이런 상황에서, 특히 비폭력 운동에 훨씬 중요한 역할을 할 수 있다. 더욱이 (중국과 버마의 관계에서처럼) 비민주적 체제가 다른 비민주적 체제에 중요한 정치적, 경제적 또는 군사적 지원을 제공할 경우엔 토착 시민 저항운동이 비민주적 체제의 외부 지지 기반을 무너뜨리기가 더욱 어려울 수 있다. 하지만 이는 폭력적 운동에도 똑같이 적용된다. 사실 폭력적 운동은 정부를 상대로 소모전을 치르느라 외부 지원에 훨씬 더 많이 의존했을 수도 있다.

운동 참여와 분열

1988년의 버마 봉기에서 부족했던 것은 곳곳에 분산된 강력한 네트워크를 만들지 못했다는 것이고, 체제에 지속적으로 도전할 수 있는 야당 세력과 풀뿌리 단체들 간의 연합전선이 없었다는 것이다. 1988년 7월 말 이전에 네 원 군사정권은 이미 버마 저지대에서 반정부활동을 하지 못하도록 사실상 봉쇄해놓은 상태였다. 더욱이 버마의 경우엔 선거와 같이 사람들을 정치에 참여시킬 수 있는 일상적인 정치 과정이 1990년까지 아예 없었다. 그 대신 체제의 극심한 탄압으로 활동가들은 반군 세력이 장악한 시골로 각자 뿔뿔이 흩어지거나 고립된 지하 세포 조직의 구성원이 되었다.

비평가들은 정권의 극심한 탄압 기술 때문에 버마에서는 분산성을 갖춘 강력한 저항운동의 네트워크가 아예 존재할 수 없었다고 주장할지 모른다. 물론 그럴 수도 있다. 하지만 1988년 7월 말부터 버마의 활동가들은 다수의 파업위원회를 조직하고 파업 소식지를 만드는 등 저항운동을 새롭게 기획하고 단체들 간의 협력을 조율하는 노력을 기울였다. 그리고 그것은 마침내 8-8-88운동으로 이어졌다. 이처럼 반대 세력을 통합하려는 움직임이 없었던 것은 아니다. 그러나 버마에는 SLORC군사정권의 '국가법질서회복평의회'의 탄압을 견뎌낼 수 있을 만큼 운동을 지원하고 지탱해줄 수 있는 자율적인 기구가 없었다. 학생과 기타 활동가들이 시골로 피신해 반군 단체에 합류하면서 정권의 탄압은 더욱 쉬워졌다.

> "당국은 도시 지역을 장악함으로써 권력을 유지했다. 그들은 그와 같은 입지를 이용해 학생들을 살해하고 생존자들을 시골로 쫓아버림으로써 저항운동의 공격을 막아냈다. 군사당국이 가두시위보다 이런 형태의 방법을 선호한 데에는 그럴 만한 이유가 있었다. 그들은 반군 세력을 다루는 데 거의 이골이 나 있었으며, 그 결과 경험이 별로 없는 투사들이 반체제투쟁에 유입되는 것을 막고, 오히려 그들이 적진(반군) 쪽으로 들어가도록 돌려놓을 수 있었다"(부드로).

버마에서 가장 광범위하면서 분산력을 갖춘 조직으로 꼽히는 불교 승가회는 군부의 통제 아래 놓여 있었다. 승가회 지도자들, 그중에서도 특히 나이 든 승려들은 대부분 체제의 탄압에 항거하지 않았다. 상대적으로 젊은 반체제 승려들은 전버마청년승려연합All Burma Young

Monks' Union을 결성해 체제에 도전했다. 하지만 군사정권에 맞서 종교적 보이콧을 조직한 승려들은 승직 박탈과 체포, 고문을 당해야만 했다. 1990년 선거가 끝나고 전버마청년승려연합은 민주적으로 선출된 국회에 정권을 이양하라고 촉구했지만 SLORC는 이 단체 회원 수백 명을 체포했고, 전버마승려연합은 결국 붕괴되고 말았다. 그 결과 승가회는 버마의 피플 파워 운동에서 가톨릭교회가 필리핀에서 했던 것과 같은, 울레마−바자리(상인) 네트워크가 이란에서 수행했던 것 같은, 그리고 1차 인티파다 운동 당시 주민위원회가 팔레스타인에서 했던 것 같은 자율적인 대중 동원 메커니즘 역할을 해내지 못했다.

1988년 6월부터 9월까지 계속된 '랑군의 봄' 당시 비무장 반체제 운동 세력을 상대로 한 군부의 폭력 사용은 처음엔 역효과를 일으키며 대중 동원의 확산을 가져왔다. 하지만 9월 중순 들어 SLORC가 권력을 잡은 뒤로 군부의 대응은 국가의 후원하에 반체제 운동의 해산과 진압으로 이어졌다. 체제의 검열과 독립된 언론 제거 작업은 반대 진영에 심각한 장애로 작용했다. 쇼크에 따르면 '랑군의 봄' 기간에 우후죽순처럼 쏟아져 나온 대안적 인쇄 매체는 학생 중심의 시위를 대중운동으로 전환하는 데 크게 기여했다. 이 당시 노동자들은 국가가 운영하는 신문사들을 접수해 시위 소식을 보도하고 운동이 요구하는 내용을 찍어냈다. 하지만 1988년 9월, 권력을 잡은 SLORC는 독립적인 언론 매체들을 폐간시켰다. 대중이 대안적 정보원情報源에 더 이상 접근할 수 없게 되자 운동을 유지하기가 갈수록 어려워졌다.

마지막으로, 정치 엘리트와 풀뿌리 운동 단체는 군사정부를 대체할 만한 통합된 대안을 마련하지 못했다. 운동 지도자와 대중 사회의 유대는 광범위하긴 했지만 매우 취약했다. 저항운동을 총괄하고 조율할 범국민적인 우산 조직umbrella organization을 결성하는 데 실패함으로써 효과적으로 조직된 SLORC와 비교해 반대 세력의 힘은 심각하게 약화되었다. 물론 저항운동을 조율할 범국민적인 우산 조직을 결성하려는 시도는 있었다. 예를 들어 1988년 11월 타이 국경 근처의 카레니족 지역에서 전버마학생민주주의전선All Burman Students' Democratic Front과 버마민주동맹Democratic Alliance of Burma, DAB이 결성되었다. 하지만 DAB는 버마 중부의 활동가들과 거의 접촉하지 않았고, 따라서 군사정권이 선거 결과를 거부한 뒤에도 SLORC에 맞서 저항운동을 조율하지도 사람들을 동원하지도 못했다.

SLORC의 탄압 때문에 어쩔 수 없이 버마를 탈출해야 했던 선거 당선자들을 규합하기 위해 1990년 9월 세인 윈 박사는 분열된 반대 세력을 결집시키기 위한 중요한 행동에 나서 버마연방국민연립정부National Coalition Government of the Union of Burma: NCGUB를 결성했다. 하지만 그 무렵 군사정권 반대운동에 나섰던 다수의 국민들은 이미 대부분 해산된 상태라 체제에 도전을 가할 만한 수준으로의 회복이 불가능했다. 망명지에서의 NCGUB는 군사정부에 맞서는 버마 국내의 또 하나의 평행parallel 정부로 활동하기보다는 국제사회에서 지지를 끌어내는 데 주력했다.

반대 진영은 버마 내에서 평행 정부를 수립하지도 못하고, (필리핀과 이란의 비폭력 운동이 성공하는 데 매우 중요한 역할을 했던) 복수 통치라는 상황을 조성하지도 못했을 뿐만 아니라 반대 진영이 구사했던 비폭력 전술도 체제에 균열을 일으킬 만큼 충분한 힘을 갖고 있지 못했다. 예를 들어 1988년 9월 SLORC가 정권을 잡은 뒤 반대 진영은 국가가 주도하는 정치적 통로(선거)에 참여하는 데 너무 집중한 나머지 1990년 선거를 도둑맞은 후에도 전략을 바꿀 힘이 없었다. 이에 대해 쇼크는 다음과 같이 지적한다. "군사정권이 선거 결과에 승복하길 거부했을 때에도 도전 세력은 비협조 운동을 통해 체제를 붕괴시킬 능력이 없었고, 이런 무능으로 인해 도전 세력은 정치적 변화를 가져오는 데 기여할 수 없다는 것이 확실해졌다."

충성심 이동의 부족

버마에서 저항운동이 실패한 것은 반대 세력이 체제를 지탱해주었던 사회적, 정치적, 경제적, 군사적 힘을 체제로부터 분리하는 데 실패했기 때문이라고 설명할 수 있다. '랑군의 봄' 당시 반대 세력은 자신의 능력을 있는 힘껏 쏟아냈으나 정부의 대응 능력을 약화시키지도, 체제 내에 분열을 일으키지도 못했다. "유례없는 사회적 동원과 다양한 운동센터를 아우르는 실로 놀랄 만한 수준의 조직력을 갖고 있었음에도 불구하고 항의운동은 국가를 쪼개놓지도 국가의 억압 장치에 족쇄를 채우지도 못했다." 사실 비폭력 저항운동은 체제를 분열시키거나 체제 구성원들의 전향을 유도하는 데 그렇게 많은 시간이나 자원을 투자하지 않았고, 그 결과 체제 내에 충성심 이동을 촉발시킬 기회를 거의 갖지 못했다. 군사정권과 운동 세력 사이에 가로 놓인 사회적, 정치적 거리는 체제 지지자들 사이에서 '이탈자들을 통한 민주화democratizing defectors'를 이룩할 길을 가로막는 걸림돌로 작용했다. 적어도 버마에서는 체제를 벗어날 잠재적 탈퇴자들과 운동 지도자들 사이의 간극이

2부 사례 연구

한 번도 해소된 적이 없었다. BSPP는 사회의 너른 중간층이나 깊은 뿌리에 제대로 다가간 적이 한 번도 없었다. 이는 이 조직이 사회적 압력에 취약해서 그랬다기보다 집권당(또는 엘리트)이 사회와 좀 더 가까이 밀착해 있던 다른 곳에서 그랬다는 뜻이다.

체제 구성원들이 체제에서 이탈할 가능성은 체제 엘리트와 반대 운동 사이에 조직적 연결이 부족해서 더욱 희박해질 수밖에 없었다.

> (버마에는) 불만을 품은 지식인들이나 엘리트들이 점점 커져가는 (정치적) 변화에 관심을 갖게 해주거나, 체제 엘리트들 가운데서 그런 (정치적) 이행이 일어나도록 도와줄 수 있는 곳이 없었다. 이를 도와줄 야당도 신문도, 이를 조언해줄 수 있는 상담소도 없었다(부드로, 2004 2. 11).

버마에서는 군대에서의 대규모 탈영이나 눈에 띄는 충성심 이동이 일어나지 않았다. 사실 아웅 산 수 치는 저항운동 세력이 군대 내 분열을 부추기지 못하도록 대놓고 뜯어말려 저항운동 참여자들을 낙담시켰다. 1988년 8월 26일에 있은 쉐다공 탑 연설에서 그녀는 운동 참가자들에게 계속 군대를 지지할 것을 요청했다. "저는 군대에 강한 애착을 느낍니다. 이 군대는 나의 아버지가 창설한 군대입니다. 그뿐만 아니라 어렸을 땐 군인들이 저를 돌봐주었습니다. …… 따라서 나는 나의 아버지가 세운 군대와 나의 아버지를 그토록 사랑하는 국민들 사이에 그 어떤 분열이나 싸움이 일어나는 것을 보고 싶지 않습니다"(수치, 1995). 그달 말 카란 타파르와 가진 인터뷰에서 아웅 산 수 치는 거듭 이런 입장을 밝히며 다음과 같이 주장했다. "나는 군대로부터 그 어떤 지원도 바라지 않습니다.…… 나는 군대가 국민의 안녕뿐만 아니라 군대 본연의 모습을 지키려면 정치에서 멀찍이 떨어져야 한다고 굳게 믿습니다."

버마 군대는 필리핀과 이란 군대보다 훨씬 더 단단한 결속력을 유지했다. 몇몇 장교들이 개별적으로 군대에 등을 돌렸으나 군대 전체의 지지를 받지는 못했으며 많은 경우 숙청당했다(예를 들어 아웅 지와 틴 우). 세인 르윈은 반란 지역에서 전투 부대를 데려다 시위 진압에 투입하여 군인들과 국민 간의 사회적 거리를 더욱 벌려놓았다. 몇몇 폭력적 소수민족 반군들은 버마 군대의 이탈자들 때문에 이익을 보았다. 2005년, 샨주국민군 사령관 샤이 이 소령의 유명한 군부대 이탈 사건도 그 하나다. 그러나 드문 만큼 세상의 관심을 끌었던 이런 사건들은 폭력적 반군 활동의 결과에 아무런 영향을 미치지 못하기는 마찬가지였다. 버마의 군사정권에 맞선 반군의 작전이 대부분 수포로 돌아갔기 때문이다.

민주주의 시위에 동참한 극소수의 군인들은 육군보다 정치적 영향력이 약한 공군 소속의 낮은 계급에서 주로 나왔다. 버마 군대에서 눈에 띄는 내부 분열은 일어나지 않았으며, 사병 대부분이 비무장 시위대에 발포하라는 체제의 명령을 수행했다.

전무했던 외부 지원

2장에서 살펴보았듯이 외부의 지원은 대개 비폭력 운동보다 폭력적 운동에 더 유용하다. 하지만 필리핀의 경우 마르코스 정권에 대한 레이건 행정부의 지원 중단은 시의적절한 외교적 또는 경제적 제스처가 다른 요인들, 그중에서도 특히 반대운동의 규모나 강도와 맞물리게 되면 큰 차이를 만들어낼 수 있다는 점을 보여준다.

버마 경제의 고립성과 불법 교역 및 밀수에 대한 의존도 또한 반대 세력의 실패를 설명하는 주요 변수일 수 있다. 그와 동시에 이런 경우 비폭력 저항운동이 효과를 거두려면 체제 권력에 힘이 되는 외부의 지원을 표적으로 삼아 이를 잘라내야 한다는 점을 시사해준다. 하지만 이는 체제가 주로 국내 기반에 의존할 때보다 확실히 더 어려운 것이라고 주장되기도 한다. 정권에 대한 주요 외부 후원자가 (버마의 군부를 지원해온 중국의 경우처럼) 권위주의적일 때는 훨씬 더 어렵다.

미국과 기타 서구 열강은 군부의 잔학성을 비난하면서 온갖 미사여구를 동원해 체제에 반대하는 세력을 지지했다. 하지만 필리핀에서와는 달리 버마의 군사정권은 마르코스 정권에 비해 외부세계와 거의 단절되어 있었던 데다(즉 외부 세계에 대한 의존도가 매우 낮았던 데다) "많은 인접 국가들이 곧 새로운 군사정부와 관계를 재개했다." 버마에 제재를 가하고 지원을 중단할 수 있는, 좀 더 정확히 말해 그럴 용의가 있는 서구 열강은 거의 없었다. 버마가 중국과 인접해 있다는 사실은 서구의 개입을 더욱 어렵게 만들었다. 일본은 버마에 경제적으로 깊은 이해관계가 있었기 때문에 이 나라에 대해 경제적 보이콧을 하려고 했을 때 서구에 합류하길 거부했다. SLORC는 타이, 싱가포르, 중국과 사업상 밀접한 관계를 맺고 있었다. 군사정권은 타이와 공동으로 진행하는 합작 투자 형식의 벌목 사업을 비롯해 어업, 석유 탐사, 보석, 관광 등에서 외국인 투자와 합작 투자로 이익을 챙겨왔다. 이런 소득원을 통해 군사 정부는 파키스탄, 싱가포르, 중국 등지로부터 무기를 구입해 자국 국민에게 총을 겨누었다.

아웅 산 수 치가 이끄는 인권과 민주주의 운동은 국제적으로 공감을 불러일으켰지만, 이러한 공감이 군사정권에 대한 압력으로까지 이어지지는 못했다. 군사정권의 엄격한 입국 제한 조치는 정권에 쏟아지는 외부 압력의 양을 더욱더 줄여놓았다. 그 결과 "버마는 1988년의 짧았던 '랑군의 봄' 기간을 제외하고는 국가를 뛰어넘는 국제적 사회운동으로부터 계속 고립되어 있었다."

결론

크기와 규모에서 유례가 없었던 1988년 버마 봉기는 군부의 지도자를 압박해 사퇴를 받아내고 1990년 다당제 선거에 이르는 길을 닦아놓았지만 군사 독재 정권을 축출하는 데는 결국 실패하고 말았다. 버마의 군사정권 반대운동은 군부를 상대로 한 투쟁에서 여러 가지 심각한 난관에 직면했다. 특히 지속적으로 조직적인 운동을 벌이는 데 필요한 반대 세력을 통합하는 데 실패했다. 민족과 언어가 다양하며 여기저기서 동시에 자결권을 요구하는 데다, 편협한 정권이 가혹한 탄압을 가해오는 등 여러 요인이 맞물리면서 반대 진영은 지속적으로 사람들을 동원하고 압력을 행사하기가 어려워졌다.

1962년에 군사 지배가 시작되면서부터 1988년에 대중 봉기가 일어나기까지 버마 정부는 공산주의 및 소수민족에 기반을 둔 폭력적 내란 세력에 시달렸다. 그러나 주로 이데올로기와 민족적 배경을 중심으로 신병을 모집했던 이들 무장단체는 군부에 이렇다 할 만한 도전을 하지 못했다. (1976년 NDF 결성을 비롯해) 다양한 소수민족 반군 단체들을 통합하려는 시도가 없지는 않았지만 이들 단체 사이의 군사적 협조는 사실상 불가능했다. 1989년 이후 SLORC는 다른 무장단체를 자신들의 대리로 내세워 군사정부와 정전협정에 서명하길 거부하는 반군 단체들에 맞서게 했다. 따라서 반군 단체는 군사적으로 통합을 이룬 적이 한 번도 없었고 군부 정권을 그 중요한 권력 기반으로부터 떼어놓지도 못했다.

사실 군사정권에 맞선 반대 세력의 항쟁이 가장 치열했던 시기는, 즉 군사정권에 가장 큰 압력을 가했던 최고 절정기는 항쟁이 가장 비폭력적으로 전개되었던 때였다. 1988년 8월 계층, 성별, 직업, 민족적 배경이 각기 다른 버마인 수십만 명이 행진, 집회, 시위, 국민 총파업에 참여한 때였다. 비폭력 저항의 최전선에는 주로 학생과 승려들이 있었지만 변호사 같은 전문 직업인들도 비폭력 대중 동원에 자원과 네트워크를 제공했다. 그러나 저항운동 세력 간에 목표를 하나로 통합시키지도 못하고 결집을 유지하지도 못했기 때문에, 군사정권 내에 연대 세력을 만들어내지도 활용하지도 못함으로써, 그리고 잠재적 외부(외국의) 동맹자로부터 지원을 얻어내는 데도 실패하면서 운동은 궁극적 목표를 달성하기 전에 소멸되고 말았다.

사례 연구 요약

저항운동에 대한 여러 사례 연구는 몇 가지 중요한 패턴을 보여준다. 여기서는 먼저 비폭력 운동과 폭력적 운동의 결과를 비교한 뒤 성공한 비폭력 운동과 실패한 비폭력 운동의 차이점과 공통점을 비교, 요약하고자 한다.

비폭력 운동과 폭력적 운동 비교

우리는 비폭력 운동이 성공하는 이유가 다양한 사람들을 다수 참여시킴으로써 상대방이 감당하기 어려운 수준으로 강력한 영향력(지렛대 역할)을 행사할 수 있게 해주기 때문이라고 주장한다. 이에 비해 폭력적 운동이 성공할 확률이 낮은 이유는 다양한 사람들을 참여시키지 못하고 외국의 지원에 의존해야 하기 때문이다. 폭력적 운동은 적과 맞서기 위해 여러 방법들을 쓰지만, 외부의 지원이 (항상 그런 것은 아니지만) 종종 결정적으로 유리한 결과를 가져다주기 때문에 이 방법에 의지하곤 한다. 1부에서 살펴본 통계 자료는 모두 확률에 근거하고 있으며, 사례 연구는 이러한 사실을 반영한다.

이란, 팔레스타인, 그리고 필리핀의 비폭력 운동은 폭력적 운동에 비해 확실히 성공적이었다. 버마에서의 비폭력 운동은 성공하지 못했지만, 이 경우 폭력적 운동 역시 실패했다.

모든 경우에 비폭력 운동은 다수의 대중 동원에 성공한 반면 폭력적 운동은 소규모 인원에 의지해왔다. 폭력적 반대운동에 동조하는 사람들은 정권의 보복이 두려워 참여를 주저할 때가 많다. 비폭력 운동 참여도 매우 위험할 때가 많지만 보통 시민들은 폭력적 운동에 참여하는 것보다 더 안전하다고 생각한다.

참여 인구의 다양성은 그 수만큼이나 중요하다. 필리핀의 내란 같은 몇몇 폭력적 운동은 수만 명의 인원을 동원했다. 하지만 이 경우 참여 인구는 마르크스주의 이데올로기를 중심으로 모여든 청년층이 대부분이었고, 따라서 그 이데올로기를 못마땅하게 여기는 사람들은 제외되었다. 전략적 관점에서 더욱 중요한 점은 단 하나의 반대 이데올로기에 대한 의존성이 마르크스주의 반군 세력을 체제로부터 고립시켰다는 사실이 아닐까 싶다. 다수의 연령 집단, 계층, 직업, 이데올로기, 성별을 아우르는 다양한 운동은 체제(정권) 구성원들과 연결을 가질 가능성을 높여주며, 그런 만큼 정권 내에 분열을 조성할 수 있는 기회가 대폭 늘어난다.

처음 세 가지 경우(이란, 필리핀, 1차 인티파다)에서 비폭력 운동은 체제에 상당한 압력을 가하면서 체제를 그 주된 지지 기반으로부터 떼어놓기 시작했다. 이러한 전략이 가져온 가장 눈에 띄는 성과 중 하나는 안보군 사이에서 일어난 충성심 이동이었다. 운동이 폭력성을 띠었더라면 이런 결과는 상상하기 어려웠을 것이다. 안보군이 체제에 복종하기를 거부하자 국가는 운동의 요구를 들어줄 수밖에 없었다. 하지만 폭력적 운동은 네 가지 경우 모두에서 반대운동에 맞서 체제가 오히려 대담하게 나오도록 만들었다. 예를 들어 팔레스타인의 1차 인티파다 운동 때 이스라엘에서는 이탈자들이 꽤 많이 나왔지만, 인티파다 운동의 대중 봉기 이전과 그 기간에 등장한 팔레스타인의 폭력적 분파들은 이스라엘 내부의 분열을 역전시켜 이스라엘 정부를 하나로 결집하게 함으로써 이스라엘 내의 충성심 이동을 막을 수 있었다.

다음으로 저항운동은 집중 방법과 분산 방법을 자유자재로 구사할 수 있을 때 가장 큰 효과와 회복력을 발휘한다. 여기에다 운동 참여자가 다양하고 대규모일 경우 체제에 압력을 행사하는 데에도 더 큰 효과를 거둘 수 있다. 집중 방법(예를 들면, 시위와 연좌농성 등)과 분산 방법(예를 들면, 불매운동, 작업장 이탈, 파업, 전단이나 소식지 배포 등)을 적절히 섞어 사용할 수 있다. 비폭력 운동은 체제의 탄압을 교묘히 피해 다니며 체제가 자신의 능력을 벗어나 힘을 과도하게 사용할 수밖에 없도록 부추긴다. 특히 운동에 참여하는 사람들이 다양하고 대규모일 경우 두 가지 방법을 혼용하면 압력을 행사하기가 훨씬 더 쉬워진다. 작업장 이탈은 참여 인원이 수천 명일 때보다 수십만 명일 때 훨씬 효과적이다.

2장에서 살펴보았듯이 이들 사례 연구에서 비폭력 운동은 광범위하고 다양한 지지를 더 잘 끌어낼 수 있었다. 체제 참여자들의 충성심 이동, 국제적 역할을 하는 사람들을 통한 체제 지원 제거, 전술의 다양성, 운동의 회복력 같은 중요한 이점들도 다양한 참여자들을 대규모로 동원할 때 더 많이 발휘된다는 것을 알 수 있다.

성공한 비폭력 운동과 실패한 비폭력 운동 비교

사례 연구에서 우리는 비폭력 운동이 때로 실패하는 이유를 자세히 살펴보았다. 이란과 필리핀의 비폭력 운동은 성공한 반면, 팔레스타인 지역에서는 부분적 성공만 거두었고, 버마에서는 끝내 실패한 이유는 과연 무엇일까?

우리는 운동의 이러한 결과를 미리 결정해주는 구조적 요인들 structural factors을 전혀 발견하지 못했다. 예를 들어 필리핀과 이란에서는 압제가 심한 상황 아래서도 운동이 등장하고 사람들을 동원하여 성공에 이르는 과정을 볼 수 있었다. 하지만 버마와 팔레스타인의 경우 정권의 탄압 때문에 운동이 실패했다고 말한다면 충분한 설명이 되지 못한다.

하지만 분명한 것은 동원은 성공의 필요조건이긴 하지만 성공을 보장해주지는 않는다는 점이다. 운동이 성공을 거두려면 다양한 성격의 지렛대가 필요하다. 적을 상대로 전략적 작전strategic maneuvering을 폄으로써 얻을 수 있는 지렛대 효과 말이다. 많은 대중 동원은 상대방을 압도할 수 있는 효과를 가져다줄 수 있다. 그리고 이러한 반체제 운동은 폭넓은 참여자들의 풀pool이 제공하는 기술과 경험을 끌어다 쓸 수 있다. 반체제 진영의 승리 여부를 결정하는 데 전략적 창의성과 혁신을 대체할 수 있는 것은 아무것도 없다.

〈표 Ⅱ-B〉는 각 사례 연구에서 나타난 변수들을 요약한 것이다. 사례 연구 비교는 비폭력 운동이 실패로 끝난 팔레스타인과 버마의 경우에는 어떤 점이 달랐는지 묻게 만든다. 팔레스타인과 버마의 비폭력 운동은 폭력적 운동보다 더 많은 수의 참여자들을 끌어들였다. 하지만 이러한 참여자 수만 가지고는 변화에 꼭 필요한 메커니즘을 충분히 작동시킬 수 없었다.

참여자 수가 때로 체제 교체 메커니즘을 활성화시키는 이유를 제대로 이해하려면 운동 지도자들이 선택했던 전략을 살펴봐야 한다. 예를 들어 저항운동은 누가 상대방을 분열시키고 지배하는 데 성공하느냐를 겨루는 경쟁으로 해석될 수도 있다. 반체제 운동은 대개 운동을 이끌어가는 엘리트 지도부의 분열로 악명이 높은데, 비폭력 대중운동에서 가장 중요한 것 중의 하나는 비록 잠정적이라 할지라도 반체제 세력 지도자들의 단결을 이끌어내는 것이다. 그렇게 함으로써 반대 세력은 체제의 가혹한 탄압에 맞설 수 있는 기회를 얻는다. 필리핀과 이란에서의 시민 저항운동은 반대 세력을 결집해내는 데 성공했으며, 팔레스타인 지역에서는 (비록 세속적 이슬람주의 지도자들이 제외되기는 했지만) PLO 분파들을 하나로 통합한 때가 있었다. 이에 비해 버마에서는 지도부를 통합하는 데 실패했다. 필리핀의 가톨릭교회와 이란의 광범위

<표 II-B> 비폭력 운동의 사례 연구 요약

	4장 이란 혁명	5장 1차 팔레스타인 인티파다	6장 필리핀 피플 파워 혁명	7장 버마 혁명
참여 인구	수백만 명	수십만 명	수백만 명	1백만 명
참여층의 다양성	다양하다	다양하다	다양하다	다양하다
충성심 변동	있다	있다	있다	없다
전술적 다양성	명확하다	명확하다	명확하다	불명확하다
외부 국가 지원	없다	없다	마르코스에 대한 미국의 지원 중단	없다
국제적 제재	없다	있다	없다	없다
탄압 효과	역효과	역효과	역효과	굴복
결과	성공	부분적 성공	성공	실패

한 사원 네트워크처럼 지역사회에 기반을 시민 동원 기구들mobilizing structures은 저항운동을 조직하고 투쟁 기간 내내 통합을 유지하며 광범위한 지지층을 끌어들일 수 있었다.

반체제 운동에 광범위한 시민들이 참여하면 이는 체제 내에 의미 있는 관계를 만들어낼 수 있으며, 이런 관계는 투쟁하는 동안 지렛대 역할을 하게 된다(갈퉁, 1989). 이란과 필리핀의 저항운동 지도자들은 (체제에 속한 사람들의) 충성심 이동을 유발하고, 국제사회의 관심을 불러일으키며, 탄압이 심해지면 운동의 회복력을 유지하는 방향으로 방법을 전환하는 전략을 주로 구사했다. 팔레스타인 지역의 저항운동 지도자들은 통합민족봉기지도부UNLU를 결성했음에도 불구하고 통합 달성에 실패하는 바람에 오슬로협정 과정과 그 이후에 운동에 대한 지배력을 잃으면서 이스라엘에 대해 쓸 수 있는 지렛대의 힘을 상실했다. 1차 인티파다 운동의 부분적 실패는 이스라엘 및 미국 정부의 힘 있는 엘리트들과 실질적인 관계를 맺지 못한 운동의 무능력 탓으로 돌릴 수 있다. 비폭력의 전쟁터를 이스라엘과 해외의 잠재적 협력자들에게 확대하는 데 실패한 것도 큰 과오였다고 할 수 있다.

야세르 아라파트와 기타 망명 중인 PLO 지도자들이 오슬로에서 벌인 은밀한 협상은 운동 지도부에 전혀 도움이 되지 않았다. 팔레스타인 자치정부의 지배권을 둘러싸고 벌어진 암투는 팔레스타인 운동을 사분오열로 갈라놓으며 결국 UNLU의 내분과 비폭력 투쟁의 종식으로 이어졌다.

마찬가지로 버마의 저항운동 지도자들도 이질적인 소수민족 집단을 통합하는 데, 그리고 군대 내에서 충성심을 이동시키는 데 실패했다. 버마의 민주화운동 세력은 군대를 분열시키려는 시도를 대놓고 삼갔는데, 이는 아웅 산 수 치의 군대에 대한 개인적인 충성심을 따랐기 때문이다. 군대 내에 분열의 씨앗을 심지 않으려는 그녀의 태도는 지도자로서의 그녀의 정통성이 버마의 군대를 창설한 아버지의 유산에 주로 의존했기 때문이다.

앞에서 살펴본 네 나라 모두 체제 쪽의 무자비한 탄압으로 인해 체제에 불리한 역효과backfiring가 발생했지만, 다른 경우에 비해 버마에서는 그 역효과가 오래 지속되지 못했다. (대안 언론을 비롯해) 언론은 필리핀의 민주화운동에서 운동의 상황을 국민들에게 알릴 뿐만 아니라 역효과를 유발시키는 측면에서도 중요한 역할을 담당했다. 숲에서 나무가 쓰러졌는데도 아무도 소리를 듣지 못하면 그 소리는 묻히고 만다. 버마의 경우 언론 보도가 좀 더 지속적으로 이루어졌더라면 비폭력 운동은 계속해서 체제 쪽에 불리한 역효과를 일으켰을 가능성이 크다.

2부 사례 연구

네 나라의 경우 모두에서 비폭력 운동에 물질적 지원을 직접 제공한 국가는 없었지만 필리핀의 경우 중요한 순간에 마르코스 정권에 대한 지원을 제거함으로써 운동 세력에게 상대방의 불법성illegitimacy을 주장할 수 있는 기회를 마련해주었다. 로널드 레이건 행정부의 마르코스에 대한 지원 철회는 그의 체제를 주저앉히는 마지막 일격이었다.

1차 인티파다 운동 기간에 이스라엘은 미국의 지원을 대부분 유지했지만, 유엔에서 이스라엘의 팔레스타인 인민 강제 추방 정책을 비난하는 결의안이 통과될 당시 미국은 안보리 이사국으로서의 거부권을 행사하지 않았다. 더욱이 미국 국무장관 제임스 베이커는 이스라엘 총리 샤미르에게 PLO와 협상하라며 상당한 압력을 가했다. 버마의 경우 SLORC는 일본과 중국을 비롯한 지역 국가들의 지원을 계속 받았는데, 이들 나라들이 지원을 철회했더라면 체제의 약화를 초래했을 가능성이 크다. 그러나 지원의 철회가 운동을 성공으로 이끄는 필요조건은 아니다. 이란의 경우에서 살펴보았듯이 미국은 샤(국왕)가 조국을 등지고 도피 길에 오르기 직전까지 계속해서 그를 지원했다.

비폭력 운동은 많은 경우 분산 방법과 집중 방법을 함께 사용했지만 버마의 경우에는 그런 경향이 가장 낮았다. 반체제 운동은 총파업과 같은 분산 방법을 사용했지만 오래가지 못했다. 곧이어 운동 방식을 선거 집회와 시위 같은 집중 방법으로 바꾸었는데, 이는 체제의 탄압만 가중시켰을 뿐이다. 그러나 체제가 운동을 탄압하며 운동 지도자 아웅 산 수 치를 가택 연금했을 때도 저항운동 지도부는 분산 방법으로 돌아가지 않았다. 그 대신 학생 조직가들만 타이, 중국, 인도, 방글라데시 국경으로 달아나 그곳의 무장 반군 세력에 합류했다.

그러므로 팔레스타인과 버마의 경우는 몇 가지 교훈을 준다. 첫째, 운동 지도부가 어느 한 사람에게만 지나치게 의존하게 되면 여러 면에서 운동이 제약받을 수 있다는 것이다. 버마의 경우 (독립운동 영웅 아웅 산 장군의 유산을 물려받은) 아웅 산 수 치의 혈통lineage은 비폭력 운동 성공의 필수조건으로 보이는 군대의 분열이라는 중요한 지렛대를 쓰지 못하도록 막았다. 팔레스타인의 경우 아라파트에 대한 지나친 의존은 이스라엘의 분열을 조장하기보다 오히려 팔레스타인인들 사이에 분열을 조성해 UNLU 운동의 통합을 방해했다.

둘째, 비폭력 운동을 직접적으로 지원하는 해외 국가들의 행위도 때로는 운동에 해를 끼칠 수 있지만, 주요 후원 국가의 체제에 대한 지속적 지원 역시 반체제 운동이 쓸 수 있는 지렛대의 잠재적 힘을 제거해버리기도 한다. 반체제 운동은 체제 쪽이 다른 나라들과 국제적 동맹을 계속 유지한다 하더라도 성공할 수 있다. 하지만 체제를 도와주던 나라가 지원을 철회하면 이는 반체제 운동 세력에게 체제의 엘리트들을 압박해 어느 편에 설지를 결정케 하는 기회를 열어주기도 한다. 아울러 지속적인 언론 보도는 반체제 운동에 대한 관심과 지지를 불러일으키는 데 없어서는 안 될 필수 요소가 될 것이다.

셋째, 운동이 비폭력이라는 이유만으로 성공이 보장되는 것은 아니다. 전쟁터에서와 마찬가지로 제대로 관리되지 않는 운동은 실패하기 쉽다. 계속해서 정보를 업데이트하는 가운데 상황에 적응하면서 적의 허를 찌르는 운동은 명분과 방법에만 기대는 운동보다 성공할 확률이 크다.

3부

———

시민 저항운동의 의미

8장

운동 이후

: 비폭력 저항운동과 폭력적 저항운동의 결과

반역의 칼을 뽑는 순간 칼집은 버려야 한다.　　　　　　— 영국 속담

무력으로 권력을 손에 넣은 사람들에게 평화로운 변화의 지혜를 납득시키기란
결코 쉽지 않다.　　　　　　　　　　　　　　　　　— 아웅 산 수 치

지금까지 이 책은 (반체제 운동의) 전략적 목표를 달성하는 데는 비폭력
운동이 폭력적 운동보다 효과적이라고 말해왔다. 우리의 분석은 두 가
지 중요한 질문을 던진다. 첫째, 앞의 이란의 사례에서 보는 것처럼 시
민 저항운동이 장기적, 사회적으로 바람직한 결과를 가져다주었느냐
하는 것이다. 다시 말해 시민의 평화와 민주주의 정부를 가져다주었느
냐 하는 것이다.

둘째, 우리의 샘플에서 보는 것처럼 폭력적 운동 네 건 중 약 한
건은 성공했다는 점이다. 우리의 연구 결과가 보여주듯이 폭력적 운동
도 효과적인 전략과 해외원조를 적절히 섞어 활용할 경우 목표를 달성
할 수 있다. 우리도 폭력적 내란이 성공하는 이유를 밝히는 데 매달릴

수도 있었지만, 다른 학자들이 이미 이 문제를 집중적으로 다뤄왔다. 게다가 우리의 연구 결과는 외부 국가의 지원을 받는 폭력적 운동은 그런 지원을 받지 못하는 폭력적 운동보다 성공할 가능성이 높다고 주장하는 학계의 지배적인 연구와도 상당 부분 일치한다. 2장에서 확인했듯이 다른 나라로부터 직접 물질적 지원을 받은 폭력적 운동 중 절반이 성공했다. 비非국가 행위자nonstate actors(국가가 아닌 단체나 개인의 행동—옮긴이)의 은밀한 도움이나 지원은 제외하고 말이다. 그런데 최근 들어 많은 학자들이 폭력적 내란의 성공이 해당 사회와 정치 체제에 미칠 수도 있는 부정적 영향에 대해 연구하기 시작했다.

이 장에서 우리는 비폭력 운동과 폭력적 운동이 어떤 결과를 가져왔는가를 상대적으로 비교하면서 이 문제를 다루고자 한다. 특히 두 가지 결과, 즉 하나는 반체제 저항운동이 결과적으로 민주주의를 가져왔느냐는 것이고, 다른 하나는 그것이 시민들 간의 폭력적 투쟁(내전—옮긴이)을 또다시 불러오지는 않았느냐는 것이다.

폭력적 내란을 통해 권력을 장악하거나 외국의 점령군을 축출했을 경우 또는 분리독립에 성공했을 경우엔 비폭력 저항운동을 통해 성공했을 경우에 비해 그 나라의 민주주의가 발전할 가능성이 낮다는 점도 주목할 필요가 있다. 그러므로 대중의 비폭력 운동으로 권력을 잡았으나 독재 정부가 들어선 이란의 경우는 대부분의 비폭력 운동 결과와는 거리가 멀다.

둘째, 폭력적 운동의 성공은 운동이 끝나고 10년 안에 내전의 재발로 이어질 가능성이 높다. 반면 비폭력 운동의 경우 적어도 운동이 끝나고 10년 안에는 폭력적 내전이 뒤따를 확률이 훨씬 적다는 것이다. 하지만 폭력적 운동이 비폭력적 폭동과 함께 전개될 때에는 내전이 재발할 가능성이 높아진다. 이러한 사실들은 비폭력 운동의 원칙을 지키는 것이 승리를 얻는 데도, 평화를 보장하는 데도 유리하다는 것을 보여준다.

폭력적 운동이 거두는 단기간의 전략적 승리는 대개 민주주의나 시민의 평화로 이어지지 않는다는 것이 우리의 주장이다. 반면 비폭력 운동의 성공은 장기적으로 좋은 결과를 가져올 가능성이 많다. 실패한 비폭력 운동이 가져다주는 장기적 효과가 성공한 폭력적 운동이 주는 장기적 효과보다 민주주의와 시민 평화에 더 유익하게 작용한다는 사실은 놀랍다. 그렇다고 성공한 비폭력 운동이 사회 정치적 양극화나 극심한 정쟁으로 이어질 가능성이 없다고 주장할 수는 없다. 이 경우 우크라이나의 오렌지 혁명 이후의 사태가 그 대표적인 사례인데, 우리가 보건대 승리 이후의 경쟁은 폭력적 갈등보다 비폭력적 갈등 속에서 나타날 가능성이 높다.

이 장은 다음과 같이 진행된다. 먼저, 민주주의와 시민 평화의 요건을 다룬 최근 논문들을 살펴볼 예정이다. 그런 다음 폭력적 내란이 어떤 사회적, 정치적 결과를 가져왔는지를 다룬 논문들을 간단히 검토할 것이다. 그러고 나서 폭력적 내란의 성공이 비폭력 저항운동과 비교해 민주주의로 이행하는 데, 그리고 내전을 재발시키는 데서 왜 더 많은 문제를 일으키는지를 이론화해 설명해보려고 한다. 그런 다음 이런 설명을 뒷받침해줄 통계적 증거를 보여주고, 폭력적 저항운동이 비민주적이고 억압적인 구조를 그대로 되풀이하는 새로운 체제로 이어지는지를 보여주는 대표적 사례 몇 가지를 자세히 살펴볼까 한다. 그리고 결론에서는 이런 발견들이 민주주의로 이행하는 문제와 내전의 재발 문제에, 그리고 내란의 효능과 관련해 어떤 의미를 지니는지 간략히 짚고 넘어갈까 한다.

민주주의의 요건

이 연구에서 우리는 저항운동이 끝난 후 그 나라가 민주주의 국가로 발전할 가능성에 내란은 과연 어떤 영향을 미치는지에 관심이 많다. 민주주의를 정의할 때 어디에나 다 맞는 만능 민주주의 구조 같은 것은 없다고 인정하면서도 정치학이 제시하는 표준 설명에 기대게 된다. 그 설명에 따르면 국가는 자유롭고 공정한 선거를 통해 정치 지도자를 뽑는 일련의 제도를 개발해야 하며, 시민은 정부의 부당한 침해로부터 보호받을 수 있어야 하고, 사법부, 입법부, 행정부는 견제와 균형을 통해 각기 분립해야 한다. 잘 알다시피 이러한 정의는 '자유민주주의' 개념과 일맥상통한다. 반면 '반자유주의적' 민주주의는 절차상의 요소는 민주주의와 많은 점을 공유할지 몰라도 인권이나 소수자 보호 같은 것은 아예 무시해버린다.

　몇십 년에 걸친 연구에도 불구하고 학자들은 어떤 환경에서 민주주의가 나타나는지를 놓고 여전히 논쟁 중이다. 몇몇 학자들은 어떤 경로를 통해 민주화가 이루어지고 민주주의가 지속되는지에 대한 통계학적 연구들이 있긴 하지만 그 결론은 분명치 않으며, 따라서 민주주의를 일반화하기는 어렵다고 주장한다. 그런가 하면 "과도기에는 우연성과 불확실성이 너무 많기 때문에 사회과학 도구를 모조리 동원한다 해도 앞날을 예측하기가 어렵다"라고 주장하는 학자들도 있다.

하지만 많은 학자들이 몇몇 일반적인 관찰은 가능하다고 주장한다. 예를 들어 이들은 부유한 나라일수록 가난한 나라에 비해 민주주의로 이행하는 경향이 높다고 주장한다. 최근 들어 반론이 많이 제기되긴 하지만 근대화 이론의 편에 서서 민주주의는 진보적 정치 문화를 필요로 한다는 전제에서 출발하는 학자들도 있다. 그런가 하면 새로운 체제로 이행하기 이전의 체제의 성격이 새로운 체제의 역학과 성격을 규정한다고 주장하는 학자들도 있다. 예를 들어 게디스 같은 학자는 (개인 특유의 개성주의, 군사주의, 일당주의 등) 이행 이전 체제의 유형이 민주적 이행의 정도를 결정한다고 주장한다. 구체적으로 군사주의 체제는 통합을 중시하는 군대의 특성 때문에 개인의 개성에 의존하는 정치체제보다는 민주적 개혁자로 분류될 가능성이 적다. 브래튼과 밴 드월은 여기서 한 걸음 더 나아가 이행이 일어나는 방식이 새로운 체제의 통치 방식을 결정한다고 주장한다. 이는 우리가 이 책에서 제기하는 주장과도 일치한다.

테리 린 칼은 이행 유형을 네 가지, 즉 '합의적 방식,' '강압적 방식,' '개혁적 방식,' '혁명적 방식'으로 나눈다. 이 연구의 목적에 비추어 봤을 때 폭력적 저항운동이든 비폭력 저항운동이든 기존 질서를 완전히 바꾸고자 할 경우에 공통으로 채택하는 혁명적 이행 방식이 특히 우리의 관심을 끈다. 그렇다고 혁명적 방식이 합의적 방식이나 개혁적 방식과 꼭 배타적 관계를 이룬다는 뜻은 아니다. 사실 혁명적 이행은 합의나 개혁을 통해 해결될 때가 많다.

경제 발전과 국내 정치 문화의 수준 같은 환경적 요인과 기타 요인들이 이행 후 체제의 유형에 영향을 미친다는 견해를 거부하는 것은 아니다. 하지만 그럼에도 비환경적 요인, 그중에서도 특히 이행을 추진하는 힘은 투쟁 이후의 통치 형태에 영향을 미치는 점에서 환경적 요인보다 더는 아니더라도 그에 못지않게 중요하다고 본다. 이와 관련해 학계 논문 상당수가 체제 엘리트와 중산층의 합의를 민주적 이행의 주된 동인으로 강조하는 하향식 접근법의 편에 선다. 따라서 이행의 절정기나 이행에 선행해 일어나는 광범위한 비폭력 운동은 엘리트나 외부 영향력의 활동보다 덜 중요하게 간주될 수도 있다.

그러나 우리는 민주적 이행은 종종 엘리트와 풀뿌리 시민들의 요소가 개입하는 상호작용 속에서 추진된다는 접근법을 취한다. 이 접근법의 핵심은 엘리트들의 선호도와 성향이 저항운동의 힘과 성격(폭력적이냐 비폭력적이냐)에 영향을 받는다는 견해이다. 이런 식으로 저항운동은 종종 부차적 요소가 아니라 이행의 중요한 촉매제로 작용한다. 비폭력 운동과 폭력적 내란의 투쟁 방식은 운동 이후 민주화로 이행하는 과정에 주목할 만큼 체계적이고 다양한 영향을 미친다는 것이 우리의 주장이다.

시민 평화의 요건

시민 평화의 요건을 다룬 논문들도 결론이 분명치 않기는 마찬가지다. 우리의 연구에서 말하는 시민 평화란 폭력적인 내부 투쟁이 없는 상태를 말한다. 이런 상태란 내부 투쟁이 내전으로 이어지는 문턱(종래의 정치학에서는 국내의 시민들 간에 벌어진 전투 중 1천 명 이상이 사망한 경우 이를 내전으로 본다)을 넘어섰느냐를 기준으로 삼기도 한다. 다른 많은 요인들이 내전으로 이어질 수 있듯이 평화의 조건 또한 많은 것 같다. 하지만 내전을 다룬 문헌들은 다음 몇 가지 요인들을 특히 중요한 것으로 주목하고 있다.

첫째, (폭력) 투쟁conflict 문제를 다루는 학자들이 종종 지적하듯이 내전은 또 다른 내전을 '불러온다'. 이른바 '(폭력) 투쟁의 함정conflict trap'이라는 것이다. 스리랑카, 캄보디아, 콜럼비아 같은 나라들은 여러 차례 내전을 겪어왔으며, 규모만 작을 뿐 이전에 겪은 전쟁의 연장처럼 보이는 갈등을 겪는 나라들도 많다. 실제로 몇몇 학자들은 폭력적 투쟁을 겪은 나라의 역사는 그 나라가 내전으로 되돌아가느냐 마느냐를 결정짓는 가장 중요한 요인 중 하나라고 주장하기도 한다. 하지만 바버러 월터는 이러한 접근법에 이의를 제기하며 해당 국가가 예전에 폭력적 갈등을 겪었든 아니든, 삶의 질이 높아지고 정치에 참여할 수 있는 길이 쉬워지면 내전이 재발할 가능성은 줄어든다고 주장한다. 이 밖에 현재 걸려 있는 중요한 문제들, 중요한 역할을 하고 있는 인물들의 정체성, 외국 개입의 수준과 정도, 폭력 투쟁을 겪은 후 안보 부문에서의 안정과 같은 다른 요인들도 중요한 변수가 될 수 있다.

'폭력 투쟁의 함정'이라는 개념에 동의하든 안 하든 폭력 투쟁 문제를 다루는 학자들은 한 나라가 내전을 겪은 후 평화로운 사회를 이룩하려면 기본적인 제도들을 만들어 법의 지배를 확립, 강화하고 국민들에게 기본적인 생활용품과 서비스를 제공해야 한다는 데 견해를 같이하고 있다. 더욱이 월터는 높은 수준의 경제적 성공을 경험하며 개방된 정치체제를 만들어내는 나라는 예전의 갈등을 해결했느냐의 여부나 해결 방식과 상관없이 또 다른 내전을 겪을 가능성이 적다고 주장한다. 다른 학자들도 내전을 겪은 이후 민주적 정치체제를 수립하는 것은 시민 평화를 지속적으로 유지하는 데 전제 조건일 때가 많다고 주장한다.

비폭력적 투쟁과 비교해 폭력적 내란이 내적으로 안정된 민주주의 체제로 이행하려면 어떤 조건이 필요한가? 다음으로 폭력적 내란의 결과가 갈등 이후의 사회에 미치는 영향에 대해 살펴보기로 한다.

폭력적 내란의 결과

많은 학자들이 폭력적 내란과 혁명, 기타 형태의 시민 갈등이 다음에 오는 체제의 유형과 갈등의 재발에 어떤 영향을 미치는가에 주목해왔다. 하지만 비폭력적 내란nonviolent insurgencies과 폭력적 내란이 투쟁 이후의 정치 환경에 어떤 영향을 끼치는가를 비교 연구한 학자는 매우 드물다.

비폭력 저항운동의 결과와 비교된 적은 거의 없지만, 폭력적 투쟁은 대개 그 나라의 체제에 부정적이고 장기적인 정치, 사회, 경제적 결과를 가져온다. 내전이 끝난 후 그 사회는 투쟁을 벌이는 동안 파괴된 사회 기반시설을 재건해야 하며, 외국의 투자와 관광객을 끌어들이기 위해 금융과 정치 시스템에서 신뢰를 보여주지 않으면 안 된다. 게다가 내전은 갈등이 끝난 이후에도 그 사회에 심각한 공중보건 위기를 가져오는 경향이 있다. 하젬 애덤 고바라와 폴 후스, 브루스 러셋은 주민 건강에 주는 장기적인 영향이라는 점에서 볼 때 내전의 가장 큰 피해자는 여성과 아동이라는 점에 주목해왔다.

몇몇 역사적 사례는 전통적인 지혜를 입증해주는 것처럼 보인다. 즉 폭력적 내란은 비록 성공을 거둔다 할지라도 또 다른 내전을 불러와 경제와 정치 발전을 저해한다는 것이다. 예컨대 1917년의 혁명 이후 러시아는 곧바로 장기적인 내전에 휘말려들었다. 아프가니스탄에서는 1989년 폭력적 내란 끝에 소련군을 몰아냈지만 끔찍한 내전이 뒤따르면서 정치적 공백이 생겨나 결국 탈레반이 등장하는 결과를 가져왔다. 탈레반은 1994년부터 2001년까지 권력을 완전히 독점적으로 사용한 적은 한 번도 없었으나, 그 대신 여러 부족 분파들을 괴롭히며 굴종을 강요하고 주된 정적인 북부동맹Northern Alliance 요인들을 암살했다. 중국의 마오주의 혁명 이후에는 피로 얼룩진 문화혁명이 뒤따랐으며, 쿠바 혁명엔 폭력적 계급투쟁이 뒤따랐다. 그리고 중세의 유럽 역사 전반을 통해 입증되었듯이 군주제를 폭력적으로 전복시킨 뒤엔 승자를 대상으로 한 제2의 무장 봉기가 뒤따르는 경우가 많았다. 내전이 곧바로 또 다른 반란 세력의 승리로 이어진 경우가 많다.

성공한 비폭력 운동도 사회에 비용을 부과할 수 있다. 하지만 폭력적 갈등처럼 사회, 정치, 경제적 측면에서 엄청난 부담을 안기는 경우는 드물다. 비폭력 저항의 역효과라고 해봐야 운동을 억압하려는 체제의 기도나 이행 과정에서 발생했을지 모르는 재산 피해가 고작이다. 경제 성장 또한 국내 및 해외 투자자들의 자신감을 고취하는 새 지도부의 능력 여하에 따라 순조롭게 이루어질 수도, 반대로 지지부진할 수도 있다. 비폭력 혁명 뒤에도 사회정치적 분열이 뒤따를 수 있다. 이런 분열은 인민들의 봉기가 광범위한 기반 위에서 일어나지 않았을 경우 심화될 수 있다. 하지만 일반적으로 내전을 치른 사회에서 볼 수 있는 물리적 기반 시설의 파괴나 장기적인 인명피해와 같은 황폐화 현상은 볼 수 없을 것이다.

폭력적 내란은 경제와 보건에 미치는 영향뿐만 아니라 안정되고 믿을 만한 정치 질서 수립이라는 측면에서도 많은 문제를 일으킬 수 있다. 특히 이 분야의 연구들은 내전이 취약한 정부와 허약한 시민사회 제도를 만들어내고, 국제적 갈등의 가능성을 높이며, '정치보다는 폭력에 일가견이 있는 전문가'를 양산한다는 점에 주목해왔다. 성공한 저항운동은 시민들에게 기회의 창windows of opportunity을 제공하기도 한다. 투쟁이 끝난 후 어떤 (정치 사회) 질서가 들어설지에 대해 기대를 갖게 한다. 그런데 이런 기대가 어떻게 만들어지는가를 결정하는 중요한 요소가 있다. 내란의 성격, 그중에서도 특히 내란에 참여한 사람들의 성격이며, 사람들을 주로 어떻게 동원했느냐는 방법이다. 내란 후엔 정치 질서를 회복시켜야 하는데, 이런 일은 다수의 비무장 운동 세력이 감당하기가 소수의 무장 운동 투사들이 감당하는 것보다 더 쉽다.

더욱이 갈등을 평화적으로 해결해야 한다는 사회의 기대를 높여가며 법의 지배를 제도화하고 안보를 강화시킬 장치를 확립하는 것은 특히 어려운 과제다. 교전집단 사이의 잘못된 안보관 때문에 "큰 열정을 가지고 서로를 살해하고 성공한" 곳에서는 특히 어렵다. "높은 수준의 사상자 수가 일으키는 공포와 기억, 매몰 비용 등을 감안할 때"

폭력적 내란 기간에 죽은 사망자 수가 많을수록 "자신들의 안보를 둘러싼 불안은 팽배해질 가능성이 높다." 특히 폭력의 강도가 높았을 경우 이는 미래에 대한 극심한 불안을 조성해 "상대의 움직임이 아무리 무해해 보이더라도 합의 조건의 위반으로 해석해버리게 만들며, 그러한 반응은 결국 합의 결렬로 이어지고 만다." 다시 말해 높은 수준의 폭력을 겪은 곳에서는 그 후의 정치적 이행과정에서 협상과 타협에 기반을 둔 정치 문화보다는 승자가 모든 것을 가져가는 정치문화가 등장할 가능성이 높다는 것이다.

그러나 갈등과 투쟁이 주로 비폭력성을 띠었던 곳에서는 신뢰와 법적 정당성과 책임감을 갖춘 합법적 민주주의 제도를 수립하기가 좀 더 쉬워진다. 그 이유 세 가지는 다음과 같다. 첫째, 비폭력 저항운동을 통해 민주화투쟁에 많은 사람들이 참여한 경우엔 투쟁이 끝난 뒤의 정치적 이행과정에서도 그런 시민들이 정치에 관여할 가능성이 높다는 점이다. 물론 반드시 그렇게 되리라는 보장은 없다. (이란과 좀 더 최근에는 조지아와 우크라이나에서 보았듯이) 비폭력 투쟁이 끝난 후에 들어선 새 정부의 통치 상태에 국민들이 환멸을 느끼는 경우도 많다. 그렇더라도 비폭력적인 정치 변화에 대중이 참여하면 민주주의의 기술 발전을 촉진하고 책임 있는 정부에 대한 기대를 높여준다. 반면 폭력을 사용한 세력이 이행과정을 담당할 경우엔 그럴 가능성이 줄어든다.

둘째, 비폭력 저항운동이 견고한 권력을 제거하는 데 성공한 나라에서는 비폭력 수단이 권력 장악에 더 효과적일 수 있다는 점을 입증해왔다. 그런 승리는 집단 기억의 일부로 자리 잡는다. 게다가 비폭력 운동이 (정치적) 이행과정을 추진하면 시민들 사이에서 투쟁이 끝난 후의 헌정憲政 체제를 만들어가는 데서도 비폭력성을 띨 것이라는 기대를 높여준다. 대중의 비폭력 운동이 승리를 거둔 나라가 보여주듯이 승리한 지도자들은 자신들을 권좌에 앉힌 바로 그 시민들을 향해 폭력을 사용하는 일은 절대 없을 것이라고 맹세함으로써 자신들의 합법성을 강화하고자 한다. 예컨대 권위주의에 맞서 싸운 비폭력 대중운동의 역사가 풍부한 타이의 경우 오늘날 경찰은 비폭력 집회와 시위에 화기火器를 갖고 출동하면 안 된다. 2010년 2~5월의 '붉은 셔츠red shirt' 비폭력 시위 기간에 타이 안보군은 놀라울 만큼 큰 자제력을 보여주었다. 반대파인 폭력적인 '검은 셔츠' 파가 도발했을 때에만 폭력적 진압에 나섰을 뿐이다. 갈등이 폭력적으로 되어버리자 진압도 압도적인 강도로 세졌다.

폭력적 내란이 성공하면 대개 그 반대 현상이 일어난다. 칼Karl의 주장대로 폭력의 수위가 높았던 곳에서는 기회의 창이 좁아진다. "전쟁을 통해 정치적 이행과정이 일어나면 실패한 국가, 실패한 민주주의를 만들어낼 가능성이 높다. 전쟁의 위험을 의식한 시민 대다수가 차라리 권위주의 정권이 지배하던 시절로 돌아가길 바라기도 한다." 실제로 우리는 여러 나라에서 새로 등장한 권력이 새 정치체제 수립문제를 둘러싸고 헤게모니 다툼을 벌이는 과정에서 종종 폭력이 사용되는 것을 보아왔다.

셋째, 주로 폭력적 방법에 의지해 성공한 운동은 비밀주의와 군사적 가치관을 중심으로 행동할 가능성이 높다. 그런 가치관은 새로운 정권이 들어선 뒤에도 스스로를 강화하는 경향이 있기 때문에 갈등과 권력관계를 비폭력적으로 운영하는 데 필요한 논의나 합의 제도가

3부 시민 저항운동의 의미

들어설 여지를 거의 남겨놓지 않는다. 예를 들어 쿠바와 아프가니스탄의 무장 반란 세력은 승리를 거둔 후 폐쇄적이고 비밀스러운 독재 정권을 수립했다. 반면 비폭력 전략에 기대는 운동은 동의와 합의 절차를 중시할 가능성이 많으며, 이는 갈등이 끝난 후 민주적 체제로 이행하는 데 도움을 주어 민주주의를 지향하는 여러 기구들을 만들어내게 된다. 예컨대 남아프리카공화국의 비폭력 반^反아파르트헤이트 운동은 보통선거로 선출한 흑인 거주지역의 지방정부 및 국민법정과 뜻을 같이하여, 다수결 원칙이 나라 전체로 확대되기 훨씬 전에 아파르트헤이트 정부가 임명했던 행정부와 사법부의 권위를 빼앗았다. 그리고 아파르트헤이트 정권을 물리친 뒤에는 놀랍게도 '진실과 화해 위원회^{Truth and Reconciliation Commission}'를 만들어 과거 정부의 행적과 사회적 학대를 투명하게 밝히는 일을 적극적으로 추진했다.

물론 그렇다고 해서 비폭력 혁명 이후 권력을 잡은 정부와 통치자가 비폭력 시위운동으로부터 도전을 받았을 때 폭력을 사용하는 일이 절대 없으리라고 보장할 수는 없다. 2003년 조지아의 '장미 혁명'을 이끈 카리스마 넘치는 지도자 미카일 사카슈빌리는 2007년 11월에 비폭력 반정부 시위를 강경 진압해 국내는 물론 해외로부터도 강한 빈축을 샀다. 그와 동시에 사카슈빌리가 정부의 폭력적 대응 때문에 맹렬하게 비난받고 자신의 과오를 인정하지 않을 수 없었다는 사실은 이 나라가 겪은 비폭력 투쟁의 경험이 체제 교체 이후의 정권의 행동에 견제 역할을 하고 있다는 것을 말해준다.

조지아와 이란의 사례는 비폭력 운동에 참여한 시민들의 수준과 참여 정도, 나아가 카리스마 있는 지도자가 어떤 역할을 하느냐에 따

라 그 후의 민주주의의 전망이 영향을 받을 수 있다는 사실을 보여준
다. 카리스마 있는 지도자에게 많이 의지하면 할수록 민주주의로 이행
하기가 어려워진다. 그 이유는 정치가 제도화되기보다 개인화로 흐르
는 경향이 있기 때문이다. 비폭력 운동에서 차지하는 카리스마 있는
지도자의 긍정적, 부정적 역할을 자세히 파헤치려면 더 많은 연구가
필요하다.

성공한 폭력적 내란이 민주주의에 미치는 효과

전문가들은 종종 폭력적 내란이 승리할 경우 권위주의로 되돌아가는
경향이 있다고 주장한다. 눈에 띄는 역사적 사례를 감안할 때 이러한
예측은 확실히 직관적으로 옳다. 러시아 혁명, 중국 혁명, 쿠바 혁명,
탈레반의 권력 장악처럼 널리 알려진 성공한 혁명은 내란 세력이 일단
권력을 잡는 데 성공하고 나면 국민들을 효과적으로 통제하기 위해 철
권통치를 강화하고 (군대, 경찰, 준군사 조직, 정보기관 같은) 안보 기구에 크
게 의지한다는 사실을 뒷받침해주고 있다. 애커먼과 카란트니키의 연
구에 따르면 2005년 '비非자유국'으로 분류된 국가의 67%가 최근 들어
폭력을 특징으로 하는 정권교체를 경험한 것으로 나타났다.

코스타리카 혁명의 경우 승리한 내란 세력은 권력을 잡기가 무섭
게 자진해서 자유롭고 공정한 선거를 실시했을 뿐 아니라 국가의 군대
를 해산하기까지 했다. 그러나 실제로 그런 경우는 매우 드물다. 1900
년 이후 218건의 폭력적 내란을 다룬 우리의 데이터 세트에서 민주주
의 정부로 이행한 사례는 전체의 약 5%밖에 되지 않았다.

집권 중인 권력을 방금 폭력적으로 전복한 새로운 국가에서는 폭

력을 자제하기가 쉽지 않다. 새 정부는 전 정권의 친위대 잔존 세력을 제거하기 위해 계속 폭력을 사용하고 싶은 유혹에 빠질 수도 있다. 그런 잔존 세력 제거는 비폭력 저항운동 세력이 승리를 거둔 후에도 발생할 수 있지만 그럴 가능성은 그리 크지 않다. 왜냐하면 정권교체 과정에서 친위대의 상당수가 이미 이탈해 반대 진영에 합류하는 경우가 많기 때문이다. 우리의 사례 연구가 보여주듯이 비폭력 운동 세력이 체제 지지자들을 흡수하고 비폭력 운동 구성원과 체제 안보군 구성원 사이에 친교가 이루어지는 등 비폭력 반대 세력과 체제 지지자들 사이의 교류는 비폭력 저항운동에서 흔히 나타나는 측면 가운데 하나다. 체제 교체 이후 무장단체들이 하나도 남아 있지 않을 경우 새 정부가 민간인들을 상대로 무기류를 사용할 가능성은 현저히 낮아진다. 다시 말해 체제가 바뀌기 전에 반대 진영이 높은 수준의 비폭력 규율을 보여주면 줄수록 정권이 바뀐 후 전 정권의 잔존 세력을 폭력적으로 제거할 가능성은 낮아진다.

그 대신 성공한 비폭력 내란 세력이 민주주의를 지키려면 "폭력을 조달한 자와 자신을 구분해야 한다." 그런 가해자와 동맹을 유지할 경우 민주주의에 부정적인 영향을 미칠 가능성이 높기 때문이다.

> "많은 경우 정치인은 정치적 스펙트럼에서 추구하는 목표가 자신과
> 같거나 자신의 정적에 대해 똑같이 적대적인 집단이 폭력을 행사하면
> 이를 쉽게 비난하지 못한다. 이런 일에 실패하면 자신이 폭력적 집단
> 의 지지를 받고 있는 것처럼 이미지를 과장해 전달함으로써 적의 마
> 음에 공포를 심어주는 한편 폭력으로 맞대응할 또 다른 이유를 제공

하여 결국 군대가 개입할 가능성을 열어준다. 유권자들의 지지를 유지하거나 확대하기 위해 침묵을 지키는 정치인은 그런 행동이 투표 자체를 위험에 빠뜨리는 것이라는 점을 깨달아야 한다"(베르메오).

요컨대 비폭력을 통해 체제 교체에 성공하면 비폭력 운동 그 자체가 갖고 있는 고유한 잠재력과 시민사회의 비폭력적 수단을 통해 새로운 국가를 책임 있게 유지해 나갈 수 있다. 하지만 폭력적인 내란을 통해 정권을 장악한 경우엔 폭력적인 사회규범과 폭력적인 조직에 의존하게 되어 민주주의의 관행에 반대되는 행동을 하게 되고 사회적 갈등을 폭력적인 방법으로 해결하게 된다는 말이다.

민주주의가 성공하려면 사회적 갈등을 제도적인 메커니즘을 사용해 비폭력적으로 해결하려는 자세가 필요한데, 폭력적 집단이 권력을 잡으면 이런 메커니즘이 망가질 가능성이 크다. 그리고 폭력적 내란이 성공할 경우엔 서로 다른 기대가 분출되어 나온다. 즉 축출된 엘리트이든 새로 등장한 엘리트이든 폭력을 사용한 경험이 있는 내란 참가자들은 자신의 정치적 지향을 표현하는 데서나 정치권력을 획득하는 데 폭력이 여전히 효과적인 수단이라고 생각할 수 있다. 따라서 투쟁에서 패배한 자들은 갈등을 제로섬게임으로 보면서 폭력이야말로 여전히 남아 있는 선택 가능한 전술적 방법이라고 생각할 가능성이 크다. 다시 말해 폭력의 위협은 갈등을 겪은 쌍방 모두에서 끊임없이 계속되며, 이런 위협은 불확실성을 줄이기보다 악화시킴으로써 민주주의의 불가결한 요소들을 파괴한다. 그런 환경 아래서 양쪽 모두 받아들일 수 있는 권력 공유 방식을 만들어내 민주적 제도를 수립하기란 매우 어렵다.

그러므로 학계의 연구에 따르면 성공한 폭력적 내란은 비민주적으로 흐르기 쉬우며, 그 결과 해당 국가가 민주주의로 이행할 가능성은 줄어들 수밖에 없다. 폭력을 사용한 내란 세력은 일단 권력을 획득하고 나면 권위주의적 정권으로 가는 것이 일반적이다. 폭력을 사용한 대다수 반란 세력들은 정쟁政爭을 할 때 기본적으로 비민주적인 수단을 필요로 하며 이를 정당화한다. 요컨대 폭력적 내란이 성공하면 비폭력 운동과 비교해 민주주의로 이행할 가능성이 줄어든다는 것이 우리의 연구 결과다.

투쟁 이후의 민주주의에 영향을 미치는 투쟁 형태 결과 분석

먼저 첫째로, 주된 저항운동의 형태가 투쟁conflict(폭력이 수반된 '갈등'을 뜻하는 경우가 많다—옮긴이)이 끝난 뒤의 체제 형태에 어떤 영향을 미치는가를 시차를 두고 살펴보았다. 이를 위해 우리는 1900년부터 2006년까지의 내란과 그 결과를 수록한 데이터 세트를 사용했다. (비폭력 또는 폭력적) 내란의 형태는 이 실험의 주된 독립변수다. 문제가 되는 구체적인 결과는 투쟁 이후의 체제 형태, 민주적 체제 형태의 가능성, 투쟁 이후의 내전 가능성이며, 우리는 여기에 맞는 모델을 각기 따로 개발했다.

다음으로 우리는 각각의 모델에 따라 달라지는 수많은 대조변수control variables를 도입했다. 모든 모델에서 우리는 투쟁이 끝난 뒤의 민주주의 수준을 대조했다. 이 변수가 투쟁이 끝난 뒤의 민주주의 수준에 영향을 미칠 수도 있기 때문이다. 우리는 또한 투쟁 기간(로그화한 투쟁 기간)도 대조했다. 기간은 투쟁이 끝난 뒤 투쟁 결과에 대한 확실성

<표 8-1> 저항 형태가 투쟁 이후의 민주주의에 미치는 영향

	모델 1	모델 2		모델 3	
	운동별 민주주의 수준(지속적)▲	운동별 민주주의 가변수(이분적)§	단위당 한계효과 증가치	실패한 운동에만 국한한 민주주의 가변수 (이분적)§	단위당 한계효과 증가치
주된 저항 형태는 비폭력적임	6.58*** (0.90)	2.83*** (0.57)	+45%	2.83** (1.11)	+35%
정부 형태 점수	0.61*** (0.07)	0.23*** (0.05)	+3%	0.33*** (0.08)	+2%
갈등 기간	0.03 (0.29)	0.16 (0.20)	--	-0.16 (0.28)	--
함수	-1.33 (2.12)	-3.17 (1.43)	15%	-3.50* (2.03)	7%
부정정수(N)	195	195		131	
	F=66.52	WALD CHI²=29.43		WALD CHI²=17.50	
	PROB>F=0.0000	PROB>CHI²=0.0000		PROB>CHI²=0.0006	
	R²=0.4123	PSEUDO R²=0.2707		PSEUDO R²=0.3639	

유의 수준: ***P<0.01; **P<0.05; *P<0.1. ▲: 일반 최소제곱 회귀분석과 해당 국가 코드 주변에 몰려 있는 강한 표준오차. §: 로지스틱 회귀분석과 해당 국가 코드 주변에 몰려 있는 강한 표준오차.

의 정도에 영향을 미칠 수도 있기 때문이다. 게다가 투쟁이 길어질수록 투쟁 이후 국가 건설에 필요한 제도를 개발할 기회가 많아질 수도 있다. 이 밖에 추가 대조변수는 부록에서 자세히 다루었다.

〈표 8-1〉은 저항운동의 형태가 내란이 끝나고 5년 안에 민주적 체제 형태를 달성할 가능성에 미치는 영향을 알아본 일반 최소제곱 회귀분석(모델 1)과 두 가지 로지스틱 회귀분석(모델 2와 모델 3)을 한 결과다.

'모델 1'을 보면 내란을 통틀어 비폭력 운동이 폭력적 내란에 비해 투쟁 이후 높은 수준의 민주주의로 이행할 가능성이 훨씬 크다는 것을 알 수 있다. 투쟁이 끝나기 1년 전의 민주주의 수준을 대조할 경우에도 결과는 마찬가지다. 이런 긍정적인 결과는 투쟁이 끝나고 5년

뒤의 민주주의 수준과 의미심장한 연관성이 있음을 보여준다. 비폭력 저항운동은 투쟁 이후의 민주주의 수준에 긍정적이고 중요한 영향을 미친다. 투쟁 기간은 투쟁이 끝난 뒤의 민주주의 수준에 아무런 영향도 미치지 못한다는 의미로 해석할 수 있다. 필리핀과 세르비아, 그리고 그 밖의 동유럽의 많은 나라들의 경우는 운동 형태가 투쟁이 끝난 뒤 해당 국가가 민주주의로 이행할 가능성을 높인 것으로 보이는 사례에 해당한다.

'모델 2'를 보면 저항운동이 비폭력적이고 다른 요인들이 변함없을 때 5년 안에 민주적 체제가 들어설 가능성이 증가한다는 것을 알 수 있다. '모델 2'에서 우리는 민주주의 수준을 엄격하게 검사했다. 즉 이분법적 측정법을 사용해 투쟁이 끝나고 5년 뒤의 정치 체제가 민주적인지 아닌지를 평가했다. 이번에도 우리는 우리의 주장을 입증할 수 있었다. 〈그림 8-1〉은 이러한 분석 결과의 실질적인 효과를 보여준다.

투쟁이 끝나고 민주주의 수준이 보통인 나라들 가운데 비폭력 저항운동이 투쟁 이후 5년 안에 해당 국가를 민주화할 가능성은 주된 투쟁 형태가 폭력적인 국가들보다 40% 이상 높았다. 샘플을 성공한 운동에만 국한할 경우 결과는 훨씬 더 놀랍다. 성공한 비폭력 운동은 성공한 폭력적 내란에 비해 민주적 형태의 체제를 수립할 가능성을 50% 이상 끌어올린다. 애커먼과 카라트니키의 연구 결과에 따르면 다른 변수가 일정할 경우 성공한 비폭력 운동 가운데 해당 국가가 운동이 끝나고 5년 안에 민주주의로 이행할 가능성은 57%인 데 비해 성공한 폭력적 운동은 6%에도 미치지 못한다. 성공한 비폭력 운동의 경우 저항운동이 발생할 당시에 이미 민주적인 국가 가운데 운동이 끝난 뒤에도

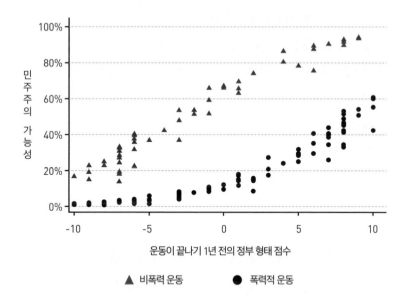

<그림 8-1> 저항 형태가 민주주의 가능성에 미치는 영향

민주주의 가능성

운동이 끝나기 1년 전의 정부 형태 점수

▲ 비폭력 운동   ● 폭력적 운동

여전히 민주주의로 남아 있을 가능성은 약 82%에 이른다.

　마다가스카르의 '적극적인 목소리Active Voices' 운동은 이러한 설명에 딱 들어맞는다. 명목상 민주주의 국가였던 마다가스카르에서 1991년부터 1993년까지 디디에 라치라카 대통령의 퇴진을 요구하는 비폭력 운동이 일어났다. 결국 라치라카가 실각하고 반대파 지도자를 국가수반으로 지목하면서 마다가스카르 체제는 안정된 민주주의 체제로 남게 되었다. 하지만 놀랍게도 폭력적 내란에 굴복한 민주주의는 운동이 끝난 뒤에도 여전히 민주주의로 남을 가능성이 17%도 채 되지 않는다. 스페인 내전은 그 대표적인 예다. 당시 공화파 정부가 파시스트 내란 세력에게 패배하자 내란 세력은 체제를 권위주의 체제로 바꾸어버렸다.

3부 시민 저항운동의 의미

'모델 3'은 실패한 비폭력 운동이 투쟁 이후 민주주의의 가능성에 미치는 영향을 보여준다. 비폭력 운동의 경우 다른 변수가 모두 일정하다면 실패하더라도 투쟁이 끝나고 5년 안에 해당 국가가 민주주의로 이행할 가능성이 35% 이상으로 나온다. 이러한 수치는 실패한 폭력적 운동과 현저한 대비를 이룬다. 실패한 폭력적 운동은 민주적 체제로 이행할 가능성이 4%에도 미치지 못한다. 민주주의가 활발하게 작동되는 나라 가운데 비폭력 운동을 물리친 국가는 여전히 민주주의로 남아 있을 가능성이 98%에 이른다. 예컨대 2006년 멕시코의 반칼데론Anti-Calderon 저항운동은 민주주의에 맞서 일어난 비폭력 운동이었지만 운동의 존재가 멕시코 민주주의의 수준을 낮추지는 못했다.

하지만 폭력적 내란을 물리친 민주주의가 여전히 민주주의로 남아 있을 가능성은 70%밖에 되지 않는다. 예를 들어 반칼데론 저항이 폭력적 내란이었을 경우를 생각해보라. 그랬다면 멕시코 정부는 시민의 자유를 외면한 채 운동을 폭력적으로 진압해야 했을지도 모른다. 멕시코는 내란 세력이 대담해지지 못하도록 선거에 제약을 가했을지도 모른다. 그랬다면 멕시코의 민주주의 수준은 전반적으로 낮아졌을 것이다. 따라서 저항운동의 형태는 투쟁 이후의 정치 질서의 판도에 심대한 영향을 미친다.

이러한 점들로 미루어볼 때 폭력적 내란은 성공하든 실패하든 상관없이 투쟁이 끝나고 5년 뒤의 민주주의 수준을 비폭력 운동의 경우보다 낮춘다고 보아도 좋다. 시드니 태로가 20년 전에 주장했듯이 비폭력적 정치 행동은 민주주의에 유익하다. 정부를 압박해 시민들의 요구와 타협하게 하고 또 시민들이 정치 과정에 참여하도록 압박하기 때문이다.

저항 형태가 투쟁 이후 내전에 미치는 영향 분석

두 번째로, 저항운동의 형태와 내전을 치른 후의 폭력적 내란과의 관계를 살펴보고자 한다. 위에서도 지적했듯이 비폭력 저항운동은 투쟁이 끝난 후의 내전 가능성을 낮춘다고 우리는 주장한다. 이번 실험에서 종속변수는 갈등 이후 10년 안에 내전이 일어날 가능성을 나타내는 이분법적 지표다.

이번에도 많은 비교 대조변수를 도입했다. 각 모델에서 우리는 투쟁이 끝나고 10년 뒤의 민주주의 수준을 비교 대조했다. 이전 연구에서 민주주의는 장기적으로 내전이 일어날 가능성을 낮추는 경향이 있는 것으로 나타났기 때문이다. 아울러 두 개의 폭력 운동이 동시에 발생할 가능성에 국가의 능력이 어떤 영향을 끼치는가를 비교 대조하기 위해 정부 능력과 CINC 점수를 일반적 지표로 사용했다. 마지막으로 동시에 발생하는 폭력적 운동과 관련해서는 이분법적 변수도 포함시켰다. 비폭력 또는 폭력적 운동이 서로 경쟁하는 또 다른 폭력 집단과 동시에 공존할 경우에는 1로, 그렇지 않을 경우에는 0으로 분류했다. 커닝햄과 마찬가지로 우리 또한 이 변수가 내전 발발에 긍정적인 영향을 미칠 것으로 예상했다. 그런 집단은 내전 회피의 방해자로 행동하는 경향이 있기 때문이다. 그 결과는 〈표 8-2〉에 나와 있다.

폭력적 운동이 일어난 나라에서는 10년 안에 내전이 재발할 확률이 42%인 데 비해 비폭력 운동이 일어난 나라의 경우 그 확률은 28%

로 줄어든다. 예를 들어 페루는 1980년부터 1995년까지 센데로 루미노소(빛나는 길)라는 내란을 치렀다. 이 폭력적 운동이 패배하고 투팍 아마루 혁명운동MRTA이라는 또 다른 폭력적 운동이 등장했다. 반면 1977년 비폭력 운동을 통해 군사 정부를 몰아낸 경험이 있는 아르헨티나는 체제 전복 이후 폭력적 내전을 겪지 않았다. 1986년 쿠데타 기도가 있을 때도 아르헨티나 시민들은 비폭력 저항에 의지해 쿠데타 기도를 물리치고 민주주의를 회복했다.

운동에서 내전 회피 방해자의 존재는 내전 재발 가능성을 높인다. 무장단체들과 공존하는 비폭력 또는 폭력적 운동은 10년 안에 내전 재발을 경험할 확률이 49%였던 데 비해 무장 운동과 공존하지 않은 운동의 경우에는 27%로 줄어들었다. 예를 들어 팔레스타인의 경우 서로 경쟁하는 다양한 무장 분파의 존재는 팔레스타인 지역을 폭력적 갈등의 늪으로 다시 휩쓸려 들어가게 만들었다. 반면 슬로베니아에 민주주의를 가져온 비폭력 운동은 동시에 발생하는 폭력적 내란으로부터 비교적 자유로웠다. 슬로베니아에서는 체제 교체에 불만을 품은 무장단체가 없어 더 큰 폭력을 예방하는 데 도움이 됐을 확률이 높았던 반면, 구유고슬라비아 지역의 슬로베니아 이웃들은 폭력적 갈등에 휘말려들었다.

이런 누적된 결과들은 내전의 결과와 역학을 명확히 설명해준다. 투쟁 이후의 체제 형태와 정부 능력의 영향을 비교 대조했을 경우에도 폭력의 역사가 내전 재발 가능성에 미치는 긍정적이고 의미심장한 효과는 여전히 변함없었다. 더욱이 폭력적 운동이 동시에 일어났을 경우에는 폭력이 재발할 가능성을 높여준다. 그러므로 비폭력 운동의 주된 과제는 운동 기간 내내 비폭력 원칙을 고수하는 것이라는 생각에 신빙성을 더해준다. 물론 예외는 있지만 일반적 패턴은 분명하다. 즉 비폭력 운동이 비폭력 원칙을 지키는 데 실패하거나 폭력적 경쟁자와 공존할 경우 정부와 내란 세력 사이에 폭력적 갈등이 재발할 가능성은 높아진다는 것이다.

의미

이 장에서 우리는 비폭력 내란이 성공한 것과 폭력적 내란이 성공한 결과를 자세히 비교해 살펴보았다. 우리가 제시한 경험적 증거는 성공한 비폭력 저항운동은 민주주의와 시민 평화로 이어질 가능성이 훨씬 높은 데 비해 폭력적 내란이 성공한 경우엔 민주주의를 금지하거나 후퇴하게 만들어 내전 재발 가능성을 높인다는 것을 강력하게 확인해주었다.

이 장의 이론적 부분에서 우리는 미래에 대한 불확실성과 폭력적 방식이 더욱 더 정쟁을 지배하게 되면 갈등이 끝난 뒤 안보 딜레마는 더 악화된다고 주장한 바 있다. 폭력적 투쟁은 투쟁 과정에서 그들이 수립해놓았던 규범을 뒤집어 통치자와 체제로 하여금 민주적 가치와 이상을 채택하기 싫어하게 만들 가능성이 높다. 반대로 성공한 비폭력 운동에 참여한 사람들은 투쟁과정에서 생겨난 비폭력적 경쟁의 규범을 국내 제도로 성문화할 가능성이 크며, 따라서 분쟁이 끝난 뒤 비폭력적인 협상으로 갈등을 해결할 가능성이 높다.

이 장의 연구 결과와 부록에 수록한 추가 연구 결과는 우리의 주장을 폭넓게 뒷받침해준다. 폭력적 내란이 성공할 경우 내란을 경험한 국가는 민주화될 가능성이 훨씬 줄어든다. 반면 비폭력 저항운동이 성공한 나라에서는 향후 5년 안에 민주주의로 이행할 기회가 훨씬 많아진다. 그러나 비폭력 저항운동이 실패하는 경우에도 시간이 지나면 민주화 가능성이 모습을 드러낸다. 폭력적 내란은 그렇지 않다.

이러한 결과는 일반화할 수 있지만 전 세계 어디에나 해당되는 것은 아니다. 예컨대 이란의 경우 대중의 비폭력 운동은 샤(국왕)를 축출하는 데 성공했지만, 1년 만에 폭력적인 체제가 그 자리에 대신 들어섰다. 반대로 성공한 폭력적 내란이 민주적 체제로 이행한 사례도 3건 있다. 1948년 코스타리카 민족해방군의 승리, 영국이 점령한 팔레스타인의 유대인 저항, 1971년 파키스탄에 맞선 벵골의 자결권 운동이 바로 거기에 해당한다. 하지만 이러한 사례들은 20세기의 성공한 내란 55건 가운데 겨우 세 건에 지나지 않는다. 이런 경우는 성공을 거둔 비폭력 운동이 권위주의 체제로 이어지는 것만큼이나 드물다.

이러한 차이는 앞으로의 연구 초점을 어디에 맞추면 좋을지를 보여준다. 즉 폭력적 내란이 민주주의로 이어지는 환경과 비폭력 내란이 권위주의로 이어지는 환경을 탐구하라고 말해준다. 이러한 수수께끼를 자세히 파헤치는 것은 본 연구의 범위를 벗어나는 일이지만, 이런 질문들에 대한 답을 찾다보면 폭력적 저항과 비폭력 저항의 장기적 결과를 좀 더 심도 깊게 이해할 수 있을 것이다.

9장

결론

___

비폭력은 실패할 수 있다. 그러나 폭력은 그보다 더 크게 실패한다.

— 조앤 바에즈

이 책에서 우리는 몇 가지 주장을 했다. 첫째, 우리는 역사적으로 비폭력 저항운동은 폭력적 저항운동보다 목표 달성에 더 효과적이라고 주장했다. 이는 사람들이 대부분 비폭력 저항운동은 쓸모없을 것이라고 예상했던 조건 속에서도 사실임이 입증되었다. (체제에 대한) 반대운동이 체제의 혹독한 탄압을 받는 조건 속에서도 그러했다. 유일한 예외가 있다면 분리독립운동뿐이다. 비폭력이든 폭력적이든 역사적으로 거의 아무런 효과를 거두지 못했다. 이 운동에 대해서는 여러 학자들이 광범위하게 다뤄왔다.

둘째, 우리는 비폭력 운동이 역사적으로 그렇게 성공을 거두는 이유는 환경이 비슷할 경우 이 운동이 폭력적 운동에 비해 시민들의 참여를 가로막는 신체적 장벽(폭력적인 운동에 참여할 경우엔 목숨을 잃을 수도 있고 몸을 다칠 수도 있기 때문이다—옮긴이), 도덕적 장벽, 정보의 장벽을 크게 낮추어주기 때문이라고 설명했다. 비폭력 운동의 낮은 참여 장벽이란 다양한 많은 사람들이 참여할 수 있다는 것을 뜻하는 것으로, 이는 저항운동의 결과를 설명할 때 결정적인 요소가 된다. 다음과 같은 다섯 가지 점에서 그렇다. 첫째, 다양한 많은 사람들의 참여는 대중의 비협조운동을 통해 높은 수준의 시민 분열을 일으킬 수 있다. 그리하여 체제의 안보군을 비롯해 지금까지의 체제 지지자들로 하여금 자신들의 이해관계를 재평가하고 자신들이 선호했던 세력을 재고하게 만들어 저항운동 세력 쪽으로 충성심을 옮기도록 유도하는 경향이 있다. 결국 가장 중요한 것은 사람들은 대부분 투쟁에서 끝까지 살아남아 승리하는 쪽에 서길 원한다는 점이며, 따라서 비폭력 투쟁은 충성심 변동을 부추기는 효과를 가져온다. 둘째, 대규모 비폭력 운동에 대한 체제의 탄압은 폭력적 운동을 탄압했을 때에 비해 가해자(탄압하는자)에게 불리한 역효과를 낳을 가능성이 크다. 앞에서 설명한 여러 가지 이유 때문에 그 역효과는 더욱 증폭되어 종종 훨씬 더 큰 대중을 투쟁에 동원케 하고 체제 엘리트의 충성심을 저항운동 쪽으로 이동시키며, 탄압을 자행하는 체제에 불리한 국제적인 제재를 불러온다. 셋째, 대규모의 민간인 참여를 자랑하는 운동은 소규모 운동에 비해 대의명분에서 국제사회의 의미 있는 지지를 얻을 수 있고, 상대 체제로 하여금 중요한 지역 또는 세계의 주요 국가들 사이에서 지지를 잃게 만들 가능성이 크다. 넷째, 대규모 비폭력 운동은 체제의 탄압 앞에서도 꿋꿋하게 견디며 금세 (운동력을) 회복하는 경향이 있다. 다섯째, 대규모 비폭력 운동은 소규모 운동에 비해 전술적 혁신을 이루는 데 능숙하며, 그 결과 소규모 운동보다 쉽게 상황에 대처하고 적응하는 경향이 있다.

그러나 운동이 단지 비폭력적이라는 이유만으로 성공이 보장되는 것은 아니다. 일부의 주장대로 도덕적으로 높은 위치에 있다고 해서 운동이 성공하는 것은 아니다. 그보다 비폭력 운동이든 폭력적 운동이든 성공하려면 변화하는 상황에 맞게 전략을 구사하는 능력이 중요하다. 하지만 뚜렷한 이점利點이 드러나기 전까지는 어떤 운동이 전략적으로 유리한지를 예측하거나 일반화하기가 매우 어렵다. 운동의 초기 단계에서는 전략적 능력을 관찰할 수 없기 때문에 우리는 그 통계적 가치를 고려하지 않았다. 하지만 상대보다 한 발 앞서 생각하며 상대의 허를 찌르는 능력의 실질적 중요성은 갈등과 투쟁을 연구하는 사람이라면 누구에게나 명백하게 크다.

앞에서 살펴본 4가지 사례 연구를 통한 통계 실험과 적합성 검사 결과 비폭력 운동은 (투쟁 대상인) 체제와 그것을 뒷받침해주는 주요 기반 사이를 갈라놓는다는 점에서 상대에게 상당한 피해를 입힐 수 있다는 것이 드러났다. 반대로 폭력적 운동은 오히려 투쟁 대상인 체제를 결속시키는 결과를 가져올 때가 많다. 즉 폭력적 운동은 체제의 지지 기반을 강화시키고 폭력적 내란 세력을 장기간 질곡 속으로 몰아넣는 경향이 있다. 그래서 폭력적 내란의 75% 이상이 진압되거나 장기간에 걸쳐 교착 상태에 빠지는 것으로 끝나는 반면, 비폭력 운동의 대다수는 목표 달성에 결국 성공하는 것으로 드러났다.

폭력적 운동이 때로 성공을 거둔다 하더라도 그것은 많은 경우 외국 후원자의 도움을 받았기 때문이다. 성공한 폭력적 내란의 절반이 외국의 후원자로부터 공공연한 지원을 받은 것으로 드러났다. 외국의 후원자들은 때로 투쟁에 새로 참가할 신병新兵이 부족할 경우 이를 보충해주기도 한다.

하지만 폭력적 내란이 성공했다 하더라도 투쟁이 끝나고 평화로운 민주주의로 이행할 가능성은 훨씬 낮다. 이에 비해 다수가 참가한 비폭력 운동의 경우엔 투쟁이 끝난 뒤 민주화로 옮겨갈 가능성이 훨씬 높고 내전이 재발할 가능성도 훨씬 낮다. 물론 비폭력 운동이 성공했다고 해서 투쟁이 끝난 후 극심한 정쟁政爭이나 민주주의의 퇴보가 절대 없을 것이라고 말할 수는 없다. 그러나 설령 정쟁이 일어난다 하더라도 비폭력이라는 통로를 거쳐 해결할 가능성이 높다.

일부에서는 위의 주장을 반박하는 예로 미국의 독립전쟁을 들지도 모르겠다. 미국은 영국군에 맞서 주로 게릴라전의 형태의 무장 투쟁을 벌인 바 있다. 하지만 미국은 이미 독립전쟁 10년 전에 수평적 권한을 가진 민주적 기구들을 수립하고 비폭력 불매운동과 시민 불복종, 비협조운동을 벌였으며, 그밖에도 여러 민주적 국가 건설 방식을 동원했다는 점을 기억해야 할 것이다.

따라서 우리의 연구는 비폭력 시민저항은 운동의 전략적 목표 달성이라는 측면에서도 그렇고 운동이 이후 사회의 장기적 안녕 증진이라는 측면에서도 효과가 있다고 결론짓는다. 반면 폭력적 운동은 운동의 전략적 목표 달성과 사회의 장기적 안녕 증진이라는 두 가지 측면 모두에서 어두운 기록을 남겼다.

정책에 시사하는 의미

비폭력 운동의 성공과 실패에 관한 연구는 정부든 정부가 아닌 민간인
이든 그런 운동을 지원하려면 어떤 방법이 가장 효과적인지를 곰곰이
따져보게 해준다. 우리는 외부 국가의 물질적 지원이 비폭력 운동에
꼭 힘이 되는 것은 아니라고 본다. 하지만 스마트폰, 컴퓨터, 라디오,
팩스, 티셔츠, 사무실 공간 등과 그 밖에 비폭력 활동가들이 신규 참여
자들을 모집하기 위해 사용하는 물품을 구입하는 데 필요한 적은 액수
의 지원금은 상당한 도움이 될 수 있다. 나아가 비폭력 운동은 국제적
인 제재와 외교적 지원, 그리고 국제 시민사회와 동맹관계를 통해 도
움을 받을 수 있다. 이런 요소들은 참여자들의 기반을 강화시키고 다
양화시켜 운동이 성공하는 데 아주 중요한 역할을 한다.

　　비폭력 운동의 시민 동원이 외국의 행위자에 의해 성공적으로 시
작되고 유지될 수 있다는 증거는 없다. 하지만 남아프리카공화국의 아
파르트헤이트 체제에 대한 국제적 거부와 불매운동에서 볼 수 있듯이
외부의 지원은 많은 경우 도움이 될 수 있다. 저항운동이 맞서 싸우는
체제와 동맹관계를 맺고 있는 정부들에 꾸준히 압력을 가하는 조직화
된 해외 연대 단체의 존재도 운동에 도움이 되는 것으로 입증되었다.
이는 '전쟁터를 확대시키는 것'이 적을 상대로 싸울 때 때때로 저항운
동의 지렛대 역할을 높여줄 수 있다는 것을 보여주는 것이다. 외국의
정부가 다른 나라의 인권 활동가와 민주적 야당 지도자들에게는 외교
적 지원을 해주고 비무장 상태의 저항운동가들을 폭력적으로 탄압하
는 체제에 대해서는 처벌을 가한다면 이는 한 나라가 다른 나라의 비

폭력 운동의 성공 가능성을 높여줄 수 있는 또 하나의 방법이 될 수도 있다.

외국의 외교관들이나 대사관이 세계의 압제 국가들에서 인권과 민주주의를 위해 일하는 활동가들을 지원하기 위해 어떤 '도구들'을 사용해왔는지가 책으로 나와 있다. 얼마 전 '민주주의 공동체위원회 Council for a Community of Democracies'(워싱턴 D.C.에 본부를 둔 NGO—옮긴이) 가 펴낸『민주주의 발전을 지원하는 외교관을 위한 안내서A Diplomat's Handbook for Democracy Development Support』(http://diplomatshandbook.org)라 는 책(이하『안내서』)이다. 이 책은 외교관이 비폭력을 통해 변화를 이루 어내려는 외국의 시민사회와 개인 및 단체를 지원하기 위해 어떤 자원 과 자산을 동원할 수 있는지 그 광범위한 목록을 제공하고 있다. 여기 에는 위협받는 반체제 인사에게 비자 발급하기, 그 나라의 대중에게 믿을 만한 객관적인 관련 정보를 제공하기(폐쇄된 사회에서는 특히 유용하 다), 인권 위반 사례에 항의하기, 개혁가와 NGO에 대한 제재 풀기, 반 대 세력의 지도자들과 체제 내의 온건한 개혁가들을 연결해주기, 비폭 력 활동가에게 안전한 회의 장소 제공하기, 풀뿌리 운동단체들에 소액 의 종잣돈 보내주기, 반체제 인사의 재판에 참석하기 등이 포함된다.

이 밖에『안내서』에는 수많은 사례 연구(예를 들어 남아프리카공화국, 칠레, 짐바브웨, 쿠바, 중국, 이집트 등)도 들어 있다. 그리고 민주주의 옹호자 들이 해외의 외부 후원자와 민주적 정부를 통해 그런 지원을 받을 수 있게 도와주는 국제적인 법률규약도 수록되어 있다. 하지만『안내서』 저자들은 이런 형태의 지원은 변화를 위해 비폭력 운동을 이끄는 사람 들의 간절한 요청에 따라 실질적으로 도움이 되는 방향으로 이루어져야 한다고 분명히 밝히고 있다. 그리고 현지에서의 합법성은 비폭력을 통한 변화의 성공에 없어서는 안 될 전제 조건이라는 것을 강조하고 있다.

『안내서』는 비폭력 운동가들이 내부적으로뿐만 아니라 외부 세계와도 소통할 수 있는 언론 매체와 기술을 어떻게 만들어내고 유지시킬 수 있는지도 소개하고 있다. 라디오를 비롯한 전통적 형태의 의사소통 수단을 지원하는 것은 정보 과학기술 부문이 취약하고 식자율識字率이 낮은 아프가니스탄 같은 나라에서는 특히 유용하다. 하지만 아프가니스탄 같은 개발도상국에서도 이동전화를 사용하고 SMS를 통해 문자를 송수신하는 것이 정보를 공유하고 대중을 동원하는 중요한 수단으로 자리 잡았다.

고문피해자센터Center for Victims of Torture가 개발한 새로운 인권 전술New Tactics in Human Rights 프로젝트는 전 세계의 비폭력 투쟁에 헌신하는 활동가들이 사용하고 있는 최근의 혁신적 전술을 소개하고 있다. 이 단체의 온라인 자료에는 활동가들이 정보를 얻고 또 서로 배우는 데 사용할 수 있는 블로그와 토론 게시판도 들어 있다(http://www.newtactics.org). 유튜브와 페이스북을 통해 공유하는 온라인 정보는 전 세계의 시민단체에 특히 유용하다. 가장 최근에는 아래로부터의 압력을 이용해 부패에 반대하며 정부에 책임을 촉구하는 운동을 벌이고 있는 튀니지와 이집트에서 그 효용성을 입증했다. 디지액티브DigiActive를 비롯한 풀뿌리 사회 네트워킹 단체들도 활동가들에게, 그중에서도 특히 방화벽과 극심한 검열 때문에 외부 세계와 의사소통하는 데 많은 어려움을 겪는 억압적인 사회의 활동가들에게 온라인 자료와 의사소통 도구를 제공하고 있다(http://www.digiactive.org).

여러 역사적인 비폭력 운동에서 배운 교훈을 소개하는 교육 자료도 다양한 언어로 제공되고 있는데, 이것도 또한 비폭력 운동의 시민 동원에 기여하고 있다. 예를 들어 세르비아의 밀로셰비치 정권 반대운동은 비폭력 활동가들을 교육하면서 진 샤프Gene Sharp의 저작물들을 사용했으며, 이는 2000년 마침내 밀로셰비치의 축출로 이어졌다. 조지아와 우크라이나의 공영 텔레비전은 장미 혁명과 오렌지 혁명이 일어나기 전과 진행 중에 세르비아의 비폭력 운동을 소재로 요크 짐머만 사York Zimmerman Inc,에서 제작한 다큐멘터리 영화 〈독재자의 몰락Bring Down a Dictator〉을 각각 방영했다. 비폭력 투쟁에 헌신하는 오늘의 활동가들을 비폭력 운동이 배출한 지난날의 '베테랑들'에게 소개해 서로 교훈을 주고받으며 기술을 쌓아가는 것도 중요한 외부 지원의 또 다른 형태가 되고 있다.

반체제 운동에 대한 우리의 연구는 비폭력 운동에 대한 외국의 지원이 가장 효과를 발휘하는 것은 현지 반대 단체들의 활동을 지원할 때라는 것을 말해주고 있다. 그러나 그런 지원이 현지 참여를 대체할 수는 없다. 그와 동시에 현지 비폭력 단체에 대한 외부의 지원은 체제가 현지 비폭력 운동 단체와 운동을 비합법화시키기 위해 종종 이용하는 양날의 칼이기도 하다. 따라서 현지의 운동가들은 외부의 지원자들과 관계를 맺을 때 요령 있게 대처하면서 언제든 상대방의 프로파간다를 받아칠 준비를 하고 있어야 한다. 이와 관련해 비폭력 운동에 대한 외부의 지원은 단일 국가의 지원을 받는 것보다는 (국제연합이나 유럽연합, OAS 같은 지역 기구의) 다자간 방식이 좀 더 효과적일 수도 있다. 그쪽이 좀 더 합법적이고 덜 정치적으로 보이기 때문이다. 앞으로 시민 저항운동에 대한 외부 지원의 형태와 시기를 주제로 하여 심도 깊은 연구가 이루어진다면 외부의 지원이 현지 비폭력 활동가들의 활동을 언제 또 어떻게 보완해주며 또는 방해하는지를 정확히 파악할 수 있게 해줄 것이다.

저항운동에 직면한 체제는 어떻게 해야 이런 운동을 파탄 낼 수 있을지 그 방법에 관심을 가질 수밖에 없다. 우리는 비폭력 운동이 실패하는 이유 몇 가지를 이미 언급했다. 광범위하고 다양한 참여를 끌어내지 못할 때, 상대의 역공에 전략적으로 대처하지 못할 때, 상대를 주요 지지 기반과 갈라놓지 못할 때 비폭력 운동은 실패하게 되어 있다. 몇몇 체제는 비폭력 운동에 맞서 스스로 방어력을 기르기 위해 비폭력 운동의 전략과 전술에 대한 정보를 이용하려 들지도 모른다. 실제로 러시아, 중국, 짐바브웨의 체제는 비폭력 대중운동을 방해하기 위해 이 운동의 운영 방식을 배우려고 노력 중이라는 증거가 있다.

그런 체제는 대중의 저항을 파탄 내기 위해 우리가 예측할 수 있는 것처럼 억압이라는 수단을 사용한다. 우리의 연구 결과는 비폭력 운동을 억압한다고 해서 운동이 실패하는 것은 아니라는 것을 보여준다. 거꾸로 (체제에 맞서는) 대중운동은 때로 체제의 억압이 오히려 그들에게 역효과를 낳도록 바꿔놓기도 하며, 이 경우 체제는 내부 균열을 일으키고 외부의 압력을 불러올 수 있다. 그쯤 되면 체제의 엘리트들도 자신감이 떨어져 비폭력 운동을 무한정 억압한다고 해서 바람직한 결과가 나오란 법도 없다고 생각할 공산이 크다. 실제로 이 방면의 연구에 따르면 억압과 회유를 적절히 섞어 사용하는 체제는 억압에만 의

지하는 체제보다 도전 세력을 억누르는 데 좀 더 효과적인 것으로 나타나 있다. 토미스 셸링은 시민 저항운동에 내재해 있는 이러한 반응과 역반응의 역학관계를 정확하게 잡아내고 있다.

내란 세력에 시사하는 의미

내란 세력이 염두에 둬야 할 결론도 있다. 폭력적 내란 세력은 종종 폭력 사용을 마지막 수단이라며 정당화한다. 많은 학자들이 폭력은 다른 수단이 모두 소용없어지고 달리 기댈 데가 없을 때만 일어난다고 보고 있다. 국제 정치학, 그중에서도 전쟁의 협상 모델을 다루는 연구는 비폭력적인 방법을 사용해 분쟁을 해결할 수 있다면 당사자들은 싸우지 않을 것이라는 가정을 하고 있다.

하지만 우리의 연구는 그런 주장에 반론을 펴 도전한다. 폭력을 사용한 저항운동이 국민들을 억압하는 상대로부터 양보를 얻어내는 유일하게 효과적인 방법이라는 주장은 증거와 부합하지 않는다. 비폭력 저항이 전략적으로 우월하다는 것이 이 연구의 결론이다. 어떤 나라들에서는 오직 폭력만이 효력을 거둘 수 있다는 주장을 여러 증거들이 배척하고 있다. 이 연구에서 우리는 그런 나라를 찾아낼 수 없었다.

저항운동엔 폭력이 필요하다고 주장하는 내란 세력이 있지만 이런 주장은 언제나 틀렸다는 것이 우리의 견해다. 우리는 폭력적 저항운동이 어쩔 수 없이 선택하는 마지막 수단이라고 주장하는 단체의 대다수가 전략적 비폭력 운동을 한 번도 시도해보지 않았다고 보고 있다. 처음부터 비폭력 운동이 너무 어려운 운동방식이라고 생각했기 때문이다. 예컨대 폭력은 목적을 달성하기 위해 사용하는 마지막 수단이라는 수사법을 사용하지만, 처음부터 먼저 폭력을 사용한 여러 테러리스트 단체들이 있다는 것을 맥스 에이브럼스Max Abrahms는 이름을 들어 밝히고 있다.

비폭력 저항운동을 통해 억압적 체제나 외국의 지배에 대항하려는 단체는 비대칭적 폭력에 의지해 싸우는 단체보다 승리를 거둘 확률이 훨씬 높다. 체제로부터 중요한 양보를 끌어내는 메커니즘도 운동이 비폭력적일 때 효과를 거둘 확률이 훨씬 높다. 우리의 이 책은 국가를 상대로 한 반체제 세력에 초점을 맞추고 있다. 하지만 시민의 비폭력 저항운동은 국가가 아닌 폭력적 운동 세력폭력적 비국가 행위자, violent none state actors과 싸울 때에도 똑같이 효과를 거둘 수 있다. 이와 관련해 메리먼Merriman과 듀발DuVall은 다음과 같이 썼다. "민간인 중심의 비폭력 세력이 전면에 나서서 사회의 결정적 변화를 이끌 경우 투쟁 형태로서의 테러리즘의 수요는 가라앉게 마련이다."

우리는 비폭력 운동에 따르는 위험을 과소평가하거나 비폭력 운동이 좌절이나 패배를 견뎌내는 면역력을 지니고 있다고 주장할 생각이 없다. 더욱이 우리는 폭력적 내란과 게릴라 운동 또한 외부의 지원을 통해 지구전에서 승리함으로써 때로 성공하기도 한다는 점을 인정한다. 그러나 비폭력 저항운동은 폭력적 저항운동이 전형적으로 벌어지는 거의 모든 환경에서도 성공할 가능성이 높으며, 장기적으로도 좀 더 바람직한 결과를 가져온다는 사실을 밝히고 싶다. 그리고 시민들의 비폭력 저항운동은 무장 투쟁 가능성을 회피시켜주면서 시민 의식과 사회의 건강 회복력을 드높여준다는 점도 아울러 지적한다.

역사적 기록은 시민들의 저항운동이 국제적인 시스템에 변화를 가져오는 데서도 필요한 힘이라는 점을 분명히 보여준다. 앞으로도 시민들은 세계 곳곳에서 집단행동과 비협조운동을 통해 억압적 정부와 점령자들에 맞서, 심지어 테러리스트와도 맞서 싸울 것이다. 권력을 유지하기 위해 침묵과 굴종을 강요하는 가공할 만한 적을 상대로 도전하고 싸울 것이다. 학자들과 정책 입안자들, 저항운동의 지도자들, 그리고 언론은 수십 년 동안 무장 투쟁의 전사들이 이루지 못한 목표를 비폭력 운동이 왜, 어떻게, 언제 달성할 수 있었는지 이해를 넓혀야 할 것이다.

에필로그

이 책의 출간을 코앞에 두고 있을 때 '피플 파워' 운동의 물결이 튀니지와 이집트의 권위주의 체제를 무너뜨렸다. 연구를 끝내고 나서 저자인 우리 두 사람은 비폭력 운동이야말로 전 세계 거의 어디에서든 권위주의 체제를 축출하고 (국민들의) 자기 결정권을 획득하게 해줄 수 있는 거의 유일하고도 실행가능한 방법이라는 확신을 갖게 되었다. 심지어 우리는 수많은 사람들이 폭력에 노출되어 있는 중동의 팔레스타인 지역과 이란에서조차 인민들의 비폭력 봉기가 이 두 지역의 정치지형을 어떻게 바꾸어놓는가를 보았고, 그래서 팔레스타인과 이란을 사례 연구의 대상으로 선택하기까지 했다. 하지만 우리 중 어느 누구도 2011년 처음 한 달 동안 중동 전역을 휩쓴 비폭력 저항운동이 그렇게 큰 분노를 드러내며, 그렇게 빠르게 퍼져나갈 줄은 예측하지 못했다. 2011년 1월 15일 지네 엘−아비디네 벤 알리 대통령은 엄청난 시민 저항의 힘에 굴복하고 튀니지를 도망쳐 새로운 체제에 권력을 넘겼다. 그러고 나서 2011년 1월 24일 수십만 명의 이집트인들이 몇십 년 넘게 이어진

비폭력 시민운동은 왜 성공을 거두나?

호스니 무바라크의 독재 정권에 맞서 3주 가까이 조직화된 시위를 벌여 결국 그를 권좌에서 몰아냈다. 이후 대중시위는 알제리, 바레인, 이란, 이라크, 요르단, 리비아, 모로코, 오만, 팔레스타인, 사우디아라비아, 예멘으로 번져갔다. 이 책이 책장에 꽂힐 즈음 중동의 다른 독재 정권들도 무너질 것이다.

이집트의 봉기는 시민의 저항이 왜 효과가 있는지를 보여주는 특히 놀라운 예다. 이 운동에 참여한 사람들은 잘 조직된 데다, 그야말로 일사불란했고, 몇 주가 넘는 투쟁에 잘 준비되어 있었다. 이 운동엔 무슬림과 콥트 기독교도, 과학기술에 열광하는 젊은 층과 노년층, 남성과 여성, 판사와 노조원 할 것 없이 이집트 사회의 각계각층의 사람들이 대규모로 참여했다. 운동은 어느 한 가지 형태의 의사소통 수단에만 과도하게 의존하지 않았다. 유튜브, 페이스북, 트위터는 중요한 활동이 시작되기 전 활동가들이 만일의 사태에 대비하고 동원을 조절할 수 있도록 도왔다. 무바라크 체제가 인터넷을 폐쇄하자, 세르비아와 튀니지를 비롯해 다른 나라들에서 성공한 비폭력 혁명에 고무된 활동가들은 시위자들에게 폭력을 자제하고 안보군에게 호소하라고 촉구하는 팸플릿을 배포했다.

폭력적 진압에도 불구하고 대중동원은 타히르 광장을 비롯해 이집트의 다른 지역으로 확산되었다. 안보군은 시위자들을 엄중 단속하라는 체제의 명령을 무시했다. 노동자들은 무바라크정권 반대 세력과 연대해 파업과 불매운동을 조직했다. 무바라크 체제는 권력을 유지하려는 마지막 몸부림으로 무장한 정권 앞잡이들agents provocateurs을 풀어 시위자들에게 도발했다. 이들은 시위대에게 겁을 주어 타히르 광장을 떠나게 하거나, 시위대가 폭력으로 대응하도록 만들어 운동의 대내외적 합법성을 훼손하게 하고, 무바라크의 안보군이 진압 명분을 가질 수 있도록 상황을 몰아갔다. 하지만 군대의 진압은 역효과를 낳았다. 시위대가 보복성 폭력의 사용을 삼갔기 때문이다. 사회 각계각층이 적극적으로 참여한데다 무바라크의 강력한 진압과 반대 진영의 비폭력 시위 고수周守가 맞물리면서 민주주의를 요구하는 시위자의 수는 더욱더 늘어났다. 이집트의 저항운동에 대한 외부 지원이 혁명의 성공에서 중요한 역할을 한 것 같지는 않다. 하지만 시위자들의 무바라크 반대 운동이 되돌릴 수 없는 모멘텀을 얻게 되자 무바라크의 퇴진을 요구하는 외국 정부의 압력은 거세졌다.

군대가 일종의 무혈 쿠데타로 권력을 잡으면서 무바라크는 결국 권좌에서 내려왔다. 민간인 중심의 비폭력 저항이 일으킨 압력이 없었다면 거의 상상조차 할 수 없는 결과였다. 더욱이 시위대는 군사 정부가 권력을 시민 손에 되돌려주겠다고 한 약속을 지키게 하기 위해 타히르 광장을 계속 점거했다.

몇십 년 넘게 계속된 권위주의의 유산을 벗어던지는 것은 어려운 일이며, 이집트도 예외는 아닐 것이다. 그러나 이집트의 전망은 밝다. 반대 운동의 압도적인 방법이 비폭력적이었다는 점에서 혁명이 폭력성을 띠었을 때보다 전망이 훨씬 밝다. 8장에서 우리는 여러 통계를 사용해 운동이 끝나고 해당 국가가 민주주의로 이행할 가능성을 평가한 바 있다. 다른 변수들을 배제한 상태에서 이집트가 성공을 거둔 다른 비폭력 운동의 경로를 따른다면 앞으로 이 나라가 민주주의로 이행할 가능성은 30%가 넘는다. 그런 수치가 시시하게 보일 수도 있을 것

비폭력 시민운동은 왜 성공을 거두나?

이다. 하지만 혁명이 폭력성을 띠었거나 아예 아무 일도 일어나지 않았다면 이 나라가 민주주의로 이행할 가능성은 0%에 가까울 것이다. 무바라크 당시 대통령을 비폭력으로 축출한 것은 이집트 국민들에게 비폭력 수단을 사용하더라도 얼마든지 목소리를 높여 정치 과정에 엄청난 영향력을 행사할 수 있다는 것을 보여주었다.

사실 이집트는 비폭력 저항운동의 역사가 깊다. 실패로 끝났긴 하지만 2005년의 케파야 운동은 그중 가장 최근의 예로 우리의 데이터 세트에 나와 있다. 『민간인의 성전聖戰: 중동에서의 비폭력 투쟁과 민주화, 그리고 통치Civilian Jihad: Nonviolent Struggle, Democratization, and Governance in the Middle East』(스티븐, 2010)가 보여주듯이 중동과 북아프리카의 다른 나라들에서도 사정은 똑같다. 이와 관련해 주목할 만한 점은 NAVCO(폭력·비폭력 운동과 그 결과) 데이터가 2006년의 운동 결과만 소개하면서 중동에서는 다른 지역에 비해 비폭력 저항운동의 성공률이 낮다고 시사하고 있다는 사실이다. 그러나 최근의 사건들은 그러한 결론을 뒤바꿀지도 모른다. 이 최근 몇 달 동안에 일어난 사건들이 우리에게 뭔가 가르쳐준 것이 있다면, 그것은 비폭력 저항운동이야말로 우리가 살고 있는 오늘의 세계를 변화시킬 수 있는 막을 수 없는 힘이라는 사실이다. 아무리 불가능할 것 같은 환경에서도 말이다.

부록: 비폭력 운동과 폭력적 운동 사례

<표 A-1> 비폭력 운동 사례

운동	장소	대상(목표)	시작된 해	종료된 해	결과
	수단	가파르 니메이리	1985	1985	성공
인티파다	팔레스타인	이스라엘의 점령	1987	1990	부분적 성공
	잠비아	영국 지배	1961	1963	성공
카네이션 혁명	포르투갈	군사 독재 정권	1974	1974	성공
	그리스	군사 독재 정권	1974	1974	성공
	대한민국	군사 정권	1979	1980	실패
민주화 운동	파키스탄	무함마드 지아울하크	1983	1983	실패
	말리	군사 독재 정권	1989	1992	성공
	슬로베니아	공산주의 체제	1989	1990	성공
stir 운동	네팔	왕정, 판차야트 체제	1989	1990	부분적 성공
비무장 총파업	엘살바도르	마르티네스 독재 정권	1944	1944	성공
	폴란드	공산주의 체제	1956	1956	부분적 성공
	아르헨티나	불발된 쿠데타	1986	1986	성공
	칠레	이바네즈 정권	1931	1931	성공
	대한민국	군사 정부	1987	1987	부분적 성공
저항 운동	남아프리카공화국	아파르트헤이트	1952	1961	실패
	파나마	마누엘 노리에가 정권	1987	1989	실패
노래 혁명	에스토니아	공산주의 체제	1989	1989	성공
	덴마크	나치의 점령	1944	1944	부분적 성공
백화제방 운동	중국	공산주의 체제	1956	1957	실패
지레타스 자	브라질	군사 독재 정권	1984	1985	성공

비폭력 시민운동은 왜 성공을 거두나?

운동	장소	대상(목표)	시작된 해	종료된 해	결과
	케냐	대니얼 아랍 모이	1989	1989	부분적 성공
CPP 운동	가나	영국 지배	1951	1957	성공
장미 혁명	조지아	셰바르드나제 정권	2003	2003	성공
민주화 운동	태국	수친다 정권	1992	1992	부분적 성공
키파야	이집트	무바라크 정권	2000	2005	부분적 성공
피플 파워	필리핀	페르디난드 마르코스	1983	1986	성공
	대만	독재 정권	1979	1985	부분적 성공
	말라위	반다 정권	1992	1994	성공
학생 저항 운동	태국	군사 독재 정권	1973	1973	성공
	폴란드	공산주의 체제	1968	1970	부분적 성공
	크로아티아	준대통령제	1999	2000	성공
루르 투쟁	독일	프랑스의 점령	1923	1923	성공
	세네갈	디우프 정권	2000	2000	부분적 성공
민주화 운동	탄자니아	음위니 정권	1992	1995	부분적 성공
	그리스	카라만리스 체제	1963	1963	성공
민주화 운동	중국	공산주의 체제	1976	1979	실패
민주화 운동	동독	공산주의 체제	1989	1989	성공
	페루	후지모리 정권	2000	2000	성공
5·4 운동	중국	일본제국주의의 점령	1919	1919	부분적 성공
민주화 운동	버마	군사 정권	1988	1988	실패
	잠비아	단일정당 지배	1990	1991	부분적 성공
	체코-슬로바키아	소련의 점령	1968	1968	실패
반아파르트헤이트 운동	남아프리카공화국	인종 차별(아파르트헤이트)	1984	1994	성공
튤립 혁명	키르기스스탄	아카예프 정권	2002	2002	성공
적극적인 목소리 운동	마다가스카르	디디에 라치라카 체제	1991	1993	성공

운동	장소	대상(목표)	시작된 해	종료된 해	결과
	칠레	아우구스토 피노체트 체제	1983	1989	성공
백향목 혁명	레바논	시리아 군대	2005	2005	성공
	볼리비아	군사 정권	1977	1982	성공
	인도네시아	수하르토 지배	1997	1998	성공
민주화 운동	헝가리	공산주의 체제	1989	1989	성공
	태국	탁신 정권	2005	2006	성공
	중국	공산주의 체제	1989	1989	실패
	파키스탄	칸 정권	1968	1969	부분적 성공
	헝가리	소련의 점령	1956	1956	실패
	잠비아	칠루바 정권	2001	2001	성공
	알바니아	공산주의 체제	1989	1989	부분적 성공
반쿠데타	베네수엘라	반차베스 쿠데타	2002	2002	성공
	베네수엘라	히메네스 독재 정권	1958	1958	성공
	티베트	중국의 점령	1987	1989	실패
	가이아나	버남/호이테 독재 정권	1990	1992	성공
폭력에 반대하는 민중	슬로바키아	체코 공산주의 정부	1989	1992	성공
이란 혁명	이란	레자 팔라비 국왕	1977	1979	성공
	나이지리아	군부 지배	1993	1999	성공
민주화 운동	아르헨티나	군사 정권	1977	1981	성공
	노르웨이	나치의 점령	1944	1944	부분적 성공
10월 혁명	과테말라	유비코 독재 정권	1944	1944	성공
	몽골	공산주의 체제	1989	1990	부분적 성공
	유고슬라비아	밀로셰비치 정권	2000	2000	성공
니아살랜드 아프리카 회의	말라위	영국 지배	1958	1959	성공
2차 피플 파워 운동	필리핀	에스트라다 정권	2001	2001	성공

비폭력 시민운동은 왜 성공을 거두나?

운동	장소	대상(목표)	시작된 해	종료된 해	결과
	불가리아	공산주의 체제	1989	1989	성공
벨벳 혁명	체코-슬로바키아	공산주의 체제	1989	1989	성공
	아이티	장-클로드 뒤발리에	1985	1985	성공
	멕시코	칼데론 정권	2006	2006	실패
	베냉	공산주의 체제	1989	1990	부분적 성공
드루즈 저항 운동	이스라엘	이스라엘의 골란 점령	1981	1982	부분적 성공
	방글라데시	군부 지배	1989	1990	부분적 성공
	벨라루스	공산주의 체제	1989	1990	부분적 성공
연대노조 투쟁	폴란드	공산주의 체제	1981	1989	성공
	가나	롤링스 정부	2000	2000	성공
	루마니아	차우셰스쿠 정권	1987	1989	실패
	네팔	네팔 정부, 계엄령	2006	2006	부분적 성공
코소보 알바니아 민족주의자 운동	유고슬라비아	유고슬라비아 정부	1981	1981	실패
코소보 알바니아	유고슬라비아	세르비아 지배	1989	1999	실패
민주화 운동/사유디스	리투아니아	리투아니아 정권	1989	1991	성공
민주화 운동	마다가스카르	라치라카 정권	2002	2003	성공
4·19 혁명	대한민국	이승만 정권	1960	1960	성공
민주화 운동	라트비아	공산주의 체제	1989	1989	성공
오렌지 혁명	우크라이나	쿠치마 정권	2001	2004	성공
	멕시코	커럽트 정부	1987	2000	성공
	벨라루스	벨라루스 정부	2006	2006	실패
크로아티아 민족주의 세력	유고슬라비아	유고슬라비아 정부	1970	1971	실패
	서파푸아	인도네시아의 점령	1964	2006	실패
키르기스스탄 민주화 운동	키르기스스탄	공산주의 체제	1989	1989	성공

운동	장소	대상(목표)	시작된 해	종료된 해	결과
	우루과이	군사 지배	1984	1985	성공
티모르 저항 운동	동티모르	인도네시아의 점령	1988	1999	성공
	동독	공산주의 체제	1956	1956	실패
오고니 족 운동	나이지리아	나이지리아 정부과 착취 기업	1990	1995	실패
	니제르	군사 지배	1991	1992	실패
독립 운동	나이지리아	영국의 점령	1945	1950	부분적 성공
민주화 운동	러시아	반쿠데타	1990	1991	선공
	동독	공산주의 체제	1953	1953	실패
	인도	영국 지배	1919	1945	부분적 성공
학생 시위	유고슬라비아	공산주의 체제	1968	1968	부분적 성공
	엘살바도르	군부/시민 쿠데타	1979	1981	실패

비폭력 시민운동은 왜 성공을 거두나?

<表 A-2> 폭력적 운동 사례

운동	나라	대상(목표)	시작된 해	종료된 해	결과
씨족분파간투쟁; SNM	소말리아	시아드 바레 정권	1982	1997	성공
GAM 분리독립운동	인도네시아	인도네시아의 점령	1976	2005	성공
동티모르 독립혁명전선	동티모르	인도네시아의 점령	1974	1977	실패
그리스 공산주의	그리스	영국과 미국의 점령	1944	1949	실패
리프 족 저항 운동	모로코	스페인/프랑코의 점령	1921	1926	실패
다룰 이슬람	인도네시아	인도네시아 정부	1953	1953	실패
타밀일람해방의 밤	스리랑카	스리랑카의 점령	1972	2006	실패
튀니지 독립 운동	튀니지	프랑스의 점령	1952	1954	성공
그리스 저항 운동	그리스	나치의 점령	1943	1945	실패
코소보 해방군	세르비아	제체시온	1994	1999	부분적 성공
산디니스타 민족해방전선	니카라과	니카라과 정권	1978	1979	실패
필리핀-말라야 족 저항 운동	필리핀	일본의 점령	1941	1945	실패
드루즈 저항 운동	레바논	프랑스의 점령	1925	1927	실패
사회주의 세력	오스트리아	돌푸스 정권	1934	1934	실패
크리스테로스 저항 운동	멕시코	멕시코 정권	1926	1930	실패
아스투리아 광부들	스페인	우파 정권	1934	1934	실패
북베트남(민족해방전선)	베트남	미국의 점령	1958	1975	성공
파테트라오	라오스	라오스 정부	1960	1975	성공
크메르루즈	캄보디아	캄보디아 정부	1970	1975	성공
헤즈볼라	레바논	이스라엘의 남부 레바논 점령	1982	2000	성공
나가 족 저항 운동	인도	인도의 점령	1955	1964	실패
만주 사변	중국	일본의 점령	1931	1940	성공
이슬람 근본주의 세력	나이지리아	나이지리아 정부	1980	1984	실패
몰루카	인도네시아	인도네시아 정부	1950	1950	실패
체첸 분리주의 세력	러시아	러시아의 점령	1994	2006	실패

운동	나라	대상(목표)	시작된 해	종료된 해	결과
필리핀 민족주의 세력	필리핀	미국의 점령	1899	1902	실패
우크라이나 저항 운동	(구)소련	공산주의 체제	1946	1953	실패
민족해방군(FALN)	베네수엘라	베탕쿠르 정권	1958	1963	실패
드니에스트르	몰도바	몰도바 정권	1992	1992	부분적 성공
르완다 독립	르완다	벨기에의 점령	1956	1961	성공
후크발라합 저항 운동	필리핀	필리핀 정부	1946	1954	실패
팔레스타인 해방 운동	팔레스타인 지역	이스라엘의 점령	1973	2006	실패
인도 저항 운동	과테말라	과테말라 정부	1966	1972	실패
에스코반이 이끈 저항 운동	멕시코	칼레스 정부	1929	1929	실패
서사하라 해방 운동 (POLISARIO)	서사하라	모로코의 점령	1975	1991	부분적 성공
공산주의자 저항 운동	태국	태국 정부	1970	1973	실패
ANYA NYA(반정부투쟁)	수단	수단 정부	1962	1973	부분적 성공
입헌혁명	이란	국왕	1908	1909	성공
알제리 혁명/민족해방전선	알제리	프랑스의 점령	1952	1962	성공
좌파 세력	레바논	레바논 정부	1975	1975	실패
일린덴 저항 운동 속 VMRO 저항 운동	오토만 제국	오토만 지배	1903	1903	실패
중앙아시아 저항 운동	(구)소련	소련 경찰 징병제	1930	1935	실패
반차우셰스쿠 저항 운동	루마니아	차우셰스쿠 정권	1989	1989	성공
모로 이슬람 해방 전선	필리핀	필리핀 정부	1970	1980	실패
파라분도 마르티 민족해방전선(FMLN)	엘살바도르	엘살바도르 정부	1979	1991	부분적 성공
아프간 저항 운동	아프가니스탄	소련의 점령	1979	1988	성공
시리아-프랑스 전쟁	시리아	프랑스의 점령	1920	1920	실패
Biafra-독립운동	나이지리아	나이지리아 정부	1967	1970	실패

비폭력 시민운동은 왜 성공을 거두나?

운동	나라	대상(목표)	시작된 해	종료된 해	결과
탈레반	아프가니스탄	아프가니스탄 정부	2001	2006	실패
홍위병	중국	반마오이스트	1967	1968	실패
나고모-카라바흐의 아르메니아인	아제르바이잔	아제르바이잔의 점령	1991	1994	부분적 성공
반개혁주의 운동	아프가니스탄	아마눌라 칸 정권	1924	1929	실패
공산주의자 저항	핀란드	핀란드 정부	1918	1918	실패
중국-티베트 전쟁	티베트	중국의 점령	1950	1951	실패
북베트남 (베트남 해방전선)	베트남	남베트남 정부	1958	1975	성공
아파르(Afar)족 저항운동	지부티	지부티 정권	1991	1994	실패
이탈리아 저항군	이탈리아	나치의 점령	1943	1945	실패
티베트 저항	중국	중국의 점령	1956	1959	실패
민중주의적 민주주의 군대(UTD)	타지키스탄	라흐마노프 정권	1992	1997	부분적 성공
이라크 저항	이라크	영국의 점령	1920	1920	부분적 성공
팔레스타인 아랍 혁명	팔레스타인	친유대인 영국 경찰	1936	1939	부분적 성공
유대인 저항	팔레스타인 지역	영국의 점령	1945	1948	성공
아랍 혁명	터키	오토만 지배	1916	1918	부분적 성공
이슬람 구국 전선	알제리	알제리 정부	1992	2006	실패
인도네시아 독립전쟁	인도네시아	네덜란드의 점령	1945	1949	성공
인도차이나 전쟁	베트남	프랑스의 점령	1945	1954	성공
여러 정파 간 투쟁	중앙아프리카공화국	중앙아프리카공화국 정권	1994	1997	성공
오만·걸프만 해방 인민전선	오만	오만 정부	1964	1976	부분적 성공
니카라과 게릴라	니카라과	미국 정부	1925	1932	성공
신해혁명	중국	황제 체제, 군사 독재	1911	1913	실패

운동	나라	대상(목표)	시작된 해	종료된 해	결과
라이베리아 국가애국전선	라이베리아	라이베리아 정부	1996	1996	실패
이콴 반군	사우디아라비아	이븐 사우드 정권	1929	1930	실패
쿠르드 반군	터키	쿠르드 분리독립	1920	1922	실패
3차 앵글로-아프간 전쟁	아프가니스탄	영국의 점령	1919	1919	성공
농업동맹운동	불가리아	군사 정권	1923	1923	실패
KDP 쿠르드	이라크	이라크 정부	1996	1996	실패
이란 쿠르드 민주당	이란	이란 정권	1979	1996	실패
후투 반군	부룬디	정부 내 투치 권력	1972	2002	실패
이라크 반란	이라크	이라크 정부	2003	2006	실패
네팔 공산당(마오이스트)	네팔	네팔 정부	1996	2006	실패
수단인민해방군(SPLA)-가랑	수단	수단 정부	1983	2005	부분적 성공
LRA	우간다	무세베니 정부	1996	2006	실패
SHIFTA 반란	에리트레아	영국의 점령	1945	1952	실패
보수주의 운동	콜롬비아	진보 정부	1948	1949	성공
투팍 아마루 혁명운동 (MRTA)	페루	페루 정부	1996	1997	실패
RENAMO	모잠비크	모잠비크 정부	1979	1992	실패
이프니(IFNI) 전쟁	모로코	스페인의 점령	1957	1958	실패
모로코 독립 전쟁	모로코	프랑스와 스페인의 점령	1953	1956	성공
독립 전쟁	모로코	프랑스의 점령	1911	1917	실패
모플라 반란	인도	지역의 힌두교 지도자들	1921	1922	실패
이탈리아-리비아 전쟁	리비아	이탈리아의 점령	1920	1932	실패
무슬림 형제단	시리아	시리아 정부	1980	1982	실패
폴란드 혁명	폴란드	독일의 점령	1944	1944	실패
무자헤딘	이란	호메이니 정권	1981	1982	실패

비폭력 시민운동은 왜 성공을 거두나?

운동	나라	대상(목표)	시작된 해	종료된 해	결과
짐바브웨 아프리카 인민동맹(ZAPU)	짐바브웨	무가베 정권	1983	1987	부분적 성공
파시스트 세력	스페인	공화파 정부	1936	1939	성공
반(反)도 혁명	라이베리아	도 정권	1989	1990	성공
소말리 족 전쟁	에티오피아	오가덴	1976	1983	실패
하이더라바드 운동 세력	인도	인도의 합병	1948	1948	실패
세르비아 민병대	보스니아-헤르체고비나	보스니아 정부	1991	1995	실패
신인민군(NPA)	필리핀	필리핀 정부	1972	2006	실패
아프가니스탄인들	아프가니스탄	아프가니스탄 정부	1978	1979	성공
반식민주의 운동	카메룬	프랑스의 점령	1955	1960	성공
앙골라 해방 인민운동	앙골라	포르투갈의 점령	1961	1974	성공
좌파 세력	볼리비아	군사 정권	1952	1952	성공
1949년의 진보주의 세력	콜롬비아	보수 정부	1949	1949	실패
앙골라 완전독립 민족동맹 (UNITA)	앙골라	앙골라 정부	1975	2001	부분적 성공
중일전쟁	중국	일본의 점령	1937	1945	실패
카빌라-콩고·자이르 해방민주세력연합(ADFL)	자이르/콩고민주공화국	모부투 정권	1996	1997	성공
전(前)반란 지도자들	알제리	벤 벨라 정권	1962	1963	실패
좌파 세력	도미니카공화국	왕정 체제	1965	1965	실패
블랑코 반란	우루과이	오르도네스 정권	1904	1904	실패
마우마우 반란	케냐	영국의 점령	1952	1956	실패
바스크 분리주의 군	스페인	스페인의 점령	1968	2006	실패
	케냐	영국의 지배	1938	1938	실패
와투시 족	르완다	후투 정권	1963	1964	실패
윈난 반란	중국	중국의 점령	1917	1918	부분적 성공

운동	나라	대상(목표)	시작된 해	종료된 해	결과
부간다 족	우간다	우간다 정부	1966	1966	실패
드니 사소 응게모	콩고-브라자빌(ROC)	리수바 정권	1997	1999	성공
모잠비크 해방전선	모잠비크	포르투갈의 점령	1963	1972	성공
페즈 케이즈 혁명	모로코	프랑스의 점령	1907	1908	실패
도미니카 혁명	도미니카공화국	미국의 점령	1916	1924	실패
무하지르	파키스탄	파키스탄 정부	1994	1995	실패
보어 전쟁	남아프리카공화국	영국의 점령	1899	1902	실패
왕정주의 세력	예멘 아랍 공화국	알 살랄 정권	1962	1969	부분적 성공
좌파 세력	레바논	샤문 정권	1958	1958	실패
1차 독립전쟁	티베트	중국의 점령	1912	1913	부분적 성공
아메리카인민혁명동맹	페루	세로 정권	1932	1932	실패
코트디부아르 애국운동	코트디부아르	당시 정권	2002	2005	실패
부건빌 혁명	파푸아뉴기니	파푸아 정부	1988	1998	실패
투치 반란	르완다	후투 정권	1990	1993	부분적 성공
발루치 반란	파키스탄	파키스탄 지배	1973	1977	실패
아일랜드혁명군	북아일랜드	영국의 점령	1968	2006	부분적 성공
카슈미르 무슬림 분리주의자들	인도	인도의 점령	1988	2006	실패
후에르타 혁명	멕시코	오브레곤 정권	1923	1924	실패
반란	차드	차드 정권	1994	1998	실패
쿠르드 반란	이라크	이라크 정부	1961	1975	실패
에이커 전쟁	볼리비아	볼리비아로부터 분리독립	1902	1903	실패
크로아티아인	유고슬라비아	세르비아 정부	1991	1992	성공
팔레스타인 운동 세력	요르단	요르단 지배	1970	1970	실패
미조 혁명	인도	인도 정부	1966	1986	부분적 성공
카친 반란	버마	버마 정부	1983	1995	실패

비폭력 시민운동은 왜 성공을 거두나?

운동	나라	대상(목표)	시작된 해	종료된 해	결과
좌파 세력	인도네시아	수카르노 정권	1956	1960	실패
프랑코-마다가스카르인 갈등	마다가스카르	영국의 점령	1947	1948	실패
해방 혁명	베네수엘라	베네수엘라 정부	1901	1903	실패
예멘 혁명	예멘	영국과 아덴 행정부	1955	1957	실패
소말리아군 반란	소말리아	미국과 UN 구호 단체	1992	1994	성공
애국전선	르완다	후투 정권과 제노사이드	1994	1994	성공
라이베리아 민족애국전선	라이베리아	존슨 정권	1992	1995	부분적 성공
콜롬비아 무장혁명군과 민족해방군	콜롬비아	콜롬비아 정부와 미국의 영향력	1964	2006	실패
SWAPO (남서아프리카 인민기구)	나미비아	남아프리카공화국의 점령	1976	1988	성공
카탕가 좌파 세력	자이레/DRC	DRC로부터 분리독립	1960	1965	실패
FLOSY, NLF(아덴)	예멘	영국의 점령	1963	1967	성공
혁명연합전선(RUF)	시에라리온	공화주의 정부	1991	1996	부분적 성공
민족연합당	코스타리카	칼데론 정권	1948	1948	성공
서남아프리카 혁명 (헤레로 혁명)	나미비아/서남아프리카	독일의 점령	1904	1905	실패
발칸 전쟁	세르비아	독일의 점령	1940	1945	부분적 성공
북부국경지대 해방운동 분리독립주의 세력	케냐	분리독립	1964	1969	실패
비밀특공대	프랑스	알제리로부터 프랑스 철수	1958	1962	실패
셰이크 사이드 반란	터키	케말 정권	1924	1927	실패
시아파 반란	이라크	후세인 정권	1991	1991	실패
콘트라(CONTRAS)	니카라과	산디니스타 체제	1980	1990	실패
투치 우월주의 세력	부룬디	후투 정권	1991	1992	실패

운동	나라	대상(목표)	시작된 해	종료된 해	결과
쿠르드 반란	터키	터키 정부	1991	1997	실패
센데로 루미노소 (빛나는 길) 내란	페루	페루 정부	1980	1995	실패
인민해방전선	스리랑카	스리랑카 정부	1971	1971	실패
감사쿤드리아와 아브카즈	조지아	조지아의 점령	1991	1994	실패
투파마로스	우루과이	우루과이 정부	1963	1972	실패
파울리스타스	브라질	브라질 정부	1932	1932	실패
줄루 족 반란(나탈 반란)	나탈	영국의 점령	1906	1906	실패
탈레반	아프가니스탄	아프가니스탄 정권	1992	1996	성공
프랑스 레지스탕스	프랑스	독일의 점령	1940	1945	부분적 성공
중국 공산주의 운동	중국	국민당 정권	1922	1949	성공
정의평화운동/수단해방군	수단	잔자위드 민병대	2003	2006	실패
보수주의 운동	온두라스	카리아스 정권	1924	1924	실패
좌파주의 반란	파라과이	모리니고 정권	1947	1947	실패
야흐야 가문 혁명	예멘 아랍 공화국	반쿠데타	1948	1948	성공
벵골 자결권 운동	파키스탄	파키스탄 지배	1971	1971	성공
그리스계 키프로스 민족주의 게릴라	키프로스	영국의 점령	1954	1959	성공
피노체트 반란	칠레	아옌데 정권	1973	1973	성공
짐바브웨 아프리카 인민연맹(ZAPU)	짐바브웨	스미스/무조레와 정권	1974	1980	성공
티그레이해방전선(TLF)	에티오피아	에티오피아 정부	1978	1991	성공
보수주의 운동	과테말라	과테말라 정부	1954	1954	성공
마르크스주의 반란	과테말라	과테말라 정부	1961	1996	부분적 성공
낙살라이트 반란	인도	인도 정권	1967	1971	실패
에리트레아인 반란	에티오피아	에티오피아 정부	1974	1991	성공

비폭력 시민운동은 왜 성공을 거두나?

운동	나라	대상(목표)	시작된 해	종료된 해	결과
시크 내란	인도	분리주의	1984	1994	실패
타이완 혁명	중국	중국의 점령	1947	1947	실패
쿠르드 반란	이라크	분리독립	1985	1993	실패
샤마르 족과 친서방 장교들	이라크	카심 정권	1959	1959	실패
사야산 반란	버마	영국의 점령	1930	1932	실패
인민혁명군/몬테네로스	아르헨티나	아르헨티나 정권	1973	1977	실패
반볼셰비키	러시아	볼셰비키 체제	1917	1921	실패
키르기스스탄과 카자흐스탄 반란	러시아	로마노프 체제	1913	1917	성공
데르비시 저항	소말리아	영국과 에티오피아의 점령	1899	1905	실패
좌파 세력 반란	엘살바도르	마르티네스 독재 체제	1932	1932	실패
기니비사우 독립당	기니-비사우	포르투갈의 점령	1963	1974	성공
진보·급진주의자 반란	멕시코	디아즈 정권	1910	1920	성공
마지 마지 혁명	탄자니아/독일령 동아프리카	독일 식민지 개척자	1905	1906	실패
화해와 독립을 위한 라이베리아 연합	라이베리아	테일러 정권	2003	2003	성공
소작농·노동자 혁명	러시아	로마노프 왕조	1905	1906	부분적 성공
차드민족해방전선 (FROLINAT)	차드	차드 정부	1966	1990	성공
말라야 비상사태	말레이시아	영국의 점령	1948	1960	부분적 성공
콩고민족해방전선(FLNC)	자이레/DRC	DRC/자이레 체제	1977	1978	실패
카렌 족	버마	버마 정부	1948	2006	실패
국민저항군	우간다	오켈로 정권	1980	1988	성공
크메르 루즈	캄보디아	캄보디아 정부	1978	1997	실패

운동	나라	대상(목표)	시작된 해	종료된 해	결과
쿠바 혁명	쿠바	바티스타 정권	1956	1959	성공
좌파 세력	예멘 인민 공화국	알리 나세르 정권	1986	1986	부분적 성공
반공산주의 세력 운동	헝가리	공산주의 체제	1919	1920	성공
샨티 바히니 반란	방글라데시	방글라데시 독재 정권	1976	1997	실패
탐보프 반란	소련	소비에트 체제	1920	1921	실패
카코 혁명	아이티	미국의 점령	1918	1920	실패
소작농 반란	루마니아	농지 분배 시스템	1907	1907	실패
벨라루스 저항	소련	나치의 점령	1941	1945	실패
인민혁명당 반란	자이레/DRC	모부투 정권	1993	1993	실패

비폭력 시민운동은 왜 성공을 거두나?

참고문헌

Abrahamian, Ervand. 1978. Iran: The political challenge. *MERIP Reports* 69 (July/August): 3–8.

-----. 1989. *The Iranian Mojahedin.* New Haven: Yale University Press.

Abrahms, Max. 2006. Why terrorism does not work. *International Security* 31, no. 2 (fall): 42–78.

-----. 2008. What terrorists really want: Terrorist motives and counterterrorist strategy. *International Security* 32, no. 4 (spring): 78–105.

Ackerman, Peter, and Jack DuVall. 2000. *A force more powerful.* London: St. Martin's Press/Palgrave Macmillan.

Ackerman, Peter, and Adrian Karatnycky, eds. 2005. *How freedom is won: From civic resistance to durable democracy.* Washington, D.C.: Freedom House.

Ackerman, Peter, and Christopher Kruegler. 1994. *Strategic nonviolent conflict: The dynamics of people power in the twentieth century.* Westport, Conn.: Praeger.

Afshar, Haleh, ed. 1985. *Iran: A revolution in turmoil.* Albany: SUNY Press.

Ahmad, Hisham. 1994. *Hamas.* Jerusalem: PASSIA.

Albert, David H., ed. 1980. *Tell the American people: Perspectives on the Iranian revolution.* Philadelphia: Movement for a New Society.

Almond, Gabriel A., and Sidney Verba. 1963. *The civic culture: Political attitudes and democracy in five nations.* Princeton: Princeton University Press.

Amuzegar, Jahangir. 1991. *The dynamics of the Iranian revolution: The Pahlavi's triumph and tragedy.* Albany: SUNY Press.

Anderson, Benedict. 1988. Cacique democracy in the Philippines. *New Left Review* 169 (May/June): 3–31.

Andoni, Gassan. 2001. A comparative study of intifada 1987 and intifada 2000. In *The new intifada: Resisting Israel's apartheid,* ed. Roane Carey,

209–18. New York: Verso.

Arjomand, Said Amir. 1988. *The turban for the crown.* Oxford: Oxford University Press.

Armed Conflict Events Database. 2007. Wars of the world: National military history index. http://www.onwar.com/aced/nation/index.htm.

Arreguín-Toft, Ivan. 2001. How the weak win wars: A theory of asymmetric conflict. *International Security* 26, no. 1 (summer): 93–128.

-----. 2005. *How the weak win wars: A theory of asymmetric conflict.* New York: Cambridge University Press.

-----. 2007. How a superpower can end up losing to the little guys. Commentary, Nieman Watchdog. http://www.niemanwatchdog.org/index.cfm?fuseaction=background.view&backgroundid=00163.

Ashraf, Ahmad, and Ali Banuazizi. 1985. The state, classes and modes of mobilization in the Iranian revolution. *State, Culture, and Society* 1 (spring): 3–40.

Ashworth, Scott, Joshua D. Clinton, Adam Meirowitz, and Kristopher W. Ramsay. 2008. Design, inference, and the strategy logic of suicide terrorism. *American Political Science Review* 102, no. 2(May): 269–73.

Ayyash, Abdul-Ilah Abu. 1981. Israeli planning policy in the occupied territories. *Journal of Palestine Studies* 11, no. 1, 10th anniversary issue, Palestinians under Occupation (autumn): 111–23.

Bakhash, Shaul. 1984. *The reign of the ayatollahs.* New York: Basic Books.

Baldwin, David A. 2000. Success and failure in foreign policy. *Annual Review of Political Science* 3:167–82.

Banks, Arthur, William Overstreet, and Thomas Muller. 2004. *Political handbook of the world, 2000–2002.* Washington, D.C.: CQ Press.

Barghouti, Husain Jameel. 1990. Jeep versus bare feet: The villages in the intifada. In *Intifada: Palestine at the crossroads,* ed. Jamal R. Nassar and Roger Heacock, 107–42. New York: Praeger.

Barkan, Steven E. 1979. Strategies, tactics and organizational dilemmas of the protest movements against nuclear power. *Social Problems* 27, no. 1

(October): 19–37.

Barrel, Howard. 1993. Conscripts to their age: African National Congress operational strategy, 1976–1986. Ph.D. diss., St. Anthony's College, Oxford University.

Barro, Robert J. 1999. Determinants of democracy. *Journal of Political Economy* 106, no. 6(December): 158–83.

Bartkus, Viva Ona. 1999. *The dynamics of secession.* Cambridge: Cambridge University Press.

BBC News. 2007. Burma's 1988 protests. BBC *News: Asia-Pacific*, September 9.

Beckett, Ian, ed. 2007. *Modern counter-insurgency.* London: Ashgate.

Beer, Michael. 1999. Violent and nonviolent struggle in Burma: Is a unified strategy workable? In Zunes, Kurtz, and Asher, *Nonviolent social movements*, 174–85.

Behrooz, Maziar. 2000. *Rebels with a cause: The failure of the left in Iran.* New York: Taurus.

——. 2004. Iranian revolution and the legacy of the guerrilla movement. In *Reformers and revolutionaries in modern Iran: New perspectives on the Iranian left,* ed. Stephanie Cronin, 189–206. London: Routledge Curzon.

——. N.d. Iran's guerrillas: The legacy of Iran's guerrilla movement. *The Iranian.*

Beissinger, Mark. 2002. *Nationalist mobilization and the collapse of the Soviet state.* Cambridge,: Cambridge University Press.

Beitler, Ruth. 2004. *The path to mass rebellion: An analysis of two intifadas.* New York: Lexington Books.

Bennis, Phyllis. 1990. *From stones to statehood: The Palestinian uprising.* New York:Zed.

Benvenisti, Meron. 1987. *1987 report: Demographic, economic, legal, social, and political developments in the West Bank.* Jerusalem: West Bank Data Base Project, Jerusalem Post.

Bermeo, Nancy. 1990. Rethinking regime change. *Comparative Politics* 22, no. 3 (April): 359–77.

-----. 2003. What the democratization literature says—or doesn't say—about postwar democratization. *Global Governance* 2, no. 9 (April–June): 159–77.

Bernhard, Michael. 1993. *The origins of democratization in Poland.* New York: Columbia University Press.

Bernhard, Michael, and Akrem Karakoc. 2007. Civil society and the legacies of dictatorship. *World Politics* 59, no 4 (July): 539–67.

Beufre, Andre. 1965. *Introduction to strategy.* New York: Praeger.

Binnendijk, Anika Locke, and Ivan Marovic. 2006. Power and persuasion: Nonviolent strategies to influence state security forces in Serbia (2000) and Ukraine (2004). *Communist and Post–Communist Studies* 39, no. 3 (September): 411–29.

Bleiker, Roland. 1993. *Nonviolent struggle and the revolution in East Germany.* Boston: Albert Einstein Institute.

Bloom, Mia. 2005. *Dying to kill: The allure of suicide terror.* New York: Columbia University Press.

Bob, Clifford. 2005. *The marketing of rebellion: Insurgents, media and international activism.* New York: Cambridge University Press.

Bob, Clifford, and Sharon Erickson Nepstad. 2007. Kill a leader, murder a movement? Leadership and assassination in social movements. *American Behavioral Scientist* 50, no. 10 (June): 1370–94.

Boserup, Anders, and Andrew Mack. 1974. *War without weapons.* London: Pinter.

Boudreau, Vincent. 2001. *Grassroots and cadre in the protest movement.* Quezon City: Ateneo de Manila University Press.

-----. 2004. *Resisting dictatorship: Repression and protest in Southeast Asia.* New York: Cambridge University Press.

Bouraine, Alex. 2001. *A country unmasked: Inside South Africa's Truth and Reconciliation Commission.* New York: Oxford University Press.

Brady, Henry E., and David Collier, eds. 2004. *Rethinking social inquiry: Diverse tools, shared standards.* Berkeley: University of California Press.

Bratton, Michael, and Nicolas van de Walle. 1994. Neopatrimonial regimes and political transitions in Africa. *World Politics* 46, no 4 (July): 453–89.

Breckenridge, Keith. 1998. The allure of violence: Men, race and masculinity on the South African goldmines, 1900–1950. *Journal of Southern African Studies* 24, no. 4 (December): 669–93.

Brooks, Risa. 2003. Making military might: Why do states fail and succeed; A review essay. *International Security* 28, no. 2 (fall): 149–91.

Brooks, Risa, and Elizabeth Stanley, eds. 2007. *Creating military power: The sources of military ef ectiveness.* Stanford, Calif.: Stanford University Press.

Brownlee, Jason. 2007. *Authoritarianism in an age of democratization.* New York: Cambridge University Press.

Burkhart, Russ E., and Michael Lewis-Beck. 1994. Comparative democracy: The economic development thesis. *American Political Science Review* 88, no. 4 (December): 111–31.

Burma Watcher. 1989. Burma in 1989: There came a whirlwind. *Asian Survey* 29, no. 2 (February): 174–80.

Burns, Gene. 1996. Ideology, culture, and ambiguity: The revolutionary process in Iran. *Theory and Society* 25, no. 3 (June): 349–88.

Burrowes, R. J. 1996. *The strategy of nonviolent defense: A Gandhian approach.* Albany: SUNY Press.

Button, James. 1989. *Blacks and social change.* Princeton: Princeton University Press.

Byman, Daniel. 2005. *Deadly connections: States that sponsor terrorism.* New York: Cambridge University Press.

Byman, Daniel, Peter Chalk, Bruce Hoffman, William Rosenau, and David Brannon. 2001. *Trends in outside support for insurgent movements.* Washington, D.C.: RAND.

Byman, Daniel, and Matthew Waxman. 1999. *Air power as a coercive instru-*

ment. Washington, D.C.: RAND.

-----. 2000. Kosovo and the great air power debate. *International Security* 24, no. 4 (spring): 5–38.

-----. 2002. *The dynamics of coercion: American foreign policy and the limits of military might.* New York: Cambridge University Press.

Callahan, William A. 1998. *Imagining democracy: Reading "the events of May" in Thailand.* Singapore: Institute of Southeast Asian Studies.

Carothers, Thomas. 1999. *Aiding democracy abroad: The learning curve.* Washington, D.C.: Carnegie Endowment for International Peace.

Carothers, Thomas, and Marina Ottoway, eds. 2005. *Uncharted journey: Promoting democracy in the Middle East.* Washington, D.C.: Carnegie Endowment for International Peace.

Carter, April, Howard Clark, and Michael Randle. 2006. *People power and protest since 1945: A bibliography of nonviolent action.* London: Housmans.

Central Intelligence Agency. 2007. *The world factbook.* https://www.cia.gov/library/publications/theworld-factbook/.

Chaliand, Gerard, ed. 1982. *Guerrilla strategies: An historical anthology from the long march to Afghanistan.* Berkeley: University of California Press.

Chenoweth, Erica. 2006. The inadvertent effects of democracy on terrorist group emergence. Belfer Center for Science and International Affairs Discussion Paper 2006–06, John F. Kennedy School of Government, Harvard University.

Chenoweth, Erica, and Adria Lawrence, eds. 2010. *Rethinking violence: States and non-state actors in conflict.* Cambridge, Mass.: MIT Press.

Clark, Howard. 2000. *Civil resistance in Kosovo.* London: Pluto.

Clodfelter, Michael. 2002. *Warfare and armed conflicts: A statistical reference to casualty and other figures, 1500–2000.* New York: McFarland.

Coggins, Bridget. 2004. The withholding and granting of recognition to secessionist states. Paper presented at the annual meeting of the Midwest Political Science Association, Chicago.

Colby, David. 1985. Black power, white resistance, and public policy. *Journal of Politics* 47, no. 2(June): 579–95.

Collier, Paul. 1999. On the economic consequences of civil war. *Oxford Economic Papers* 51:168–83.

-----. 2009. *Wars, guns, and votes: Democracy in dangerous places.* New York: HarperCollins.

Collier, Paul, Anke Hoeffler, and Måns Söderbom. 2008. Post-conflict risks. *Journal of Peace Research* 45, no. 4 (July): 461–78.

Collier, Paul, and Nicholas Sambanis. 2002. Understanding civil war: A new agenda. *Journal of Conflict Resolution* 46, no. 3 (February): 3–12.

Collier, Ruth Berins. 1999. *Paths to democracy: The working class and elites in Western Europe and South America.* Cambridge: Cambridge University Press.

Collins, Randall. 2008. *Violence: A micro-sociological theory.* Princeton: Princeton University Press.

Conser, Walter H., Ronald McCarthy, David Toscano, and Gene Sharp, eds. 1986. *Resistance, politics, and the American struggle for independence, 1765–1775.* Boulder, Colo.: Rienner.

Cordesman, Anthony, with Jennifer Moravitz. 2005. *The Israeli-Palestinian war: Escalating to nowhere.* Westport, Conn.: Praeger.

Cortright, David. 2001. Powers of persuasion: Sanctions and incentives in the shaping of international society. *International Studies* 38, no. 2 (April): 113–25.

CPRS Survey Research Unit. Public opinion poll #13: Unemployment, Jordanian-Israeli treaty, armed operations, elections, and other issues, November 17–19, 1994. Palestinian Center for Policy and Survey Research.

Crenshaw, Martha. 1995. The effectiveness of terrorism in the Algerian war. In *Terrorism in Context*, ed. Martha Crenshaw, 473–513. University Park, Penn.: Penn State University Press.

Cronin, Audrey Kurth. 2009. *How terrorism ends.* Princeton: Princeton University Press.

Cunningham, David E. 2006. Veto players and civil war duration. *American Journal of Political Science* 50, no. 5 (October): 875–92.

Cunningham, David E., Kristian Skrede Gleditsch, and Idean Salehyan. 2009a. It takes two: A dyadic analysis of civil war duration and outcome. *Journal of Conflict Resolution* 53, no. 4 (August): 570–97.

———. 2009b. Codebook for the non-state actor data.http://privatewww.essex.ac.uk/~ksg/data/eacd_codebook.pdf.

Dahl, Robert A. 1989. *Democracy and its critics*. New Haven: Yale University Press.

Dajani, Souad. 1994. *Eyes without country: Searching for a Palestinian strategy of liberation*. Philadelphia: Temple University Press.

Daneshvar, Parviz. 1996. *Revolution in Iran*. New York: St. Martin's Press.

Daroy, Petronila B. N. 1988. On the eve of dictatorship and revolution. In *Dictatorship and revolution: Roots of people power*, ed. Aurora Javate–de Dios, Petronila B. N. Daroy, and Lorna Kalaw-Tirol, 1–25. Metro Manila: Conspectus.

Dashti-Gibson, Jalch, Patricia Davis, and Benjamin Radcliff. 1997. On the determinants of the success of economic sanctions: An empirical analysis. *American Journal of Political Science* 41, no. 2 (April): 608–18.

Davis, Leonard. 1989. *Revolutionary struggle in the Philippines*. New York: St. Martin's Press.

De Dios, Emmanuel. 1988. The erosion of dictatorship. In *Dictatorship and revolution: Roots of people power*, ed. Aurora Javate–de Dios, Petronila B. N. Daroy, and Lorna Kalaw-Tirol, 70–131. Metro Manila: Conspectus.

DeNardo, James. 1985. *Power in numbers*. Princeton: Princeton University Press.

Desch, Michael C. 2008. *Power and military effectiveness: The fallacy of democratic triumphalism*. Baltimore: Johns Hopkins University Press.

Diamond, Larry. 1977. Introduction: In search of consolidation. In *Consol-*

비폭력 시민운동은 왜 성공을 거두나?

idating the Third Wave democracies, ed. Larry Diamond, Marc F. Plattner, Yunhan Chu, and Hung-mao Tien. Baltimore: Johns Hopkins University Press.

-----. 2008. *The spirit of democracy: The struggle to build free societies throughout the world*. New York: Times Books.

Diamond, Larry, and Juan Linz. 1989. Introduction: Politics, society, and democracy in Latin America. In *Democracy and developing countries: Latin America*, ed. Larry Diamond, Juan Linz, and Seymour Martin Lipset. Boulder, Colo.: Rienner.

Diokno, Jose. 1982. US interventionism, the nuclear menace, and US bases. *Diliman Review* 30, no.1:18–23.

Diokno, Maria Serena I. 1988. Unity and struggle. In *Dictatorship and revolution: Roots of people power*, ed. Aurora Javate–de Dios, Petronila B. N. Daroy, and Lorna Kalaw-Tirol, 136–37. Metro Manila: Conspectus.

Downes, Alexander B. 2008. *Targeting civilians in war*. Ithaca, N.Y.: Cornell University Press.

-----. 2009. How smart and tough are democracies? Reassessing theories of democratic victory in war. *International Security* 33, no. 4 (spring): 9–51.

Doyle, Michael W., and Nicholas Sambanis. 2000. International peacebuilding: A theoretical and quantitative analysis. *American Political Science Review* 94, no. 4 (December): 779–801.

Drury, A. Cooper. 1998. Revisiting economic sanctions reconsidered. *Journal of Peace Research* 35, no.4 (July): 497–509.

Eckstein, Susan, ed. 2001. *Power and popular protest: Latin American social movements*. Berkeley: University of California Press.

EDSA Revolution Website. n.d. http://library.thinkquest.org/15816/main-page.html.

Eglitis, Olgerts. 1993. *Nonviolent action in the liberation of Latvia*. Boston: Albert Einstein Institute.

Elbadawi, Ibrahim, Håvard Hegre, and Gary J. Milante. 2008. The aftermath of civil war. *Journal of Peace Research* 45, no. 4 (July): 451–59.

Elwood, Donald J. 1986. *Philippine revolution 1986: Model of nonviolent change*. Quezon City: New Day.

Englebert, Pierre, and Rebecca Hummel. 2005. Let's stick together: Understanding Africa's secessionist deficit. *African Affairs* 104, no. 416:399–427.

Ertugul, I. 1987. Working together for peace. *Middle East International*. January 9.

Fanon, Frantz. 1961. *The wretched of the earth*. New York: Grove Press.

Farhi, Farideh. 1990. *States and urban-based revolutions: Iran and Nicaragua*. Urbana: University of Illinois Press.

Farsoun, Smith, and Christina E. Zacharia. 1997. *Palestine and the Palestinians*. Boulder, Colo.: Westview Press.

Fearon, James D. 1995. Rationalist explanations for war. *International Organization* 49, no. 3(summer): 379–414.

-----. 2007. Iraq's civil war. *Foreign Affairs* 86, no. 2 (March/April): 2–7.

Fearon, James D., and David Laitin. 2003. Ethnicity, insurgency, and civil war. *American Political Science Review* 97, no. 1 (February): 75–90.

Fernea, Elizabeth W., and Mary E. Hocking, eds. 1992. *The struggle for peace: Israelis and Palestinians*. Austin: University of Texas Press.

Fink, Christina. 2001. *Living silence: Burma under military rule*. London: Zed.

Fishel, John T., and Max G. Manwaring. 2006. *Uncomfortable wars revisited*. Norman: University of Oklahoma Press.

Fogarty, Philippa. 2008. Was Burma's 1988 uprising worth it? *BBC News*, June 8.

Fortna, Page, and Reyko Huang. 2009. Democratization after civil war. Paper presented at the annual meeting of the American Political Science Association, Toronto.

Francisco, Ronald. 2004. After the massacre: Mobilization in the wake of harsh repression. *Mobilization: An International Journal* 9, no. 2 (June): 107–26.

-----. 2005. The dictator's dilemma. In *Repression and mobilization*, ed. Christian Davenport, Hank Johnston, and Carol Mueller, 58–83. Minneapolis: University of Minnesota Press.

Fuhrmann, Matthew. 2009. Spreading temptation: Proliferation and peaceful nuclear cooperation agreements. *International Security* 34, no. 1 (summer): 7–41.

Fuhrmann, Matthew, and Jaroslav Tir. 2009. Territorial dimensions of enduring internal rivalries. *Conflict Management and Peace Science* 26, no. 4 (September): 307–29.

Galtung, Johan. 1989. *Nonviolence in Israel/Palestine.* Honolulu: University of Hawai'i Press.

Galula, David. 2006. *Counterinsurgency warfare: Theory and practice.* Westport, Conn.: Praeger.

Gamage, Daya. 2008. Latest visit to Burma yielded no "immediate tangible outcome," Gambari tells UN security council. *Asian Tribune* 7, no. 1 (March). http://www.asiantribune.com/?q=node/10128.

Gamson, William A. 1990. *The strategy of social protest.* 2nd ed. Belmont, Calif.: Wadsworth.

Ganji, Manouchehr. 2002. *Defying the Iranian revolution: From a minister to the shah to a leader of resistance.* Westport, Conn.: Praeger.

Ganz, Marshall. 2010. *Why David sometimes wins: Leadership, organization, and strategy in the California farm worker movement.* Oxford: Oxford University Press.

Gartzke, Erik, and Dong-Joo Jo. 2009. Bargaining, nuclear proliferation, and interstate disputes. *Journal of Conflict Resolution* 53, no. 2 (April): 209–33.

Gause, F. Gregory. 1991. The Arab world and the intifada. In T*he intifada: Its impact on Israel, the Arab world, and the superpowers,* ed. Robert O. Freedman. Miami: Florida International University Press.

Geddes, Barbara. 1999. What do we know about democratization after twenty years? *Annual Review of Political Science* 2:115–44.

Gelvin, James. 2005. *The Israeli-Palestine conflict: One hundred years of war.* New York: Cambridge University Press.

George, Alexander, and Andrew Bennett. 2005. *Case studies and theory development in the social sciences.* Cambridge, Mass.: MIT Press.

Ghobarah, Hazem Adam, Paul Huth, and Bruce Russett. 2003. Civil wars kill and maim people—long after the shooting stops. *American Political Science Review* 97, no. 2 (May): 189–202.

Gleditsch, Kristian. 2004. A revised list of wars between and within independent states, 1816–2002. *International Organization* 30, no. 3 (July): 231–62.

Golder, Matthew. 2005. Democratic electoral systems around the world, 1946–2000. *Electoral Studies* 24, no. 1:103–21.

Goldstone, Jack A. 1994. Is revolution really rational? *Rationality and Society* 6, no. 1 (January): 139–66.

-----. 2002. Population and security: How demographic change can lead to violent conflict. *Journal of International Affairs* 56, no. 1 (fall): 3–22.

Goodno, James. 1991. *The Philippines: The land of broken promises.* London: Zed.

Goodwin, Jeff. 2001. *No other way out: States and revolutionary movement, 1945–1991.* New York: Cambridge University Press.

Gordon, Haim, Rivca Gordon, and Taher Shriteh. 2003. *Beyond intifada: Narratives of freedom fighters in the Gaza Strip.* Westport, Conn.: Praeger.

Graham, Robert. 1980. *Iran: The illusion of power.* Boston: St. Martin's Press.

Granovetter, Mark. 1978. Threshold models of collective behavior. *American Journal of Sociology* 83, no. 6 (May): 1420–43.

Grant, Philip. 1990. Nonviolent political struggle in the occupied territories. *In Arab nonviolent political struggle in the Middle East*, ed. Philip Grant, Ralph E. Crow, and Saad E. Ibrahim, 75–90. Boulder, Colo.: Rienner.

Gray, Colin. 1999. *Modern strategy.* Oxford: Oxford University Press.

Greene, Thomas H. 1974. *Comparative revolutionary movements.* Upper

Saddle River, N.J.: Prentice Hall.

Greskovits, Bela. 1998. *The political economy of protest and patience: East European and Latin American transformations compared.* Budapest: Central European University Press.

Gruen, George. 1991. The impact of the intifada on American Jews. In *The intifada: Its impact on Israel, the Arab world, and the superpowers,* ed. Robert O. Freedman, 293–324. Miami: Florida International University Press.

Gugler, Josef. 1982. The urban character of contemporary revolutions. *Studies in Comparative International Development* 17, no. 2 (June): 60–73.

Haggard, Stephen, and R. R. Kaufman. 1995. *The political economy of democratic transitions.* Princeton: Princeton University Press.

Haines, Herbert. 1984. Black radicalization and the funding of civil rights: 1957–1970. *Social Problems* 32, no. 1 (October): 31–43.

–––––. 1988. *Black radicals and the civil rights mainstream.* Knoxville: University of Tennessee Press.

Harney, Desmond. 1998. *The priest and the king: An eyewitness account of the Iranian revolution.* London: Taurus.

Hart, Liddell. 1954. *Strategy: The indirect approach.* London: Faber and Faber.

Hartzell, Caroline, Matthew Hoddie, and Donald Rothchild. 2001. Stabilizing the peace after civil war: An investigation of some key variables. *International Organization* 55, no. 1 (February): 183–208.

Hathaway, Jane, ed. 2001. *Rebellion, repression, reinvention: Mutiny in comparative perspective.* Westport, Conn.: Praeger.

Hegland, Mary Elaine. 1987. Islamic revival or political and cultural revolution? An Islamic case study. In *The Islamic resurgence in comparative perspective,* ed. Richard Antoun and Mary Hegland, 194–219. Syracuse: Syracuse University Press.

Hegre, Håvard, Tanja Ellingsen, Scott Gates, and Nils Petter Gleditsch. 2001. Toward a democratic civil peace? Democracy, political change, and civil war, 1816–1992. *American Political Science Review* 95, no. 1 (March): 33–48.

Helvey, Robert. 2004. *On strategic nonviolent conflict: Thinking about fundamentals*. Boston: Albert Einstein Institute.

Heraclides, Alexis. 1990. Secessionist minorities and external involvement. *International Organization* 44, no. 3:341–78.

Herbst, Jeffrey. 2000. *States and power in Africa: Comparative lessons in authority and control*. Princeton: Princeton University Press.

Heston, Alan, Robert Summers, and Bettina Aten. 2006. Penn world table version 6.2. Center for International Comparisons of Production, Income and Prices, University of Pennsylvania. http://pwt.econ.upenn.edu/php_site/pwt_index.php.

Horowitz, Donald L. 1981. Patterns of ethnic separatism. *Comparative Studies in Society and History* 23, no. 2 (April): 165–95.

-----. 2000. *Ethnic groups in conflict*. Berkeley: University of California Press.

Horowitz, Michael, and Dan Reiter. 2001. When does aerial bombing work? Quantitative empirical tests, 1917–1999. *Journal of Conflict Resolution* 45, no. 2 (April): 147–73.

Howes, Dustin. 2009. *Toward a credible pacifism: Violence and the possibilities of politics*. Albany: SUNY Press.

Hudson, Michael C., ed. 1990. *The Palestinians: New directions*. Washington, D.C.: Center for Contemporary Arab Studies.

Hufbauer, Gary Clyde, Kimberley Ann Elliott, and Jeffrey J. Schott. 2007. Summary of economic sanctions episodes. Peterson Institute for International Economics. http://www.iie.com/research/topics/sanctions/sanctions-timeline.cfm.

Hufbauer, Gary Clyde, Jeffrey J. Schott, and Kimberly Ann Elliott. 1992. *Economic sanctions reconsidered: Theory, history, and current policy*. Washington, D.C.: Institute of International Economics.

Hunter, F. Robert. 1991. *The Palestinian uprising: A war by other means*. 2nd ed. Berkeley: University of California Press.

Huntington, Samuel P. 1968. *Political order in changing societies.* New Haven: Yale University Press.

-----. 1984. Will more countries become democratic? *Political Science Quarterly* 99, no. 2 (summer): 193–218.

-----. 1991. *The third wave: Democratization in the late twentieth century.* Norman: University of Oklahoma Press.

Huxley, Steven Duncan. 1990. *Constitutionalist insurgency in Finland: Finnish "passive resistance" against Russification as a case of nonmilitary struggle in the European resistance tradition.* Helsinki: Finnish Historical Society.

Ibrahim, Hassanein Tawfiq. 2008. Social and political change in the wake of the oil boom. *Arab Insight* 2, no. 3 (fall): 112–20.

Inglehart, Ronald, and Wayne E. Baker. 2000. Modernization, cultural change, and the persistence of traditional values. *American Sociological Review* 65, no. 1 (February): 19–52.

Jaafar, Rudy, and Maria J. Stephan. 2010. Lebanon's independence intifada: How unarmed insurrection expelled Syrian forces. In *Civilian Jihad: Nonviolent struggle, democratization, and governance in the Middle East,* ed. Maria J. Stephan, 169–84. New York: Palgrave Macmillan.

Jamal, Amal. 2005. *The Palestinian national movement: Politics of contention, 1967–2005.* Bloomington: Indiana University Press.

Jarbawi, Ali. 1990. Palestinian elites in the occupied territories: Stability and change through the intifada. In *Intifada: Palestine at the crossroads,* ed. Jamal R. Nassar and Roger Heacock, 287–307. New York: Praeger.

Jenkins, J. Craig, and C. M. Eckert. 1986. Channeling the black insurgency: Elite patronage and professional social movement organizations in the development of the black movement. *American Sociological Review* 51, no. 6 (December): 812–29.

Jervis, Robert. 1984. *The illogic of American nuclear strategy.* Ithaca, N.Y.: Cornell University Press.

Joes, Anthony James. 2007. *Urban guerrilla warfare.* Lexington: University Press of Kentucky.

Johnson, Bryan. 1987. *The four days of courage: The untold story of the people who brought Marcos down.* New York: Free Press.

Johnson, Dominic D. P., and Dominic Tierney. 2006. *Failing to win: Perceptions of victory and defeat in international politics.* Cambridge, Mass.: Harvard University Press.

Kadi, Leila S., ed. 1969. *Basic political documents of the armed Palestinian resistance movement.* Beirut: Palestine Research Centre.

Kagian, Jules. 1988. The United Nations: The four resolutions. *Middle East International* 317, no. 9:8–10.

Kalyvas, Stathis N. 2006. *The logic of violence in civil war.* Cambridge: Cambridge University Press.

Kaminer, Reuven. 1989. The protest movement in Israel. In *Intifada: The Palestinian uprising against Israeli occupation,* ed. Zachary Lockman and Joel Beinin, 231–49. Boston: South End Press.

-----. 1996. *The politics of protest: The Israeli peace movement and the Palestinian intifada.* Brighton, U.K.: Sussex Academic Press.

Karl, Terry Lynn. 2005. From democracy to democratization and back: Before transitions from authoritarian rule. CDDRL Working Papers, no. 45. Stanford, Calif.: Stanford University Press.

Keck, Margaret E., and Kathryn Sikkink. 1998. *Activists beyond borders: Advocacy networks in international politics.* Ithaca, N.Y.: Cornell University Press.

Keddie, Nikki R. 2003. *Modern Iran: Roots and results of revolution.* New Haven: Yale University Press.

Keshk, Omar. 2003. CDSIMEQ: A program to implement two-stage probit least squares. *Stata Journal* 3 (June): 157–67.

Keshk, Omar, Brian Pollins, and Rafael Reuveny. 2004. Trade still follows the flag: The primacy of politics in a simultaneous model of interdependence and armed conflict. *Journal of Politics* 66, no. 4(November): 1155–79.

Khawaja, Marwan. 1993. Repression and popular collective action: Evidence from the West Bank. *Sociological Forum* 8, no. 1 (March): 47–71.

Kim, Hyung Min, and David Rousseau. 2005. The classical liberals were half right (or half wrong): New tests of the liberal peace, 1960–1988. *Journal of Peace Research* 42, no. 5 (September): 523–43.

King, Mary E. 2007. *A quiet revolution: The first Palestinian intifada and nonviolent resistance.* New York: Nation Books.

Kishtainy, Khalid. 2010. Humor and resistance in the Arab world and greater Middle East. In *Civilian jihad: Nonviolent struggle, democratization, and governance in the Middle East,* ed. Maria J. Stephan, 53–64. New York: Palgrave Macmillan.

Kitschelt, Herbert, Zdenka Mansfeldova, Radoslaw Markowski and Gabor Toka. 1999. *Postcommunist party systems: Competition, representation, and inter-party cooperation.* New York: Cambridge University Press.

Kocher, Matthew Adam, and Stathis N. Kalyvas. 2007. How free is free riding in civil wars? Violence, insurgency, and the collective action problem. *World Politics* 59, no. 2 (January): 177–219.

Kohen, Arnold S. 1999. *From the place of the dead: The epic struggles of Bishop Belo of East Timor.* New York: St. Martin's Press.

Komisar, Lucy. 1987. *Corazon Aquino: The story of a revolution.* New York: Braziller.

Koopmans, Ruud. 1993. The dynamics of protest waves: West Germany, 1965 to 1989. *American Sociological Review* 58, no. 5 (October): 637–58.

Kreager, Philip. 1991. Aung San Suu Kyi and the peaceful struggle for human rights in Burma. In Aung San Suu Kyi, *Freedom from fear and other writings,* ed. Michael Aris, 318–59. New York: Penguin.

Kull, Steven, Clay Ramsay, Phillip Warf, and Monica Wolford. The potential for a nonviolent intifada: Study of Palestinian and Jewish public attitudes (August 28, 2002). World Public Opinion, Program on International Policy Attitudes. http://www.pipa.org/OnlineReports/IsPal_Conflict/Intifada1_Aug02/Intifada1_Aug02_rpt.pdf.

Kuran, Timur. 1989. Sparks and prairie fires: A theory of unanticipated political revolution. *Public Choice* 61, no. 1 (April): 41–74.

Kurzman, Charles. 1996. Structural opportunity and perceived opportunity in social-movement theory: The Iranian revolution of 1979. *American Sociological Review* 61, no. 1 (February): 153–70.

-----. 1998. Waves of democratization. *Studies in Comparative International Development* 33, no. 1(1998): 42–64.

-----. 2004. *The unthinkable revolution in Iran.* Cambridge, Mass.: Harvard University Press.

Lande, Carl. 1978. The April 7th election in Manila: A brief report. *Philippine Studies Newsletter*(June).

Lane, Max. 1990. *The urban mass movement in the Philippines, 1983–87.* Canberra: Department of Political and Social Change, Australian National University.

Laqueur, Walter. 1976. *Guerrilla: A historical and critical study.* Boston: Little, Brown.

-----, ed. 1977. *The guerrilla reader: A historical anthology.* Philadelphia: Temple University Press.

Lichbach, Mark. 1994. Rethinking rationality and rebellion: Theories of collective action and problems of collective dissent. *Rationality and Society* 6, no. 1 (January): 8–39.

Licklider, Roy. 1995. The consequences of negotiated settlement in civil wars, 1945–1993. *American Political Science Review* 89, no. 3 (September): 681–90.

-----. 2003. The consequences of civil wars: Correlation and counterfactual. Paper presented at the annual meeting of the American Political Science Association, Philadelphia.

Lieberman, Evan S. 2005. Nested analysis as a mixed-method strategy for cross-national research. *American Political Science Review* 99 (August): 435–52.

Lindsey, Charles. 1984. Economic crisis in the Philippines. *Asian Survey* 24,

비폭력 시민운동은 왜 성공을 거두나?

no. 12 (December): 1201–4.

Lintner, Bertil. 1990. *The rise and fall of the communist party of Burma (CPB)*. Ithaca, N.Y.: Cornell University Press.

———. 1994. *Burma in revolt: Opium and insurgency since 1948*. Boulder, Colo.: Westview Press.

Lipset, Seymour Martin. 1959. Some social requisites of democracy: Economic development and political legitimacy. *American Political Science Review* 53, no. 1 (March): 69–105.

Litvak, Meir. 2003. The Islamization of Palestinian identity: The case of Hamas. Tel Aviv: Moshe Dayan Center for Middle Eastern Studies, Tel Aviv University.

Lockman, Zachary, and Joel Beinin, eds. 1989. *Intifada: The Palestinian uprising against Israeli occupation*. Boston: South End Press.

Lodge, Tom. 2009. The interplay of violence and nonviolence in the movement against apartheid in South Africa, 1983–94. In Roberts and Garton Ash, *Civil resistance and power politics*, 213–30.

Londregan, J. B., and K. Poole. 1990. Poverty, the coup trap, and the seizure of executive power. *World Politics* 42, no. 2 (January): 151–83.

———. 1996. Does high income promote democracy? *World Politics* 49, no. 1 (October): 1–30.

Long, J. Scott. 1997. *Regression models for categorical and limited dependent variables*. Thousand Oaks, Calif.: Sage.

Long, J. Scott, and Jeremy Freese. 2005. *Regression models for categorical dependent variables using Stata*. College Station, Tex.: Stata Press.

Lukacs, Yehuda, ed. 1992. *The Israeli-Palestinian conflict: A documentary record*. New York: Cambridge University Press.

Lyall, Jason K. 2009. "Does indiscriminate violence incite insurgent attacks? Evidence from Chechnya." *Journal of Conflict Resolution*, 53, no. 3 (June): 331–62.

———. 2010. Do democracies make inferior counterinsurgents? Reassessing democracy's impact on war outcomes and duration. *International Or-*

ganization 64, no. 1 (January): 167–92.

Lyall, Jason K., and Isaiah Wilson. 2009. Rage against the machines: Explaining outcomes in counterinsurgency wars. *International Organization* 63, no. 1 (winter): 67–106.

Macaranza, Bach. 1988. *Workers participation in the Philippine people power revolution: An examination of the roles played by trade unions in the Philippine people power movement.* Manila: Ebert.

Mackey, Sandra. 1998. *The Iranians: Persia, Islam, and the soul of a nation.* New York: Plume.

Maddala, G. S. 1983. *Limited dependent and qualitative variables in econometrics.* Cambridge: Cambridge University Press.

Manning, Robert. 1984/1985. The Philippines in crisis. *Foreign Affairs* 63, no. 2 (winter): 392–410.

Marchant, Eleanor, Adrian Karatnycky, Arch Puddington, and Christopher Walter. 2008. Enabling environments for civic movements and the dynamics of democratic transition. Freedom House special report. July 18.

Marger, Martin N. 1984. Social movement organizations and response to environmental change: The NAACP, 1960–1973. *Social Problems* 32, no. 1 (October): 16–27.

Marinov, Nikolay. 2005. Do economic sanctions destabilize country leaders? *American Journal of Political Science* 49, no. 3 (July): 564–76.

Marshall, Monty, Keith Jaggers, and Ted Robert Gurr. Polity IV project: Regime transitions and characteristics, 1800–2007. Center for Systemic Peace.

Martin, Brian. 2001. *Technology for nonviolent struggle.* London: War Resisters' International.

-----. 2007. *Justice ignited: The dynamics of backfire.* Lanham, Md.: Rowman and Littlefield.

Martin, Brian, and Wendy Varney. 2003. Nonviolence and communication. *Journal of Peace Research* 40, no. 2 (March): 213–42.

비폭력 시민운동은 왜 성공을 거두나?

Martin, Brian, Wendy Varney, and Adrian Vickers. 2001. Political jiu-jitsu against Indonesian repression: Studying lower-profile nonviolent resistance. *Pacifica Review* 13, no. 2 (June): 143–56.

Martin, Ian. 2000. The popular consultations and the United Nations mission in East Timor: First reflections. In *Out of the ashes: The destruction and reconstruction of East Timor*, ed. James J. Fox and Dionisio Babo Soares, 126–40. Adelaide: Crawford House.

Martin, Lisa L. 1992. *Coercive cooperation: Explaining multilateral sanctions.* Princeton: Princeton University Press.

Marwell, Gerald, and Pamela Oliver. 1993. *The critical mass in collective action: A micro-social theory.* Cambridge: Cambridge University Press.

Maung, Mya. 1992. *Totalitarianism in Burma: Prospects for economic development.* New York: Paragon House.

Maung Than, Tin Maung. 2007. Myanmar: Challenges galore but opposition failed to score. In *Southeast Asian Affairs* 2006, ed. Daljit Singh and Lorraine C. Salazar, 186–207. Singapore: Institute of Southeast Asian Studies.

Mazower, Mark. 2008. *Hitler's empire: How the Nazis ruled Europe.* New York: Penguin.

McAdam, Doug. 1996a. Political opportunities: Conceptual origins, current problems, future directions. In McAdam, McCarthy, and Zald, *Comparative perspectives on social movements*, 23–40.

-----. 1996b. The framing function of movement tactics: Strategic dramaturgy in the American civil rights movement. In McAdam, McCarthy, and Zald, *Comparative perspectives on social movements*, 338–54.

-----. 1999. *Political process and the development of black insurgency, 1930–1970.* 2nd ed. Chicago: University of Chicago Press.

McAdam, Doug, John D. McCarthy, and Mayer N. Zald. 1996. *Comparative perspectives on social movements: Political opportunities, mobilizing structures, and political framing.* Cambridge: Cambridge University Press.

McAdam, Doug, Sidney Tarrow, and Charles Tilly. 2001. *Dynamics of contention*. New York: Cambridge University Press.

McCarthy, Ronald, and Gene Sharp. 1997. *Nonviolent resistance: A research guide*. New York: Garland.

McCoy, Alfred W. 1989. Quezon's commonwealth: The emergence of Philippine authoritarianism. In *Philippine colonial democracy*, ed. Ruby Paredes, 114–60. New Haven: Southeast Asian Studies, Yale University.

-----. 1999. *Closer than brothers: Manhood at the Philippine military academy*. New Haven: Yale University Press.

McFaul, Michael. 2007. Ukraine imports democracy: External influences on the Orange Revolution. *International Security* 32, no. 2 (fall): 45–83.

McFaul, Michael, and Kathryn Stoner-Weiss. 2004. *After the collapse of communism: Comparative lessons of transitions*. Cambridge: Cambridge University Press.

McFaul, Michael, Kathryn Stoner-Weiss, and Valerie Bunce, eds. 2009. *Waves and troughs of democratization in the post-communist world*. Cambridge: Cambridge University Press.

Mendoza, Amado, Jr. 2009. "People power" in the Philippines, 1983–86. In Roberts and Garton Ash, *Civil resistance and power politics*, 179–96.

Merom, Gil. 2003. *How democracies lose small wars: State, society, and the failures of France in Algeria, Israel in Lebanon, and the United States in Vietnam*. New York: Cambridge University Press.

Merriman, Hardy, and Jack DuVall. 2007. Dissolving terrorism at its roots. In *Nonviolence: An alternative for defeating global terrorism*, ed. Senthil Ram and Ralph Summy, 221–34. New York: Nova Science.

Midlarsky, Manus I., Martha Crenshaw, and Fumihiko Yoshida. 1980. Why violence spreads: The contagion of international terrorism. *International Studies Quarterly* 24, no. 2 (June): 262–98.

Milani, Mohsen M. 1994. *The making of Iran's Islamic revolution: From monarchy to Islamic republic*. 2nd ed. Boulder, Colo.: Westview Press.

Miniotaite, Grazina. 2002. *Nonviolent resistance in Lithuania: A story of peaceful liberation*. Boston: Albert Einstein Institute.

Mishal, Shaul, and Avraham Sela Mishal. 2000. *The Palestinian Hamas: Vision, violence and coexistence*. New York: Columbia University Press.

Moin, Baqer. 2000. *Khomeini: The life of the ayatollah*. London: Taurus.

Moksha, Yitri. 1989. The crisis in Burma: Back from the heart of darkness? *Asian Survey* 29, no. 6(June): 543–58.

Molloy, E. Ivan. 1985. Revolution in the Philippines: The question of an alliance between Islam and communism. *Asian Survey* 25, no. 8 (August): 822–33.

Montiel, Cristina Jayme. 2006. Political psychology of nonviolent democratic transitions in Southeast Asia. *Journal of Social Issues* 62, no. 1 (March): 173–90.

Moore, Barrington, Jr. 1993. *The social origins of dictatorship and democracy: Lord and peasant in the making of the modern world*. Boston: Beacon Press.

Moore, Will H. 1998. Repression and dissent: Substitution, context, and timing. *American Journal of Political Science* 42, no. 3 (July): 851–73.

Mueller, Carol McClug. 1978. Riot violence and protest outcomes. *American Journal of Sociology* 105:697–735.

Naraghi, Ehsan. 1994. *From palace to prison: Inside the Iranian revolution*. Trans. Nilou Mobasser. Chicago: Dee.

Neher, Clark D. 1981. The Philippines in 1980: The gathering storm. *Asian Survey* 21, no. 2(February): 263–65.

Newey, Whitney. 1987. Efficient estimation of limited dependent variable models with endogenous explanatory variables. *Journal of Econometrics* 36, no. 3 (November): 231–50.

Nunn, Maxine Kaufman. 1993. *Creative resistance: Anecdotes of nonviolent action by Israel-based groups*. Jerusalem: Alternative Information Center.

O'Ballance, Edgar. 1998. *The Palestinian intifada*. New York: St. Martin's Press.

Oberschall, Anthony. 1994. Rational choice in collective protests. *Rationality and Society* 6, no. 1(January): 79–100.

O'Donnell, Guillermo, and Philippe C. Schmitter. 1986. *Transitions from authoritarian rule: Tentative conclusions about uncertain democracies.* Baltimore: Johns Hopkins University Press.

Olson, Mancur. 1965. *The logic of collective action.* Cambridge, Mass.: Harvard University Press.

Oo, May. 2007. Plausible dialogue in Burma. *Foreign Policy in Focus*, October 22. http://www.fpif.org/articles/plausible_dialogue_in_burma.

Overholt, William H. 1986. The rise and fall of Ferdinand Marcos. *Asian Survey* 26, no. 11(November): 1147–48.

Pape, Robert A. 1996. *Bombing to win: Air power and coercion in war.* Ithaca, N.Y.: Cornell University Press.

-----. 1997. Why economic sanctions do not work. *International Security* 22, no. 2 (autumn): 90–136.

-----. 2003. The strategic logic of suicide terrorism. *American Political Science Review* 97, no. 3(August): 343–61.

-----. 2005. *Dying to win: The strategic logic of suicide terrorism.* New York: Random House.

Paris, Roland. 2005. *At war's end.* New York: Cambridge University Press.

Parkman, Patricia. 1988. *Nonviolent insurrection in El Salvador.* Tucson: University of Arizona Press.

-----. 1990. *Insurrectionary civic strikes in Latin America, 1931–1961.* Boston: Albert Einstein Institute.

Parsons, Anthony. 1984. *The pride and the fall: Iran 1974–1979.* London: Cape.

Pearlman, Wendy. 2008. Spoiling from the inside out: Internal political contestation and the Middle East peace process. *International Security* 33, no. 3 (winter): 79–109.

-----. 2009. Precluding nonviolence, propelling violence: The effect of internal fragmentation on movement behavior. Paper presented at

Comparative-Historical Social Science Workshop, April 10, 2010, Northwestern University.

-----. 2010. A composite-actor approach to conflict behavior. In *Rethinking violence: States and non-state actors in conflict*, ed. Erica Chenoweth and Adria Lawrence, 197–220. Cambridge, Mass: MIT Press.

People Power in the Philippines. 1997. Fragments. http://www.fragments-web.org/TXT2/philiptx.html.

Peretz, Don. 1990. *Intifada: The Palestinian uprising*. Boulder, Colo.: Westview Press.

Peterson, Roger D. 2001. *Resistance and rebellion*. New York: Cambridge University Press.

Piven, Frances Fox, and Richard A. Cloward. 1979. *Poor people's movements: Why they succeed, how they fail*. New York: Vintage.

Pollack, Kenneth M. 2004. *The Persian puzzle: The conflict between Iran and America*. New York: Random House.

Pollock, David. 1991. The American response to the intifada. In *The intifada: Its impact on Israel, the Arab world, and the superpowers*, ed. Robert O. Freedman, 109–35. Miami: Florida International University Press.

Popovic, Srdja. 2009. On strict policy with the police and with the wider audience considering the problem of the police. Canvasopedia: Nonviolent Struggle Multimedia Library. http://www.canvasopedia.org/.

Popovic, Srdja, Slobodan Djinovic, Andrej Milivojevic, Hardy Merriman, and Ivan Marovic. 2007. *CANVAS Core Curriculum: A guide to effective nonviolent struggle, students book*. Belgrade: CANVAS.

Przeworski, Adam, Michael Alvarez, Jose Cheibub, and Fernando Limongi. 2000. *Democracy and development: Political institutions and well-being in the world, 1950–1990*. Cambridge: Cambridge University Press.

Przeworski, Adam, and Fernando Limongi. 1997. Modernization: Theories and facts. *World Politics* 49, no. 2 (January): 155–83.

Psinakis, Steve. 1981. *Two "terrorists" meet*. San Francisco: Alchemy.

Putnam, Robert. 1993. *Making democracy work*. Princeton: Princeton University Press.

Rabinovich, Itamar. 2004. *Waging peace: Israel and the Arabs, 1948–2003.* Princeton: Princeton University Press.

Rafael, Vincent. 1990. Patronage and pornography: Ideology and spectatorship in the early Marcos years. *Comparative Studies in History and Society* 32, no. 2 (April): 282–304.

Ramazani, R. K., ed. 1990. *Iran's revolution: The search for consensus.* Bloomington: Indiana University Press.

Rasler, Karen. 1996. Concessions, repression, and political protest in the Iranian revolution. *American Sociological Review* 61, no. 1 (February): 132–52.

Record, Jeffrey. 2006. External assistance: Enabler of insurgent success. *Parameters* 36, no. 3 (autumn): 36–49.

Reid, Robert H., and Eileen Guerrero. 1995. *Corazon Aquino and the brushfire revolution.* Baton Rouge: Louisiana State University Press.

Rigby, Andrew. 1991. *Living the intifada.* London: Zed.

-----. 1997. *Legacy of the past: The problem of collaborators and the Palestinian case.* Jerusalem: PASSIA.

Roberts, Adam, ed. 1969. *Civilian resistance as a national defence: Nonviolent action against aggression.* New York: Penguin.

Roberts, Adam, and Timothy Garton Ash, eds. 2009. *Civil resistance and power politics: The experience of non-violent action from Gandhi to the present.* Oxford: Oxford University Press.

Robinson, Glenn E. 1997. *Building a Palestinian state: The incomplete revolution.* Bloomington: Indiana University Press.

Ross, Lauren G., and Nader Izzat Sa'id. 1995. "Palestinians: Yes to negotiations, yes to violence; Polling Arab views on the conflict with Israel. *Middle East Quarterly* 2, no. 2 (June): 15–23.

Rothstein, Robert L., Moshe Maoz, and Khalil Shikaki. 2002. T*he Israeli-Palestinian peace process: Oslo and the lessons of failure.* Brighton, U.K.: Sussex Academic Press.

비폭력 시민운동은 왜 성공을 거두나?

Roy, Sara. 2001. Decline and disfigurement: The Palestinian economy after Oslo. In *The new intifada: Resisting Israel's apartheid*, ed. Roane Carey, 91–109. New York: Verso.

Ruiz, Kenneth Todd, and Olivier Sarbil. 2010. Unmasked: Thailand's men in black. *Asia Times Online*, May 29.

Ryan, Sheila. 1974. Israeli economic policy in the occupied territories. *MERIP Reports*, no. 24:3–24.

Sagan, Scott. 1989. *Moving targets: Nuclear strategy and national security*. Princeton: Princeton University Press.

Saleh, Abdul Jawad. 2002. The Palestinian nonviolent resistance movement. Alternative Palestinian Agenda. http://www.ap-agenda.org/11-02/asaleh.htm.

Salehi, M. M. 1988. *Insurgency through culture and religion*. Westport, Conn.: Praeger.

Salehyan, Idean. 2007. Transnational rebels: Neighboring states as sanctuary for rebel groups. *World Politics* 59, no. 2 (January): 217–24.

-----. 2008. No shelter here: Rebel sanctuaries and international conflict. *Journal of Politics* 70, no. 1 (January): 54–66.

-----. 2009. *Rebels without borders: Transnational insurgencies in international politics*. Ithaca, N.Y.: Cornell University Press.

Sarkees, Meredith Reid, and Paul Schafer. 2000. The correlates of war data on war: An update to 1997. *Conflict Management and Peace Science* 18, no. 1:123–44.

Sazegara, Mohsen, and Maria J. Stephan. 2010. Iran's Islamic revolution and nonviolent struggle. In *Civilian jihad: Nonviolent struggle, democratization, and governance in the Middle East*, ed. Maria J. Stephan, 185–204. New York: Palgrave Macmillan.

Schelling, Thomas C. 1969. Some questions on civilian defence. In Roberts, *Civilian resistance as a national defence*, 351–52. .

-----. 1978. *Micromotives and macrobehavior*. New York: Norton.

Schiff, Ze'ev, and Ehud Ya'ari. 1989. *Intifada: The Palestinian uprising—*

Israel's third front, ed. and trans. Ina Friedman. New York: Simon and Schuster.

Schleder, Andreas. 1998. What is democratic consolidation? *Journal of Democracy* 9, no. 2 (April): 91–107.

Schock, Kurt. 2003. Nonviolent action and its misconceptions: Insights for social scientists. *PS: Political Science and Politics* 36, no. 4 (October): 705–12.

-----. 2005. *Unarmed insurrections: People power movements in nondemocracies*. Minneapolis: University of Minnesota Press.

Schock, Kurt, and Erica Chenoweth. 2010. The impact of violence on the outcome of nonviolent resistance campaigns: An examination of inter-movement radical flank effects. Paper presented at the annual meeting of the International Peace Research Association, Sydney, Australia.

Schumaker, Paul. 1975. Policy responsiveness to protest group demands. *Journal of Politics* 37, no. 2(May): 488–521.

Scipes, Kim. 1992. Understanding the New Labor Movement in the "Third World": The emergence of social movement unionism. *Critical Sociology* 19:81–101.

Seekins, Donald M. 2005. Burma and US sanctions: Confronting an authoritarian regime. *Asian Survey* 45, no. 3 (May/June): 437–52.

Semelin, Jacques. 1993. *Unarmed against Hitler: Civilian resistance in Europe, 1939–1943*. Westport, Conn.: Praeger.

Sepp, Kalev. 2005. Best practices in counterinsurgency. *Military Review* 85, no. 3 (May/June): 8–12.

Seymour, Lee. 2006. The surprising success of "separatist" groups: The empirical and juridical in selfdetermination. Paper presented at the International Studies Association annual convention, San Diego, Calif.

Sharp, Gene. 1973. *The politics of nonviolent action*. 3 vols. Boston: Sargent.

-----. 1990. *Civilian-based defense: A post-military weapons system*. Princeton: Princeton University Press.

-----. 1999. Nonviolent action. *In Encyclopedia of violence, peace, and conflict,* ed. Lester Kurtz and Jennifer E. Turpin, 2:567–74. New York: Academic Press.

——. 2003. *There are realistic alternatives.* Boston: Albert Einstein Institution.

——, ed. 2005. *Waging nonviolent struggle: 20th century practice and 21st century potential.* Boston: Sargent.

Shaykhutdinov, Renat. 2010. Give peace a chance: Nonviolent protest and the creation of territorial autonomy arrangements. *Journal of Peace Research* 47, no. 2 (March): 179–91.

Simon, Jeffrey. 1992. The changing low-intensity environment. In *Transforming struggle: Strategy and the global experience of nonviolent direct action,* Program on Nonviolent Sanctions in Conflict and Defense, Center for International Studies, Harvard University. Boston: Albert Einstein Institute.

Singer, J. David. 1988. Reconstructing the correlates of war dataset on material capacities of states, 1816–1985. *International Interactions* 14, no. 2 (May): 115–32.

Singer, J. David, Stuart Bremer, and John Stuckey. 1972. Capability, distribution, uncertainty, and major power war, 1820–1965. In *Peace, war, and numbers,* ed. Bruce Russett, 19–48. Beverly Hills: Sage.

Skocpol, Theda. 1979. *States and social revolutions: A comparative analysis of France, Russia, and China.* New York: Cambridge University Press.

Smith, Benjamin. 2007. *Hard times in the lands of plenty: Oil politics in Iran and Indonesia.* Ithaca, N.Y.: Cornell University Press.

Smith, Martin. 1999. *Burma: Insurgency and the politics of ethnicity.* London: Zed.

Snyder, Richard. 1992. Explaining transitions from neopatrimonial dictatorships. *Comparative Politics* 24, no. 4 (July): 379–400.

——. 1998. Paths out of sultanistic regimes: Combining structural and voluntaristic perspectives. In *Sultanistic regimes,* ed. H. E. Chehabi and Juan J. Linz, 49–81. Baltimore: Johns Hopkins University Press.

Spector, Regine. 2006. The anti-revolutionary toolkit. *Central Asia–Caucasus*

Analyst 8, no. 24(December): 3–4.

START/CETIS. 2010. The global terrorism database. The National Consortium for the Study of Terrorism and Responses to Terrorism. http://www.start.umd.edu/gtd/.

Stephan, Maria J. 2005. Nonviolent insurgency: The role of civilian-based resistance in the East Timorese, Palestinian, and Kosovo Albanian self-determination movements. Ph.D. diss., Tufts University.

-----. 2006. Fighting for statehood: The role of civilian-based resistance in the East Timorese,

Palestinian, and Kosovo Albanian self-determination struggles. *Fletcher Forum on World Affairs* 30, no. 2 (summer): 57–80.

----- ed. 2010. *Civilian jihad: Nonviolent struggle, democratization, and governance in the Middle East.* New York: Palgrave Macmillan.

Stephan, Maria J., and Erica Chenoweth. 2008. Why civil resistance works: The strategic logic of nonviolent conflict. *International Security* 33, no. 1 (summer): 7–44.

Stephan, Maria J., and Jacob Mundy. 2006. A battlefield transformed: From guerilla resistance to mass nonviolent struggle in the Western Sahara. *Journal of Military and Strategic Studies* 8, no. 3(spring): 1–32.

Stoker, Donald. 2007. Insurgents rarely win—and Iraq won't be any different (maybe). Foreign Policy, no. 158 (January). http://www.foreignpolicy.com/articles/2007/01/14/insurgencies_rarely_win_ndash_and_iraq_wont_be_any_different_maybe

Stoltzfus, Nathan. 1996. *Resistance of the heart: Intermarriage and the Rosenstrasse protest in Nazi Germany.* New York: Norton.

Summy, Ralph. 1994. Nonviolence and the case of the extremely ruthless opponent. *Pacifica Review* 6, no. 1 (May/June): 1–29.

Sun-Tzu. 1963. *The art of war.* Trans. Samuel B. Griffith. Oxford: Oxford University Press.

Suu Kyi, Aung San. 1995. Speech to a mass rally at the Shwedagon Pagoda, August 26, 1988. In *Freedom from fear and other writings,* 192–98.

Rev. ed. New York: Penguin.

Tarrow, Sidney. 1989. *Democracy and disorder*. Oxford: Clarendon.

------. 1998. *Power in movement*. New York: Cambridge University Press.

Tarrow, Sidney, and Tsveta Petrova. 2007. Transactional and participatory activism in the emerging European polity: The puzzle of east central Europe. *Comparative Political Studies* 40, no. 1 (January): 74–94.

Taylor, Robert H. 1987. *The state in Burma*. Honolulu: University of Hawai'i Press.

------. Change in Burma: Political demands and military power. *Asian Survey* 22, no. 2 (June): 131–41.

Teorell, Jan, and Axel Hadenius. 2004. Global and regional determinants of democracy: Taking stock of large-N evidence. Paper presented at the 100th annual meeting of the American Political Science Association, Chicago.

Tessler, Mark. 1995. *A history of the Israeli-Palestinian conflict*. Bloomington: Indiana University Press.

Thompson, Mark R. 1991. Searching for a strategy: The traditional opposition to Marcos and the transition to democracy in the Philippines. Ph.D. diss., Yale University.

------. 1995. *The anti-Marcos struggle: Personalistic rule and democratic transition in the Philippines*. New Haven: Yale University Press.

------. 1996. Off the endangered list: Philippine democratization in comparative perspective. *Comparative Politics* 28, no. 2 (January): 179–205.

Tiglao, Rigoberto. 1988. The consolidation of the dictatorship. In *Dictatorship and revolution: Roots of people power*, ed. Aurora Javate–de Dios, Petronila B. N. Daroy, and Lorna Kalaw-Tirol, 34–49. Metro Manila: Conspectus.

Tilly, Charles. 1978. *From mobilization to revolution*. Reading, Mass.: Addison-Wesley.

Timberman, David. 1991. *A changeless land: Continuity and change in Philippine politics*. Singapore: Institute of Southeast Asian Studies.

Toft, Monica Duffy. 2003. *The geography of ethnic violence: Identity, interests, and the indivisibility of territory.* Princeton: Princeton University Press.

-----. 2009. *Securing the peace: The durable settlements of civil wars.* Princeton: Princeton University Press.

Toye, Jeremy. 1980. Subversion trial opens. *Asia Record,* July, 7–14.

Tullock, Gordon. 1971. The paradox of revolution. *Public Choice* 11, no. 1 (September): 89–99.

Urdal, Henrik. 2006. A clash of generations? Youth bulges and political violence. *International Studies Quarterly* 50, no 3 (September): 607–30.

U.S. Department of State. 2004. Report on U.S. trade sanctions against Burma. U.S. Department of State. http://www.america.gov/st/washfileenglish/2004/May/20040506115321ASesuarK0.1069605.html.

van der Kroef, Justus. 1973. Communism and reform in the Philippines. *Pacific Affairs* 46, no. 1(spring): 29–58.

Villegas, Bernardo. 1985. The Philippines in 1985: Rolling with the political punches. *Asian Survey* 26, no. 2 (February): 127–40.

Walter, Barbara F. 2004. Does conflict beget conflict? Explaining recurring civil war. *Journal of Peace Research* 41, no. 3 (May): 371–88.

-----. 2009. *Reputation and civil war: Why separatist conflicts are so violent.* New York: Cambridge University Press.

Walzer, Michael. 2001. Excusing terror: The politics of ideological apology. *American Prospect,* October 22, 16.

Way, Lucan. 2008. The real causes of the Color Revolutions. *Journal of Democracy* 19, no. 3 (July): 55–69.

Wehr, Paul, Heidi Burgess, and Guy Burgess, eds. 1994. *Justice without violence.* Boulder, Colo.: Rienner.

Weinstein, Jeremy. 2007. *Inside rebellion: The politics of insurgent violence.* New York: Cambridge University Press.

White, Robert. 1989. From peaceful protest to guerrilla war: Micromobilization of the Provisional Irish Republican Army. *American Journal of Sociology* 94, no. 6 (May): 1277–1302.

Wickham-Crowley, Timothy. 1992. *Guerrillas and revolution in Latin America: A comparative study of insurgents and regimes since 1956.* Princeton: Princeton University Press.

Wood, Elisabeth Jean. 2000. *Forging democracy from below: Insurgent transitions in South Africa and El Salvador.* New York: Cambridge University Press.

-----. 2003. *Insurgent collective action and civil war in El Salvador.* New York: Cambridge University Press.

World Bank. 2003. *World development indicators.* CD-ROM. Washington, D.C.: World Bank.

Wright, Robin. 2000. *The last great revolution: Turmoil and transformation in Iran.* New York: Knopf.

Wurfel, David. 1977. Martial law in the Philippines: The methods of regime survival. *Pacific Affairs* 50, no. 1 (spring): 5–30.

-----. 1988. *Filipino politics: Development and decay.* Quezon City: Ateneo de Manila University Press.

Yawnghwe, Chao-Tzang. 1995. Burma: The depoliticization of the political. In *Political legitimacy in Southeast Asia,* ed. Muthiah Alagappa, 170–92. Stanford, Calif.: Stanford University Press.

Zakaria, Fareed. 2007. *The future of freedom: Illiberal democracy at home and abroad.* New York: Norton.

Zia-Zarifi, Abolhassan. 2004. *The biography of Hassan Zia-Zarifi: From Tehran University to the Evin killing fields.* Tehran: Amindezh.

Zones, Marvin. 1983. Iran: A theory of revolution from accounts of the revolution. *World Politics* 35, no. 4 (July): 586–606.

Zunes, Stephen. 1994. Unarmed insurrections against authoritarian governments in the third world: A new kind of revolution. *Third World Quarterly* 15, no. 3 (September): 403–26.

-----. 1999. The origins of people power in the Philippines. In Zunes, Kurtz, and Asher, *Nonviolent social movements,* 129–57.

-----. 2009a. Iran's history of civil insurrections. *Huffington Post,* June 19.

http://www.huffingtonpost.com/stephen-zunes/irans-history-of-civil-in_
b_217998.html.
-----. 2009b. Weapons of mass democracy: Nonviolent resistance is the
most powerful tactic against oppressive regimes. *Yes! Magazine*, Sep-
tember 16. http://www.yesmagazine.org/issues/learn-as-you-go/weap-
ons-of-mass-democracy.
Zunes, Stephen, Lester Kurtz, and Sarah Beth Asher, eds. 1999. *Nonviolent
social movements: A geographical perspective*. Malden, Mass.: Blackwell.

찾아보기

비폭력 시민운동은 왜 성공을 거두나?

비폭력 시민운동은 왜 성공을 거두나?

ㅎ

기타

지은이

에리카 체노웨스 Erica Chenoweth

덴버 대학교의 요제프 코벨 국제학부 조교수이며, 오슬로 평화 연구소(PRIO)의 선
임연구원이다. 웨슬리언 대학교에서 강의를 했고, 하버드, 스탠퍼드, 버클리 캘리
포니아 대학교에서 공부했다.

마리아 J. 스티븐 Maria J. Stephan

미국 국무부의 전략 기획자이다. 국제비폭력갈등센터(ICNC)의 정책연구국장, 조지
타운 대학교와 아메리칸 대학교의 겸임 교수 등으로 일했다. 벨퍼 과학 국제문제
연구소의 특별회원이다.

옮긴이

강미경

1964년 제주에서 태어나 이화여자대학교 사범대학 영어교육학과를 졸업하고, 전
문 번역가로 활동하고 있다. 옮긴 책으로『프로파간다』,『작가 수업』,『나침반, 항해
와 탐험의 역사』,『도서관, 그 소란스러운 역사』,『유혹의 기술 1·2』,『프랭클린 자
서전』,『우리는 침묵하지 않을 것이다』,『컬러 인문학』,『마르코 폴로의 모험』,『1차
세계대전』 등이 있다.

비폭력 시민운동은 왜 성공을 거두나?

1판 1쇄 인쇄   2019년 11월 20일
1판 1쇄 발행   2019년 11월 25일

지은이   에리카 체노웨스 · 마리아 J. 스티븐
옮긴이   강미경
펴낸이   조추자 / 펴낸곳   도서출판 두레
등 록   1978년 8월 17일 제1-101호
주 소   (04207)서울시 마포구 마포대로 14가길 4-11
전 화   02)702-2119(영업), 02)703-8781(편집)
팩스 / 이메일 02)715-9420 / dourei@chol.com

• 가격은 뒤표지에 적혀 있습니다. 잘못 만들어진 책은 구입하신 곳에서 바꾸어 드립니다.
• 이 도서의 국립중앙도서관 출판예정도서목록(CIP)은 서지정보유통지원시스템 홈페이지
 (http://seoji.nl.go.kr)와 국가자료공동목록시스템(http://www.nl.go.kr/kolisnet)에서 이용하실
 수 있습니다.(CIP제어번호: CIP2019043985)

ISBN 978-89-7443-126-6 03300